B 人口健康蓝皮书

中南财经政法大学高端智库蓝皮书系列报告
中南财经政法大学人口与健康研究中心、湖北健康老龄研究院与湖北省人口学会合作研究成果
国家社会科学基金重大项目"流动人口二代成年后面临的问题研究"(22&ZD196)资助
中南财经政法大学"中央高校基本科研业务费专项资金"(2722024EL004)资助[Supported by "the Fundamental Research Funds for the Central Universities", Zhongnan University of Economics and Law(2722024EL004)]
在湖北省老龄工作委员会办公室的大力支持下完成

湖北人口与健康发展报告

——人口老龄化与银发经济

（2024年版）

主　编　石智雷
副主编　程广帅　刘二鹏

图书在版编目(CIP)数据

湖北人口与健康发展报告.人口老龄化与银发经济/石智雷主编.—武汉:中国地质大学出版社,2024.8.—(人口健康蓝皮书).—ISBN 978-7-5625-5867-5

Ⅰ.C924.24;R161

中国国家版本馆 CIP 数据核字第 2024Y0Y477 号

湖北人口与健康发展报告:人口老龄化与银发经济	石智雷 主　编
	程广帅　刘二鹏 副主编

责任编辑:谢媛华	选题策划:江广长　段　勇	责任校对:张咏梅

出版发行:中国地质大学出版社(武汉市洪山区鲁磨路388号)　　邮编:430074

电　　话:(027)67883511　　传　　真:(027)67883580　　E-mail:cbb@cug.edu.cn

经　　销:全国新华书店　　　　　　　　　　　　　　　　　http://cugp.cug.edu.cn

开本:787毫米×960毫米　1/16	字数:356千字	印张:19.25
版次:2024年8月第1版	印次:2024年8月第1次印刷	
印刷:武汉中远印务有限公司		
ISBN 978-7-5625-5867-5		定价:86.00元

如有印装质量问题请与印刷厂联系调换

前言

PREFACE

人口老龄化是新时代党和政府必须应对的重大挑战。据《2022年度国家老龄事业发展公报》,2022年末,我国65岁及以上人口为20 978万人,占总人口比重14.9%,抚养比高达21.8%。与2012年相比,65岁及以上人口增加8201万人,占总人口比重增加5.5个百分点,抚养比重增加9.1个百分点。面对日益严峻的人口老龄化形势,党中央将积极应对人口老龄化上升为与科教兴国、人才强国、乡村振兴等并列的最高层级国家战略,在国家"十三五"规划纲要、"十四五"规划纲要中进行了专门部署,出台了一系列政策文件推动老龄事业的发展和完善。但同时也要注意到,我国当前的老龄事业和老龄产业的发展仍存在明显的不平衡、不充分问题,表现在农村地区养老服务水平不高、普惠型居家社区养老服务供给不足、银发经济[①]的市场潜力有待挖掘、老龄事业专业人才短缺等方面。在此背景下,需要从应对人口老龄化和经济社会发展相结合的视角,全面分析人口老龄化的影响和应对策略,支撑中国式现代化顺利实现。

湖北省是人口大省,人口高质量发展是湖北省建设"全国构建新发展格局先行区"的重要支撑。相比其他省份和地区,湖北省人口老龄化呈现以下特征:第一,老龄化形势严峻。湖北省是我国人口老龄化程度较高的省份之一,老年人口数量多,老龄化速度快,应对人口老龄化任务重。数据显示,2022年湖北省60岁及以上人口为1 261.35万人,占常住人口的比重已达到21.96%,人口老龄化水平居中部六省首位。第二,老龄化结构特殊。根据全国第六次和第七次人口普查数据,2010至2020年间,湖北省103个县级行政单元中,有40个县区出现了人口净增加,63个县区出现了人口净减少,人口规模的分化导致各地区养老服务的社会资源、家庭

[①] 根据国务院办公厅《关于发展银发经济增进老年人福祉的意见》,银发经济是指向老年人提供产品或服务,以及为老龄阶段作准备等一系列经济活动的总和。

资源以及经济基础发生较大变化,系统解决老龄化问题的难度进一步加大。第三,养老服务体系不完善。湖北省是在经济尚不发达的情况下进入老龄化社会的,各个地区应对老龄化的经济基础差距很大,推动老龄事业发展的能力也不尽相同。以老年人免费体检、老年人探访关爱、家庭医生上门和社区老年食堂4项养老服务工作的落实情况为例,湖北省内经济发展排名靠前的10个区县,老年人过去一年平均能够享受1.92项服务,而经济发展排名靠后的10个区县,老年人仅能享受1.05项服务,意味着经济发展排名靠前地区老年人每年享受的养老服务项目是经济发展排名靠后地区老年人每年享受的养老服务项目的1.83倍。

准确把握新发展阶段湖北省人口老龄化的突出特征和问题是积极应对人口老龄化挑战的根本前提。本书是"人口健康蓝皮书"系列之一,聚焦湖北省人口老龄化的新格局、新特征、新趋势,围绕湖北省"建成支点、走在前列、谱写新篇"的发展目标定位,全面分析湖北省老龄化相关工作发展现状、存在问题及应对策略,中南财经政法大学人口与健康研究中心、湖北健康老龄研究院和湖北省人口学会共同组建课题组,基于全国人口普查数据,湖北省统计局等相关部门发布的统计年鉴、统计公报,中南财经政法大学人口与健康研究中心开展的第一期湖北百县老龄调查(2023)数据,以及由湖北省老龄工作委员会汇总统计的各涉老部门老龄工作数据,构建了2023年湖北百县老龄事业发展数据库,详细分析了湖北省居家养老服务、养老服务保障、医养结合、长期护理保险以及银发经济等几个主要老龄事业板块的发展现状和现存问题,根据湖北省老年人口的变动趋势,提出了推动各项老龄事业高质量发展的政策建议。

从整体发展态势来看,湖北省老龄工作呈现顶层设计不断优化、养老保障水平持续提高、医养结合提质增效等众多亮点。2022—2023年,湖北省人民政府、湖北省卫生健康委员会、湖北省民政厅等单位先后发布《关于推进家庭医生签约服务高质量发展的实施方案》《关于加强老年人助餐服务的指导意见》《关于推进基本养老服务体系建设的实施方案》《湖北省基本养老服务清单》等多份涉老政策文件,推动湖北省老龄工作的制度化和规范化。

从居家养老服务来看,2022年度,湖北省持续推进居家适老化改造,全年完成特殊困难老年人居家适老化改造1.75万户。根据第一期湖北百县老龄调查(2023)数据,在65~75岁老年人口中,过去一年里享受过老年人免费体检、老年人探访关爱、家庭医生上门和社区老年食堂这4项居家养老服务的比例分别达到了70.65%、28.94%、30.67%和12.33%。

从养老服务保障来看,湖北省基本养老服务政策不断健全,基本养老服务设施逐步完善,老年人福利制度全面覆盖,养老机构服务质量稳步提升,老年人的获得感和幸福感持续增强。2022年度,全省共发放高龄津贴91 463万元,受益高龄老年人达160万人,全省新增老年友善医疗机构1082家,但基本养老服务在取得显著成绩的同时还存在短板,例如基本养老服务制度有待完善,服务能力有待提升,服务质量有待加强。

从医养结合服务来看,湖北省卫生健康委员会印发《关于开展医养结合示范机构建设工作的通知》,深入推进全省医养结合发展,打造医养结合示范机构,进一步提升医养结合服务能力,更好满足老年人多样化的健康养老服务需求。2022年度,全省共有医养结合机构312个,医养结合床位7万张,医疗机构护理型床位20 050张,医养结合签约合作4120对。

从长期护理保险试点来看,荆门市作为全国首批长期护理保险制度试点城市,自试点建立以来,长期护理保险基金规模和受益人群规模不断扩大,待遇支付总额快速上升,社会反映良好。2022年度,荆门试点城市长期护理保险参保人数245.11万人,支付长期护理保险待遇101 734人次,长期护理保险保费收入和支出分别达到2.21亿元和1.52亿元。

从银发经济发展来看,湖北在老龄事业人才队伍建设、老年产品提供等方面取得积极成效。截至2022年底,职业院校养老服务相关专业招生人数近3万人。2022年度,全省开展养老从业人员专业护理技能知识培训近5万人次。但在人才队伍培养取得显著成效的同时,湖北银发经济发展在适老化就业环境、产业结构体系等方面还有待加强。

总的来说,快速老龄化对湖北省宏观经济运行、社会保障体系建设、社会文化发展等多方面都具有深远影响,挑战和机遇并存。伴随"60后婴儿潮"群体逐步进入老年阶段,湖北省将迎来"千万级"老龄潮。未来湖北省仍需聚焦习近平总书记对新时代老龄工作提出的总体要求,着力解决老年人在养老、健康、精神文化、社会参与等方面的现实需求,深入挖掘银发经济发展潜力,切实增强广大老年人的获得感、幸福感和安全感。

编 者

2024年3月

目录

第一篇　总报告 ……………………………………………………………（1）
　报告一　湖北省"一老一小"与区域人口增减分化研究 ……………………（2）
　报告二　2023年湖北省老年人口与老龄事业发展报告 ……………………（23）
　报告三　湖北省县(市、区)老龄事业发展现状、问题及对策 ………………（56）

第二篇　老年人口变动 …………………………………………………（73）
　报告一　湖北省人口预期寿命测算与特征事实 ……………………………（74）
　报告二　湖北省快速老龄化的挑战及应对策略 ……………………………（86）

第三篇　居家养老服务 …………………………………………………（91）
　报告一　湖北省居家养老服务发展现状及影响因素研究 …………………（92）
　报告二　武汉市社区居家养老服务体系建设的实践与思考 ………………（115）
　报告三　湖北省农村养老服务体系建设存在的问题及对策 ………………（137）
　报告四　以智能平台助推湖北省社区居家养老服务发展 …………………（144）

第四篇　养老服务保障 …………………………………………………（147）
　报告一　湖北省基本养老服务清单制度存在的问题及对策 ………………（148）
　报告二　湖北省老年人能力综合评估制度存在的问题及对策 ……………（159）
　报告三　湖北省农村经济困难家庭失智老年人集中照护研究 ……………（168）

第五篇　医养结合 ………………………………………………………（173）
　报告一　湖北省居家和社区医养结合服务的现状、问题及对策 …………（174）
　报告二　湖北省老年人家庭医生服务的现状、问题及对策 ………………（181）

  报告三 湖北省老年人免费体检服务的现状、问题及对策 ……………（192）

第六篇 长期护理保险 ………………………………………………（205）
  报告一 长期护理保险制度的国内外经验借鉴 ……………………（206）
  报告二 湖北省长期护理保险制度试点的实施效果评估 ……………（222）
  报告三 湖北省长期护理保险制度试点中存在的突出问题 …………（232）
  报告四 完善湖北省长期护理保险制度试点的政策建议 ……………（244）

第七篇 银发经济 ……………………………………………………（257）
  报告一 银发经济发展的国际经验借鉴 ……………………………（258）
  报告二 湖北省银发经济发展存在的问题及对策 ……………………（273）
  报告三 湖北省农村养老服务人才队伍建设研究 ……………………（280）
  报告四 湖北省农村老年助餐服务研究 …………………………（287）

主要参考文献 …………………………………………………………（294）

第一篇 总报告

报告一
湖北省"一老一小"与区域人口增减分化研究

石智雷 滕聪波 张槊 覃作敏

我国正处于人口由增量向减量发展的阶段,呈现少子化、老龄化、区域人口增减分化等明显的趋势性特征。中共中央总书记、国家主席、中央军委主席、中央财经委员会主任习近平在二十届中央财经委员会第一次会议上强调:"人口发展是关系中华民族伟大复兴的大事,必须着力提高人口整体素质,以人口高质量发展支撑中国式现代化。"湖北省作为我国中部地区工农业大省,人口因素是建设"全国构建新发展格局先行区"和推动长江经济带高质量发展的重要推动力。从第七次全国人口普查数据来看,湖北省总和生育率仅为1.17,60岁及以上人口占常住人口比例为20.42%,少子化、老龄化程度均位于中部六省第一。正确认识和把握当前人口发展面临的问题,是实现湖北省经济社会高质量发展,加快"建成支点、走在前列、谱写新篇"的必然要求。基于此,本报告结合全国人口普查数据、湖北省统计局等相关部门发布的统计年鉴以及中南财经政法大学人口与健康研究中心的相关调研数据,以新发展理念审视湖北省人口发展新格局、新趋势和新问题,客观总结全省人口发展的现状和问题,为准确"把脉"人口发展形势,实现人口高质量发展提供决策参考依据。

一、湖北省人口发展的现状及趋势

(一)2024 年总和生育率预计为 1.17,之后将缓慢下降

2020 年湖北省育龄妇女总和生育率仅为 1.17,低于全国的平均水平。从空间分布看,湖北省生育水平整体呈现盆地状分布态势,宜昌、荆州、潜江、天门、仙桃与武汉等地为低生育地区连片地带,鄂东、鄂西南、鄂西北生育水平相对较高,总和生育率整体呈现为周边山区高、中心平原低的分布格局(图 1-1-1)。

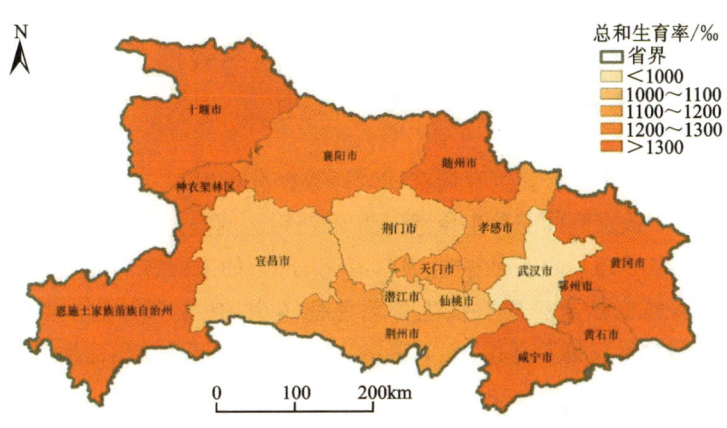

图 1-1-1 湖北省 2020 年各地总和生育率的空间分布

数据来源:第七次全国人口普查数据。

利用第七次全国人口普查数据以及 2021—2022 年的湖北省统计局人口抽样调查数据对湖北省总和生育率进行预测。根据中方案预测结果,2022 年总和生育率为 1.11,2024 年短暂升至 1.17 之后在 1.1 附近趋于平稳。可以发现,2023 年、2024 年总和生育率出现短暂的小幅回升,原因可能在于三孩政策放开以及农历龙年到来所积存的生育势能集中释放(图 1-1-2)。

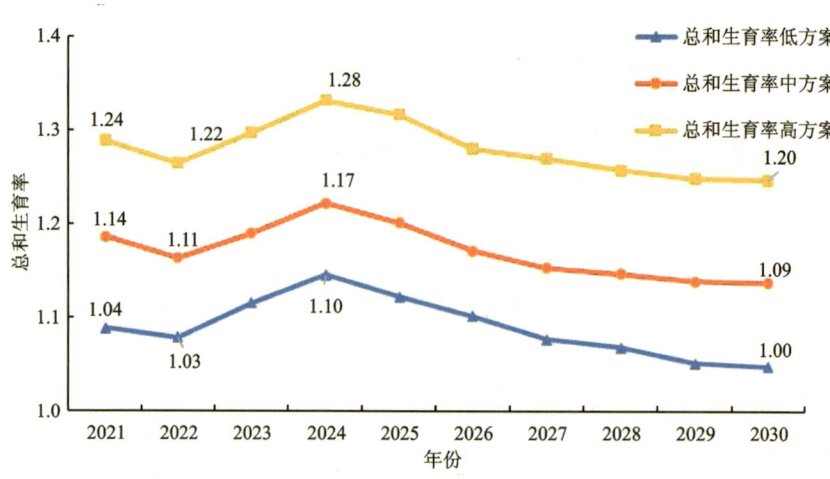

图 1-1-2　2021—2030 年湖北省总和生育率预测

数据来源:第七次全国人口普查数据、2021—2022 年湖北省统计局人口抽样调查数据。

(二)三孩政策覆盖下的育龄家庭生育意愿较低,一孩家庭理想子女数 1.1 个,二孩家庭的理想子女数 2.01 个

基于第三期湖北省百县生育调查(2021)数据分析发现,一孩家庭的二孩生育意愿为 10.13%,二孩家庭的三孩生育意愿为 2.75%。调查显示,一孩家庭的二孩生育意愿样本中,有 10.13% 的人回答"生育",有 75.30% 的人回答"不生育",有 14.57% 的人回答"没想好";二孩家庭的三孩生育意愿样本中,有 2.75% 的人回答"生育",有 4.85% 的人回答"没想好",高达 92.40% 的人明确回答"不生育"(表1-1-1)。

表 1-1-1　育龄家庭二孩、三孩生育意愿情况

生育意愿家庭类型	一孩家庭的二孩生育意愿		二孩家庭的三孩生育意愿		全部样本	
	样本/人	占比/%	样本/人	占比/%	样本/人	占比/%
生育	665	10.13	141	2.75	806	6.89
不生育	4945	75.30	4741	92.40	9686	82.80
没想好	957	14.57	249	4.85	1206	10.31
合计	6567	100	5131	100	11 698	100

数据来源:第三期湖北省百县生育调查(2021)数据库。

基于第四期湖北省百县生育调查(2023)数据分析发现,育龄家庭理想子女数同样较低。调查显示,2023年未生育家庭理想子女数为0.77个,相较于2021年(1.46个)降低了接近一半;2023年湖北省一孩家庭理想子女数为1.10个,较2021年(1.57个)下降0.47,降幅为29.94%;2023年二孩家庭理想子女数为2.01个,同样比2021年(2.07个)低(图1-1-3)。

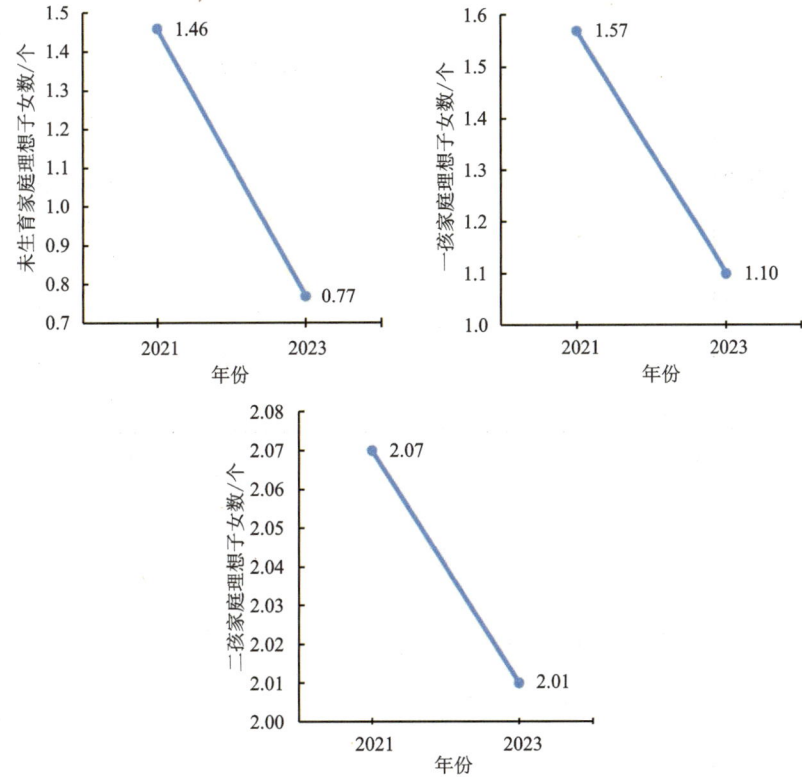

图1-1-3 未生育家庭、一孩家庭和二孩家庭的理想子女数

数据来源:第三期湖北省百县生育调查(2021)数据库、第四期湖北省百县生育调查(2023)数据库。

(三)湖北省老龄人口基数大、增速快,全省将于2031年步入重度老龄化社会

湖北省老龄化程度在中部六省中排名第一,受人口外流和生育水平转变双重影响,人口老龄化进程加重。2022年湖北省统计局人口抽样数据显示,湖北省60岁及以上人口达到1 261.35万,占常住人口的比重已达到21.96%。未来10年湖北省将迎来千万级"老龄潮",预计到2031年,全省正式进入重度老龄化社会。根据预测,2031年全省

60岁及以上人口将达到1703.94万,占常住人口的比重达到30.67%。到2050年,60岁及以上人口增至1918.54万,比2022年增长657.19万,增幅为52.10%;60岁及以上人口占常住人口的比重预计达到40.26%,比2022年提高18.3个百分点。2027年、2040年是湖北省老年人口增长拐点。2027年正值我国第二次"婴儿潮"出生队列的人口步入65岁年龄段[①]。预计2027年始,60岁及以上老年人口的数量及比重均加速增长。而2040年之后,湖北省60岁及以上人口的增速将逐渐放缓(图1-1-4)。

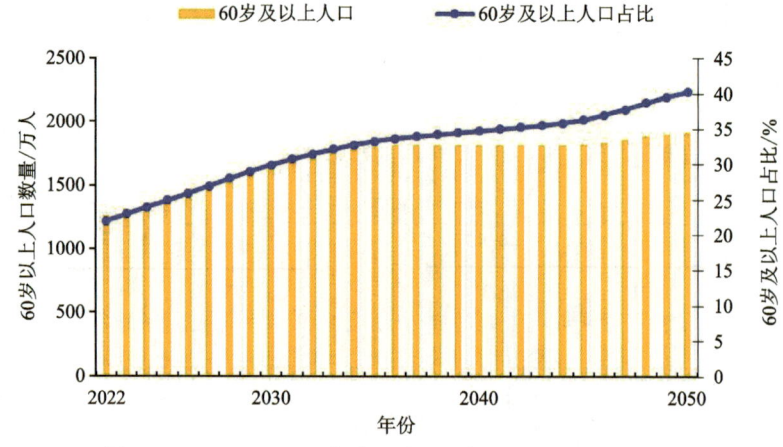

图1-1-4 2022—2050年湖北省60岁及以上人口发展趋势

数据来源:2022年湖北省统计局人口抽样数据。

(四)江汉平原地区老龄化程度最高,荆州和天门将于2026年率先进入重度老龄化社会

江汉平原地区主要包括天门、仙桃、潜江、荆州、宜昌和荆门等9个城市。在全省老龄化程度最为严重的7个城市中,江汉平原地区占据6个席位,是湖北省老龄化最为严重的地区。根据第一期湖北百县老龄事业发展数据库,天门、仙桃、潜江、荆州、宜昌和荆门6个城市60岁及以上人口占比分别为28.00%、27.60%、26.20%、26.10%、26.00%和25.40%,均高于全国(18.70%)和全省(20.42%)的平均水平(图1-1-5)。

---

① 新中国成立后,我国先后经历3次"婴儿潮",分别是新中国成立后(1949—1958年)、三年困难时期结束后(1962—1975年)以及前两次"婴儿潮"出生队列进入婚育年龄后(1981—1997年)。

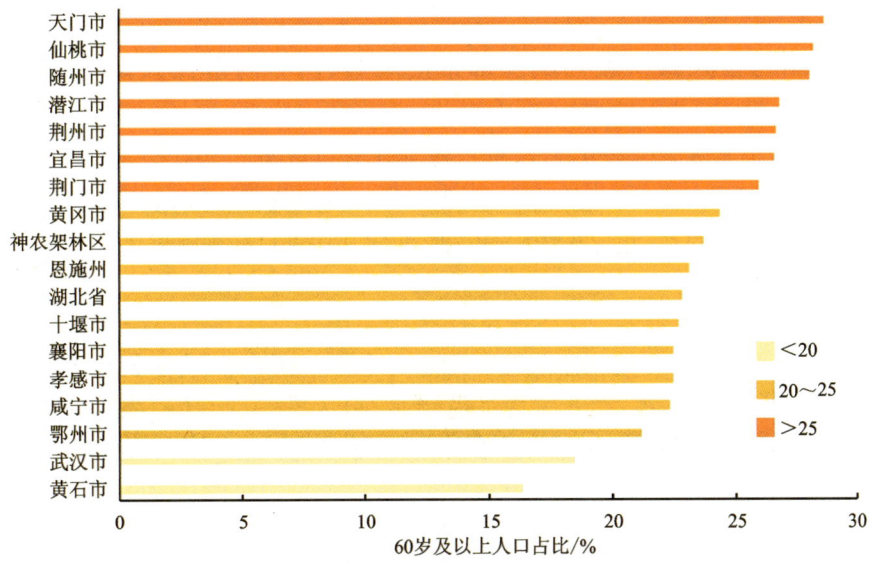

图 1-1-5　2022 年湖北省各市州人口老龄化状况

数据来源:第一期湖北百县老龄事业发展数据库。

根据预测,最早进入重度老龄化社会的两个城市为荆州和天门,这两个城市将在 2026 年步入重度老龄化社会,届时 60 岁及以上人口比重将分别达到 30.46% 和 31.41%。到 2043 年,全省除武汉市外,其余市州在基本实现社会主义现代化前均步入重度老龄化社会(图 1-1-6)。武汉市作为国家中心城市、长江经济带核心城市,对全省人口具有较强的虹吸效应,人口流动呈现净流入状态。预测结果显示,到 2043 年,武汉市 60 岁及以上人口为 603.10 万,占常住人口的比重为 30.37%。

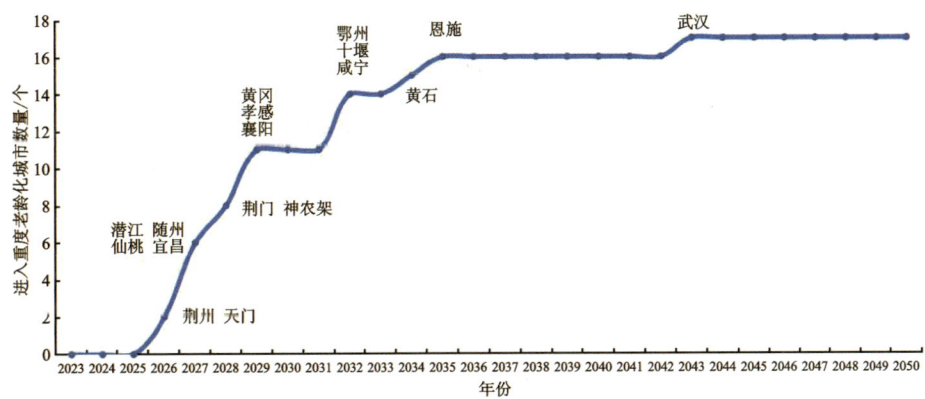

图 1-1-6　2023—2050 年湖北省进入重度老龄化的城市数量

数据来源:第七次全国人口普查数据。

(五)湖北省人口持续向武汉都市圈聚集,两年内常住人口增加百万

从人口规模来看,2022年,武汉都市圈常住人口数量2 304.44万人,比2020年增长116.55万人,比2015年增长262.82万人;宜荆荆都市圈、襄阳都市圈常住人口则主要呈下降趋势,相比于2015年,2022年常住人口分别降低了111.44万人和33.8万人(图1-1-7)。

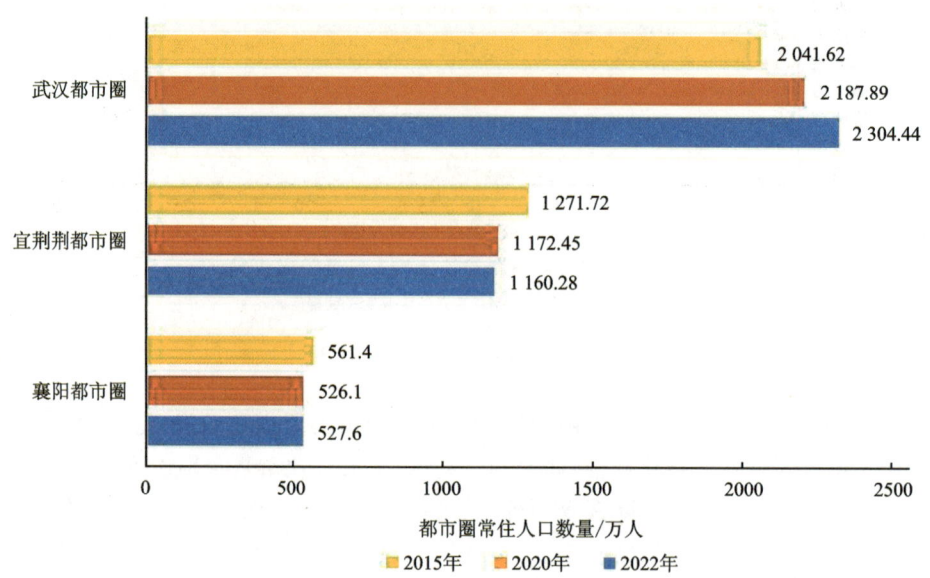

图1-1-7　湖北省各都市圈常住人口规模变动情况

数据来源:根据2015年、2021年、2023年湖北省统计年鉴整理。

从人口流动来看,湖北省常住人口规模低于户籍人口,长期处于人口净流出状态。2010—2017年,湖北省人口净流出情况有所缓解;2017—2020年,湖北省人口净流出规模逐渐增加;2020年后,湖北省人口净流出规模又逐渐降低;2022年湖北省人口净流出规模降至287万人(图1-1-8)。

进一步分析发现,县域和市辖区常住人口流出、流入规模持续扩大。2022年市辖区流入人口536.06万人,5年内增加246.52万人,年均人口流入率9.20%;县域流出人口248.66万人,5年内增加215.02万人,年均人口流失率高达17.29%(图1-1-9)。

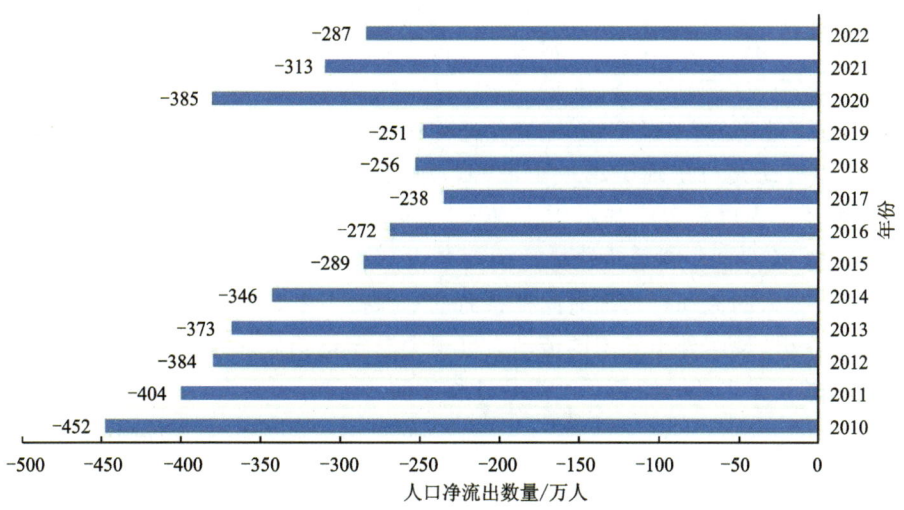

图 1-1-8　2010—2022 年湖北省人口流动情况

注：负号表示流出

数据来源：根据 2010—2023 年湖北省统计年鉴整理。

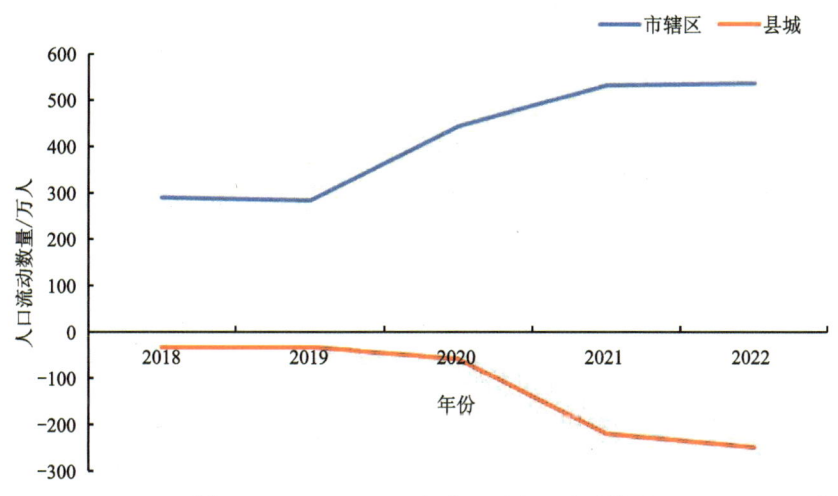

图 1-1-9　2018—2022 年分地区人口流动情况

数据来源：根据 2019—2023 年湖北省统计年鉴整理。

(六)"一老一小"随迁日益增加,青年流动人口相对减少

"一老一小"随迁日益增多,家庭化迁移成为趋势。从图1-1-10可以看到,湖北省3~9岁流动人口出现了第一个波峰,反映的是儿童随同父母一同进行流动。16~24岁流动人口3条线基本重合,说明该年龄段人口始终是迁移流动的主力。2020年,30岁后的人口流动趋势与前两条大致相同,且与2010年的相似程度更高,即同一代人的流动行为随时间推移而基本保持不变。50~60岁的流动人口有一段明显上升,说明外出务工的劳动力呈现中老年化趋势。65~75岁的流动人口数据反映的则是老年人跟随子女进行迁移流动。

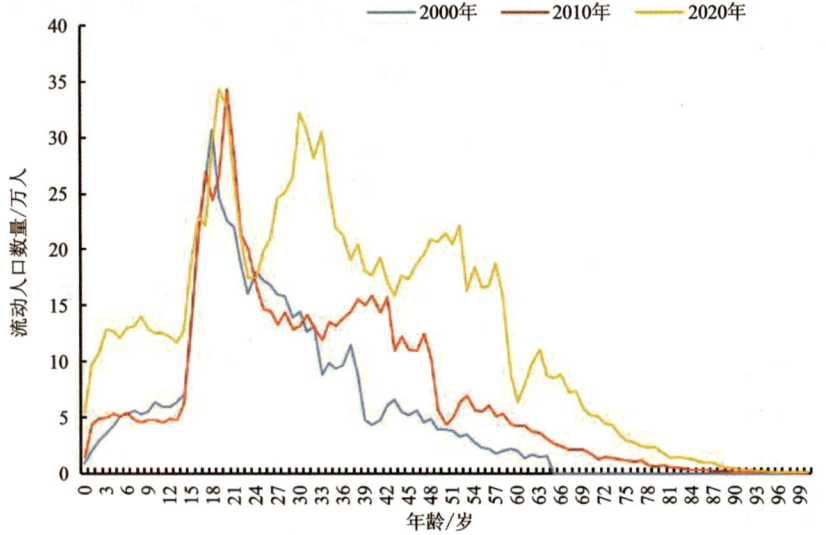

图1-1-10 湖北省分年龄流动人口数量

数据来源:根据第六次、第七次全国人口普查数据以及湖北省统计年鉴测算。

湖北省总流动人口中,青年流动人口规模不断增加,但占比逐渐降低。2000年,湖北省15~29岁流动人口数量为293.84万人,占比高达51.51%;2010年,15~29岁流动人口数量为303.75万人,占总流动人口的41.46%;2020年,15~29岁流动人口数量增加至359.36万人,占比降低至28.15%。对中老年群体而言,流动人口的规模和占比均呈上升趋势。2000年,湖北省45岁以上流动人口数量为73.92万人,占总流动人口的12.96%;2010年,45岁以上流动人口数量为150.78万人,占总流动人口的20.58%;2020年,45岁以上流动人口数量增加至402.62万人,占总流动人口的31.54%(表1-1-2)。

表 1-1-2 第五次、第六次、第七次全国人口普查湖北省流动人口年龄构成

		2000 年		2010 年		2020 年	
		占比/%	人口数/万人	占比/%	人口数/万人	占比/%	人口数/万人
年龄构成	0～14 岁	12.67	72.28	9.68	70.92	14.00	178.75
	15～29 岁	51.51	293.84	41.46	303.75	28.15	359.36
	30～44 岁	22.86	130.42	28.28	207.17	26.30	335.68
	45～64 岁	10.53	60.07	16.91	123.87	24.81	316.73
	65 岁及以上	2.43	13.85	3.67	26.91	6.73	85.89

数据来源:根据第五次、第六次、第七次全国人口普查数据整理。

二、湖北省人口高质量发展面临的挑战

(一)生育意愿持续走低,家庭"育"的难题和"养"的负担并存

对第二期湖北省百县生育调查(2016)数据和第三期湖北省百县生育调查(2021)数据进行分析发现,湖北省生育意愿持续降低。以一孩家庭的二孩生育意愿为例,2021 年湖北省居民二孩生育意愿为10.13%,较 2016 年(16.94%)下降6.81个百分点(图 1-1-11)。

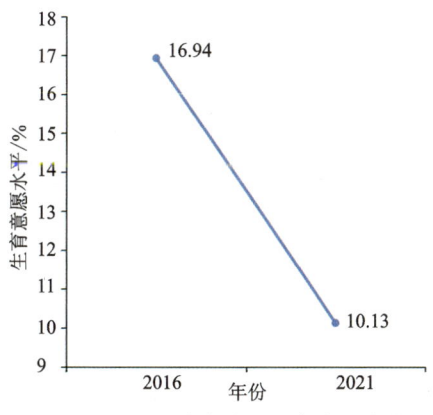

图 1-1-11 二孩家庭的生育意愿变化

数据来源:第二期湖北省百县生育调查(2016)数据库、第三期湖北省百县生育调查(2021)数据库。

生育意愿持续降低的原因在于"育"和"养"的负担压力大。根据2021年第三期湖北省百县生育调查,我们发现有相当比例的家庭"想生不敢生",需进一步分析制约这一现象的主要原因。数据分析结果显示,54.34%的受访者认为经济压力大是不想生育的主要原因,10.04%的受访者表示因为无人照料孩子所以不想生。此外,教育/医疗压力大也是阻碍居民生育的重要因素。这与2019年全国人口与家庭动态监测调查结果相近。我国两孩政策全面实施后,相当比例的家庭"想生不敢生",最主要的原因是经济压力大、无人照料孩子。值得注意的是,经济压力大越来越成为当前制约生育意愿的主要因素(图1-1-12)。

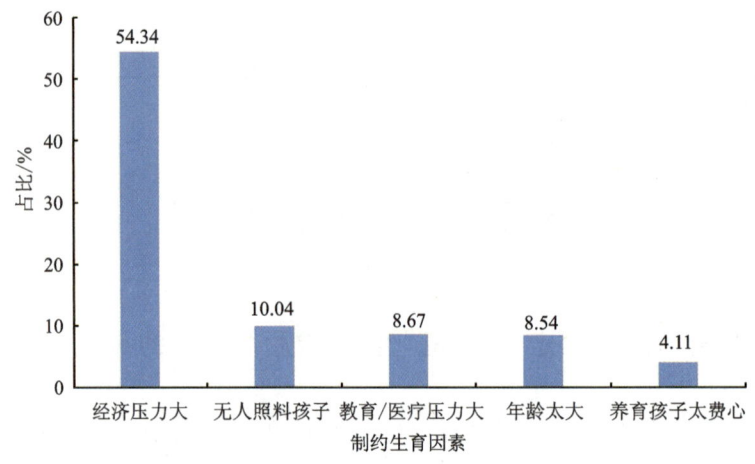

图1-1-12　湖北省生育意愿制约因素

数据来源:第三期湖北省百县生育调查(2021)数据库。

(二)托育机构盲目扩建与托育需求降低并存,加剧托育服务供需矛盾

在国家提出每千人须有4.5个托位的目标导向下,托育机构正经历快速扩张阶段,然而,目前却面临托位大量空置的问题。根据湖北省托育机构普查数据,截至2021年,湖北省每千人所拥有的托位数为1.84个,同时,托育机构的平均托位空置率超过50%。不同服务模式以及不同机构类别在托位空置方面呈现出差异性(图1-1-13、图1-1-14)。这表明,在托育服务供给方面,亟须对托育资源配置进行优化,不断提升服务质量。

与此同时,随着生育意愿和育龄妇女规模的不断降低,湖北省生育水平将面临持续下行压力,托育服务需求也逐渐降低。在对宜昌市居民进行访谈时,受访者提

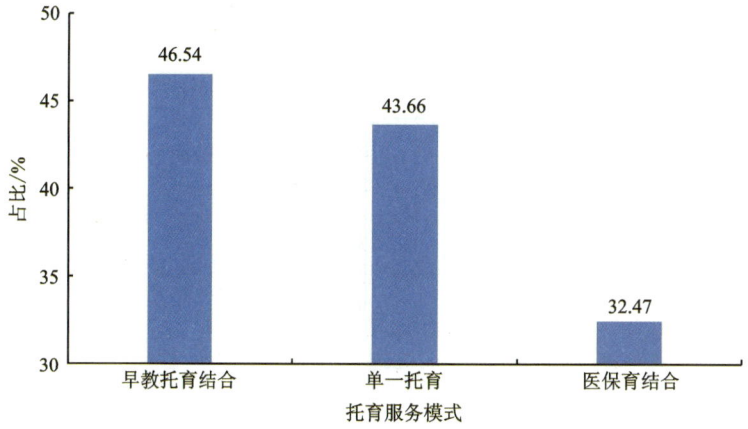

图 1-1-13　不同托育服务模式下高空置率托育机构占比

数据来源:2021年湖北省托育机构普查数据。

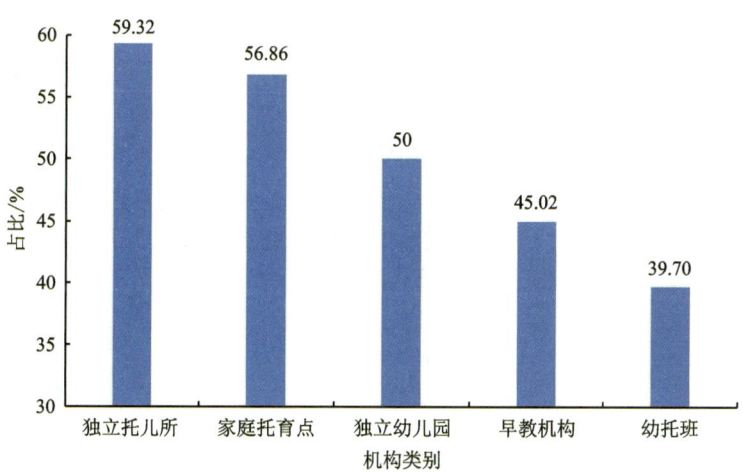

图 1-1-14　不同机构类别下高空置率托育机构占比

数据来源:2021年湖北省托育机构普查数据。

到:"2022年,宜昌市每千人出生人口数仅为4.26个,就算是这一年出生的孩子全都送进托育机构,也用不上千人4.5个托位。"在武汉市武昌区,托育服务需求同样出现下降趋势。对武汉市武昌区家庭托育需求调查发现,相比于2020年,2021年各街道每千人托位需求数明显降低(表1-1-3)。地方政府托育服务发展在上级政府的"层层加码"下,筹建托育机构的力度加大,同时,已有托育机构招生不满,造成托育服务供过于求的结构性矛盾,企业经营压力增加,导致资源浪费。

表 1-1-3 武汉市武昌区不同街道的托位需求数　　　　　　　　单位：个

街道	实际托位需求数	按 2020 年常住人口测算的每千人托位需求数	按 2021 年常住人口数测算的每千人托位需求数
杨园街	488.11	4.09	3.52
徐家棚街	922.20	6.27	5.39
积玉桥街	598.31	8.56	7.37
中华路街	73.04	2.60	2.23
粮道街	201.13	3.90	3.36
黄鹤楼街	244.08	5.54	4.76
紫阳街	106.20	2.60	1.66
白沙洲街	257.01	3.45	3.68
首义路街	217.80	3.81	3.28
中南路街	1170.73	6.55	5.63
水果湖街	890.07	5.63	4.85
珞珈山街	95.98	1.68	1.44
南湖街	309.66	5.21	4.48
石洞街	18.34	2.81	2.42

数据来源：2022 年家庭托育需求调查数据。

(三) 不孕不育率持续走高，女性对生育力重视不够

育龄人群生育健康监测数据显示，不孕不育症患病率在全国持续走高，患病率预计从 2018 年的 16.0% 增加至 2023 年的 18.2%，到 2023 年约有 5620 万对育龄夫妇面临不孕问题的困扰。约 20% 的不孕不育患者需要借助人类辅助生殖技术进行治疗，在无医疗保险或无保险报销的情况下，第一代试管婴儿每周期费用为 3 万～4 万元，第二代试管婴儿费用则是每周期 5 万～7 万元，第三代试管婴儿每周

期费用在 8 万元以上。而大多数人需要 2~3 次尝试才能成功。高昂的辅助生殖费用使得高达 55.7% 的不孕不育夫妻放弃辅助生殖治疗。

(四)人口结构快速转向倒金字塔型,面临老年人口激增和劳动力短缺的双重挑战

近 20 年来,湖北省人口结构中的青壮年比例下降,老年人的比例不断上升,人口金字塔的塔形下部向内收缩,向倒金字塔型演变(图 1-1-15)。人口预测结果显示,湖北省"60 后婴儿潮"出生的人口从 2023 年开始陆续进入老年群体队列,2028 年,全省老龄化水平将达到 27.95%。2033 年,该群体全部进入老龄阶段时,湖北省老龄化水平将达 32.11%。预计 2033 年,全省劳动人口比重由 2022 年的 62.04% 下降到 55.08%,老年人口激增和劳动力短缺的矛盾将进一步加剧。全省未来 10 年超大规模、超快速度和超高水平的人口老龄化,一方面带来巨大的养老压力,另一方面劳动力短缺将制约湖北省高质量发展。

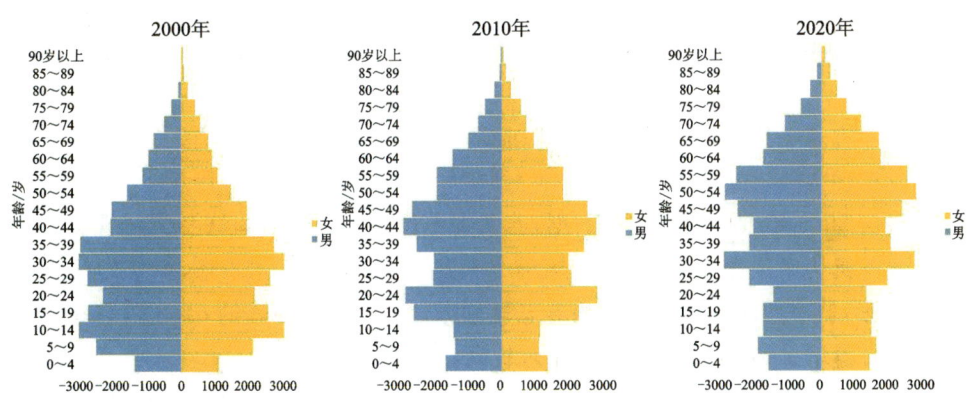

图 1-1-15　2000—2020 年湖北省人口金字塔

数据来源:第五次、第六次和第七次全国人口普查数据。

(五)老龄化区域分异严重,"高龄化"和"低健康"双重叠加

从行政区划看,湖北省县级及以下区域老龄化程度明显高于市辖区。2020 年,全省 62 个县(县级市、省直辖县级单位)60 岁及以上人口比重的均值为

22.76%，仅有11个县级行政区域的60岁及以上人口比重低于20%。相较而言，全省41个市辖区60岁及以上人口比重的均值为19.37%，有22个市辖区60岁及以上人口比重低于20%（图1-1-16）。

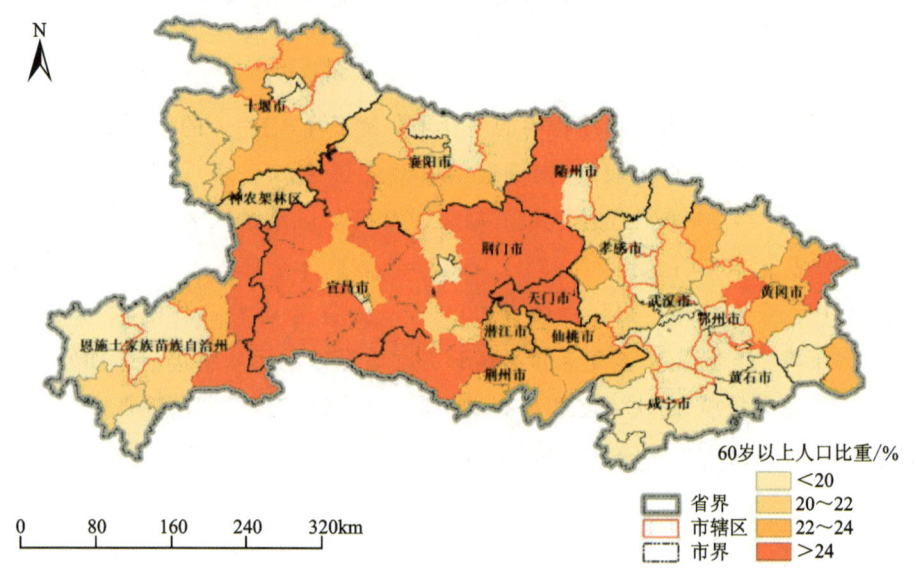

图1-1-16　2020年湖北省县域老年人口空间分布

数据来源：第七次全国人口普查数据。

根据2015年人口抽样调查数据，养老资源供需呈现明显的城乡倒置现象。以养老服务机构床位数为例，城市地区养老机构床位数为65 423张，乡村地区仅有29 114张，城市地区老年人口人均养老机构床位数为乡村地区的5.33倍。高龄老年人将日益增多，其不健康风险也相对较高。

伴随生活质量的提高和现代医疗技术的进步，预期寿命呈逐年上升趋势，预计2050年80岁及以上老年人口比重将增长至14.76%，比2022年增加12个百分点（图1-1-17）。高龄老年人健康状况与身体机能相对更差，同时受20世纪20年代末开始的独生子女政策影响，老年人群空巢化已发展成为新常态，进一步加剧高龄老年人口失能、失智风险。预计到2035年，湖北省80岁及以上人口中的失能老年数量将达到73.66万人（图1-1-18）。

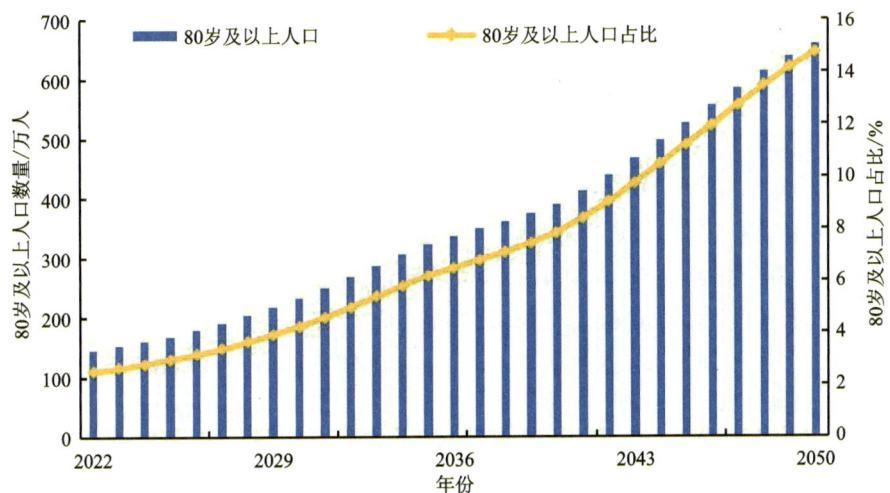

图 1-1-17　2022—2050 年湖北省老年人口高龄化发展趋势

数据来源:第七次全国人口普查数据。

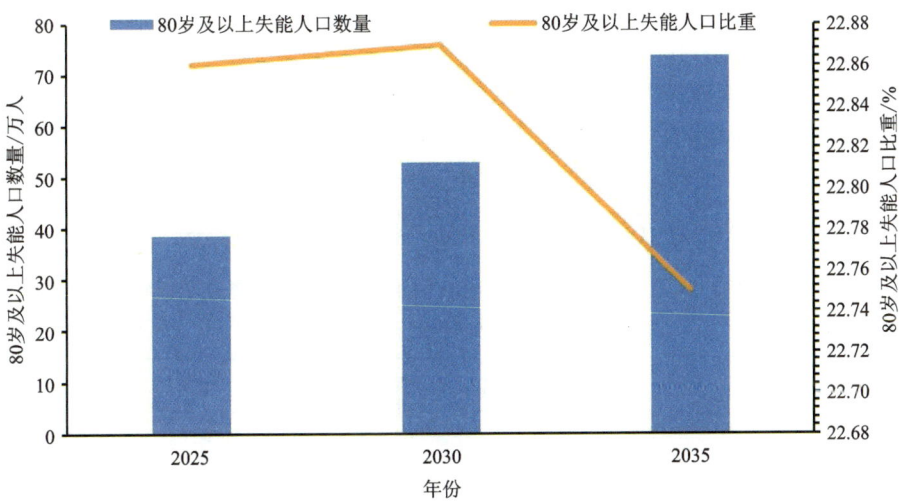

图 1-1-18　2025 年至 2035 年湖北省高龄老年人失能规模变化趋势

数据来源:中国老年人健康长寿影响因素跟踪调查数据。

(六)人口快速向武汉都市圈集聚,加剧了人口空间分布的不均衡

从历史数据来看,不同于武汉都市圈常住人口规模的持续增加,宜荆荆、襄阳两大都市圈常住人口规模逐渐减小,对人口的吸纳能力相对不足[①]。2022年宜荆荆、襄阳两大都市圈常住人口分别为1 160.28万人、527.6万人,比2015年下降8.76%、6.02%。两都市圈中心城区的常住人口分别占都市圈常住人口的31.34%、44.28%,分别比武汉市都市圈(69.38%)的常住人口低38.05个百分点和25.11个百分点。另外,人口集聚加剧了劳动力之间的内部竞争,对相当数量低健康状况、低技能、大龄流动人口形成排挤效应。2014—2018年中国劳动力动态调查数据(China labor-force dynamics survey,CLDS)的计算结果显示,我国返乡劳动力中不健康人口占比从13.23%上升至17.62%,平均年龄从2014年的39.88岁增加到2018年的43.30岁。相关基层调研结果也显示,返乡劳动力学历和技能普遍偏低,返乡就业主要集中在体力劳动、技术含量较低的领域,工作量大且工作条件差。

(七)人口流动规模持续增加,县域人口流失与县城人口集聚并存

一方面,湖北省县域常住人口流失程度较高。如表1-1-4所示,2010—2020年,有52个县域常住人口减少,占县域总数的80%以上,同时期户籍人口流失的县占比为74.60%。而湖北省有39个市辖区则以人口增长为主要趋势,人口流失的市辖区数量占比远远低于县域。

表1-1-4 第六次全国人口普查到第七次全国人口普查期间湖北省人口流失县级行政单位情况

人口流失率/%	按常住人口计算		按户籍人口计算	
	县域	市辖区	县域	市辖区
0~10	17	4	46	12
10~20	32	4	1	3

---

① 三大都市圈常住人口数据来自2023年统计年鉴,具体到地级市。

续表 1-1-4

人口流失率/%	按常住人口计算		按户籍人口计算	
	县域	市辖区	县域	市辖区
>20	3	2	0	0
合计	52	10	47	15

数据来源:根据中国劳动力动态调查数据(CLDS)整理。

另一方面,县城作为新型城镇化建设的重要载体,吸引了大量农村人口集聚。2020年,湖北省县域人口集聚能力有所增强,常住人口呈现高度集聚的县城逐渐增多(图1-1-19)。经济发展好的县域流入人口更多,以仙桃、潜江、天门3个市为例,2020年流动人口数分别为27.6万人、12.7万人、8.6万人,比2010年分别增长123.5%、86.8%、49.2%。其中,县城购房是人口集聚的主要原因之一。2022年度乡村建设评价结果显示,湖北省县城购房者中农村人口占56.6%,高于全国平均水平。

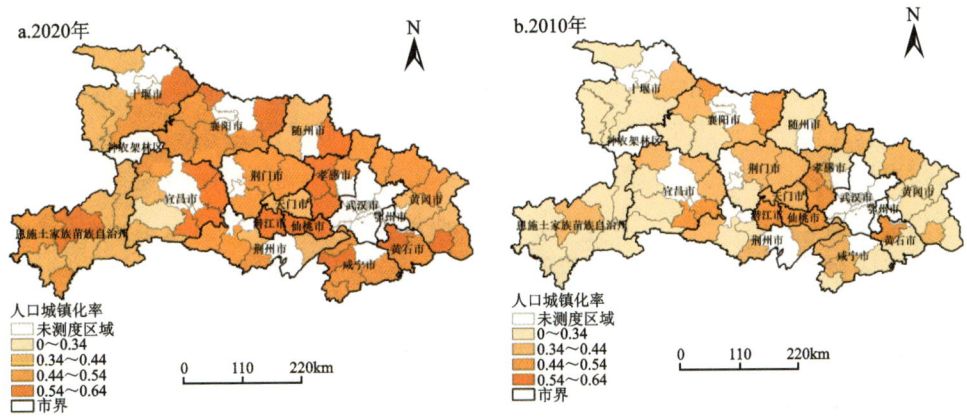

图 1-1-19 湖北省县域常住人口城镇化率
数据来源:根据第六次、第七次全国人口普查数据整理绘制。

(八)农民工的供需错配长期存在,就业不稳定与家庭化迁移之间存在矛盾

农民工不稳定就业的典型特征表现为以临时或短期工作为主,就业流动频繁,

缺乏保障。从签订合同来看,农民工签订劳动合同的比重为57.5%,其中签订长期雇佣合同的比重只有26.24%,并且随着年龄的增长,农民工签订劳动合同的比率在快速下降。从流动次数来看,25%的农民工至少流动过1次,10%的农民工流动过3次及以上。从保障状况来看,28.9%的农民工有本地养老保险,20.1%的农民工有城镇职工医疗保险。从就业流动次数来看,农民工就业流动次数越多,其家庭成员随迁的概率越低。具体来看,农民工就业流动次数从1次增加到4次以上时,其子女随迁的概率则从63.3%下降到47.29%,下降了逾16个百分点;其配偶随迁的概率从97.27%下降到94.63%;其父母随迁的概率从15.99%下降到5.32%,下降了10.67个百分点。

三、实现人口高质量发展的关键举措

(一)营造生育友好型环境,激发生育内生动力

一是充分利用社区闲置资源,提高托育服务可及性。充分挖掘社区闲置场地、共有用房以开展家庭托育点和社区嵌入式托育服务,降低运营成本。支持地方疏解腾退资源优先改造用于社区嵌入式托育服务,支持低层闲置家庭用房改造用于建设家庭托育点,扩大老百姓身边的托育服务供给。二是完善生育支持政策,提高城乡家庭生育质量。继续完善育儿补贴、税收减免、住房津贴等支持政策,加快建成生育成本多方合理有效的分担机制,为"不敢生、养不起"的育龄家庭降压、减负。提供免费的出生缺陷产前、产后检查项目,健全出生缺陷预防措施网络,促进出生缺陷防治攻坚行动向纵深推进。聚焦生育质量的全周期,通过门诊咨询、社区服务以及各类媒体平台,全方位开展提高生育质量的科普活动。

(二)开展人工流产关爱服务,为生殖健康保驾护航

一是加强生殖健康宣传工作,减少非意愿妊娠。坚持关口前移,加强与教育、妇联、民政部门协调配合,将生殖健康教育向青少年、大中专院校、婚姻登记机关延伸,增强未成年人自我保护意识,加强青年人家庭伦理教育。二是提供基本避孕服务,加强避孕节育咨询指导。降低免费避孕药具申领门槛,畅通线上、线下发放渠

道和领取方式。实施免费基本避孕手术,指导育龄群众落实长效、可逆、高效的避孕措施。三是落实人工流产预约、人工流产后关爱服务。设立独立的避孕与人工流产门诊咨询室,开展一对一咨询、面对面宣教,帮助患者分析意外妊娠的原因,评估人工流产对生育力的影响,充分告知人工流产后健康维护、身体调理和后期保养的注意事项,提高育龄群众预防非意愿妊娠的意识,提升安全避孕能力。

(三)完善老年劳动力供给体系,激发"长寿红利"

一是积极开拓老龄工作岗位。营造尊老敬老社会环境,开拓公益和灵活就业岗位,强化老年人参与劳动和创业积极性。制定地方性法规保障老年就业人群收入、安全、健康等各项权益,加强超龄劳动者就业保障。二是加快探索弹性退休年龄制度。探索实行性别、职业差异的退休年龄制,有效延长60~70岁"初老群体"的劳动供给时间。在荆州、天门、宜昌等老龄化程度较为严重的地区开展先行先试举措。通过激发低龄健康老年群体活力以缓解劳动力短缺的问题,同时也有助于我国养老金的可持续性发展,减轻社会养老负担。

(四)发挥新质生产力的引领作用,促进银发经济发展

一是以技术应用与创新为核心,发挥新质生产力对银发经济的引领作用。深入研究湖北省银发经济产业发展优势,重点将大数据、人工智能、物联网等先进技术与养老服务和健康管理等领域深度结合,推进智慧养老、老年医学、老年器械及设备、养老金融等高附加值银发经济产业发展。强化企业的科技创新主体地位,引导企业运用前沿技术以及大数据等新质生产要素赋能生产力升级,开发智能化、功能化、场景化产品和服务,推动银发经济市场提质扩容。二是大力开发适老化智能服务终端,进一步惠及老年群体。坚持"让技术懂老年人,无须老年人懂技术"的理念,通过语音识别、简单的点触操作建立起适宜于老年人的"傻瓜式"人机交互模式,进一步发挥新质生产力效用。

(五)畅通有序流动渠道,促进常住人口稳增长

一是调整完善落户政策。实行社会保险缴纳年限长江中游城市群内同城化累

计。对居住年限，推行设区市范围内互认，鼓励各地在长江中游城市群内开展同城化累计互认。二是推动农村人口就近落户。积极探索农民宅基地自愿有偿退出和土地增值收益合理分配机制，支持农民工进城购房。实施特殊群体置业补贴，有序引导人口向邻近经济发展向好的优势区域转移。三是构建人口管理服务数字化体系。推行"就近办"服务，实现长江中游地区户籍业务"区域通办"和户口迁移、新生儿入户、首次申领居民身份证等业务"全国通办"。优化"智能办"体验，深化"网上办""掌上办"和跨部门"一件事联办"，方便群众线上办理，提供跨部门业务"一条龙"服务。

报告二
2023年湖北省老年人口与老龄事业发展报告

石智雷　邵玺

根据《湖北省养老服务体系建设"十四五"规划》，在湖北省老龄工作委员会办公室和各有关部门的配合下，课题组完成了《2023年湖北省老年人口与老龄事业发展报告》（统计数据截至2022年12月31日，调查数据截至2023年8月31日）。中南财经政法大学人口与健康研究中心对相关数据进行了系统分析，形成了2023年湖北省及各市州老年人口与老龄事业发展基本信息。

第一部分
湖北省常住老年人口信息

一、湖北省老年人口基本信息

（一）全省老年人口总量

根据湖北省统计局数据，截至2022年12月31日全省常住人口5844万人。其中，60岁及以上老年人口1302万人，占全省总人口的22.3%；65岁以上老年人口952万人,占全省总人口的16.3%;70岁及以上老年人口558万人,占全省总人口的9.5%;80岁及以上老年人口142万人,占全省总人口的2.4%。

(二)全省老年人口性别构成

60岁及以上老年人口中,男性占比48.5%,女性占比51.5%;65岁及以上老年人口中,男性占比48.0%,女性占比52.0%;70岁及以上老年人口中,男性占比47.3%,女性占比52.7%;80岁及以上老年人口中,男性占比44.2%,女性占比55.8%。

(三)全省老年人口年龄构成

60岁以上老年人口中,60~64岁组占27.9%,65~69岁组占29.3%,70~79岁组占31.9%,80岁及以上组占10.9%(图1-2-1)。

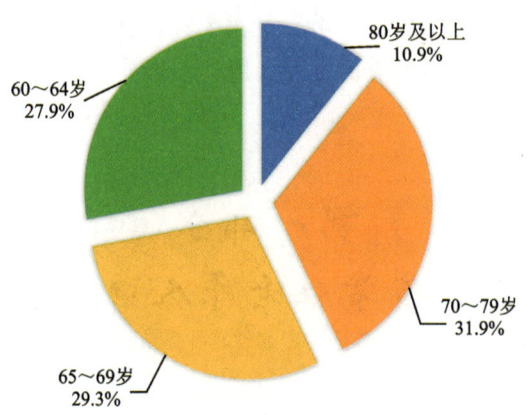

图1-2-1 2022年末湖北省60岁及以上老年人口年龄构成

数据来源:2023年湖北百县老龄事业发展数据库。

(四)全省老年人口城乡构成

全省常住人口中,城镇地区人口3779万人,占总人口的64.7%;乡村地区人口2065万人,占总人口的35.3%。其中,全省60岁及以上常住人口中,城镇地区人口708.3万人,占60岁及以上常住人口的54.4%;乡村地区593.7万人,占60岁及以上常住人口的45.6%。全省65岁及以上常住人口中,城镇地区人口508.4万

第一篇 总报告

人,占65岁及以上常住人口的53.4%;乡村地区人口443.6万人,占65岁及以上常住人口的46.6%。全省70岁及以上常住人口中,城镇地区人口293.0万人,占70岁及以上常住人口的52.5%;乡村地区人口265.0万人,占70岁及以上常住人口的47.5%。全省80岁及以上常住人口中,城镇地区人口78.7万人,占80岁及以上常住人口的55.4%;乡村地区人口63.3万人,占80岁及以上常住人口的44.6%。

二、湖北省老年人口变动信息

(一)全省老年人口总量及年龄构成变动情况

2020年末至2022年末,全省常住老年人口增加68.7万人,增长1.2%(图1-2-2)。其中,60岁及以上人口增加122.5万人,增长10.46%,占总人口比重从20.4%增至22.3%;65岁及以上人口增加109.6万人,增长13.0%,占总人口比重从14.6%增至16.3%;70岁及以上人口增加42.3万人,增长8.2%,占总人口比重从8.9%增至9.5%;80岁及以上人口减少2.3万人,下降1.6%,占总人口比重从2.5%降至2.4%。

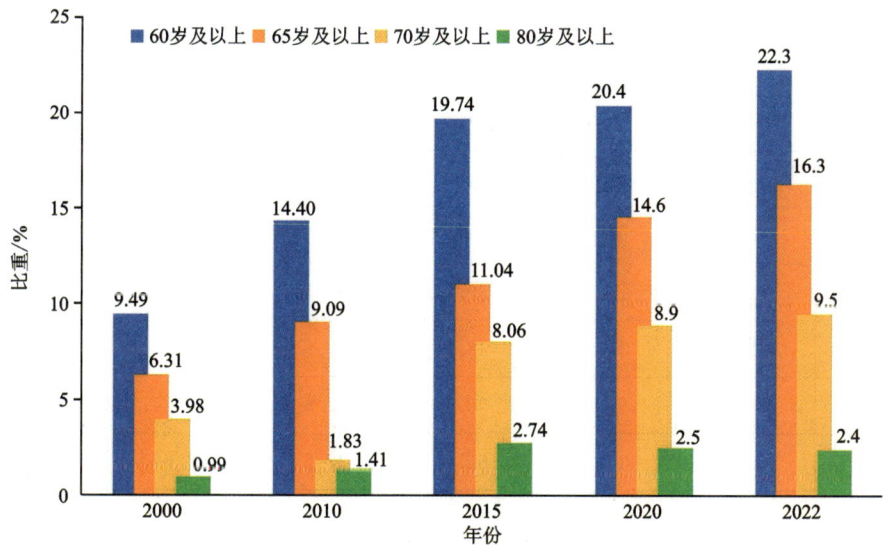

图1-2-2 湖北省各年龄段老年人口占总人口比重变动情况

数据来源:第五次、第六次、第七次全国人口普查数据、2015年全国1%人口抽样调查数据和2023年湖北百县老龄事业发展数据库。

(二)全省城乡老年人口变动情况

2020年末至2022年末,全省常住老年人口中,城镇地区人口增加147.5万人,增长4.1%;乡村地区人口减少78.7万人,下降3.7%。其中,全省60岁及以上常住人口中,城镇地区人口增加87.5万人,增长14.1%;乡村地区人口增加35.7万人,增长6.4%。全省65岁及以上常住人口中,城镇地区增加76.3万人,增长17.7%;乡村地区增加34.9万人,增长8.6%。全省70岁及以上常住人口中,城镇地区人口增加32.5万人,增长12.5%;乡村地区人口增加9.8万人,增长3.8%。全省80岁及以上常住人口中,城镇地区人口增加4.4万人,增长5.8%;乡村地区人口减少6.6万人,下降9.5%。

三、湖北省老年人口抚养系数及变动情况

2022年末,湖北省常住人口中15~59岁劳动年龄人口抚养60岁及以上人口的老年抚养系数为35.7%,比2020年增加3.4个百分点;15~64岁劳动年龄人口抚养65岁及以上人口的老年抚养系数为23.8%,比2020年增加2.7个百分点(表1-2-1)。

表1-2-1 2010年、2015年、2020年、2022年年末老年人口抚养系数　　　　单位:%

年份	15~59岁劳动年龄人口抚养			15~64岁劳动年龄人口抚养		
	少儿	老年	总数	少儿	老年	总数
2010年	19.3	19.3	39.6	18.1	11.8	29.9
2015年	22.5	25.7	48.2	20.6	15.3	35.9
2020年	25.8	32.3	58.1	23.6	21.1	44.7
2022年	24.7	35.7	60.4	22.5	23.8	46.4

注:少儿抚养系数=少年儿童人口数/劳动年龄人口数×100%;老年抚养系数=老年人口数/劳动年龄人口数×100%;总抚养系数=(少年儿童人口数+老年人口数)/劳动年龄人口数×100%。

数据来源:2023年湖北百县老龄事业发展数据库。

四、湖北省各市州老年人口变动信息

(一)市州老年人口基本情况

2022年末,湖北省各市州常住人口中60岁及以上老年人口规模最大的3个地区是武汉市、黄冈市和荆州市,人口数量分别为249.1万人、137.9万人和134.1万人;60岁及以上老年人口占市州总人口比重最高的3个地区是天门市、仙桃市和随州市,比重分别为28.0%、27.6%、27.4%(表1-2-2)。

表1-2-2 2022年末各市州老年人口情况

地区	常住人口数/万人	60岁及以上人口数/万人	65岁及以上人口数/万人	人口老龄化水平[①]/%	人口老龄化排名
湖北省	5844	1302	952	22.3	/
武汉市	1 373.9	249.1	188.7	18.1	16
黄石市	244.4	39.1	30.2	16.0	17
十堰市	316.6	70.3	51.0	22.2	11
宜昌市	392.0	101.9	70.5	26.0	6
襄阳市	527.6	116.2	82.3	22.0	13
鄂州市	107.1	22.2	16.2	20.7	15
荆门市	254.8	64.6	46.0	25.4	7
孝感市	418.6	92.3	65.3	22.0	12
荆州市	513.5	134.1	98.5	26.1	5

① 按照联合国标准,目前常见的有两种界定老龄化水平的方法分别是60岁及以上人口占总人口的比重和65岁及以上人口占总人口的比重。本报告使用60岁及以上人口占总人口的比重来反映地区老龄化水平。

续表 1-2-2

地区	常住人口数/万人	60岁及以上人口数/万人	65岁及以上人口数/万人	人口老龄化水平/%	人口老龄化排名
黄冈市	579.0	137.9	104.4	23.8	8
咸宁市	261.7	57.0	39.9	21.8	14
随州市	201.4	55.1	38.3	27.4	3
恩施州	340.2	76.9	57.7	22.6	10
潜江市	85.6	22.4	16.0	26.2	4
仙桃市	110.6	30.5	23.2	27.6	2
天门市	110.6	30.9	22.8	28.0	1
神农架林区	6.3	1.5	1.1	23.2	9

数据来源：2023年湖北百县老龄事业发展数据库。

(二)市州老年人口空间分布情况

从地区分布来看，湖北省各市州老龄化水平呈现中间高、两边低的规律，老龄化水平较高的地区主要分布在鄂中地区，宜荆荆都市圈的核心城市——宜昌市、荆门市和荆州市，江汉平原的仙桃市、天门市和潜江市，以及随州市，人口老龄化水平均超过了25%。相比之下，鄂东、鄂西的老龄化水平相对较低，除黄冈市和神农架林区老龄化水平超过23%，其他市州老龄化水平均在23%以下(图1-2-3)。

(三)市州80岁及以上高龄老年人情况

2022年末，各市州常住人口中80岁及以上高龄老年人规模最大的3个地区是武汉市、荆州市和黄冈市，人口数量分别为28.3万人、15.9万人和14.2万人；高龄老年人占市州老年人口比重最高的3个地区是神农架林区、黄石市、宜昌市，比重分别为13.3%、13.3%、12.3%(表1-2-3)。

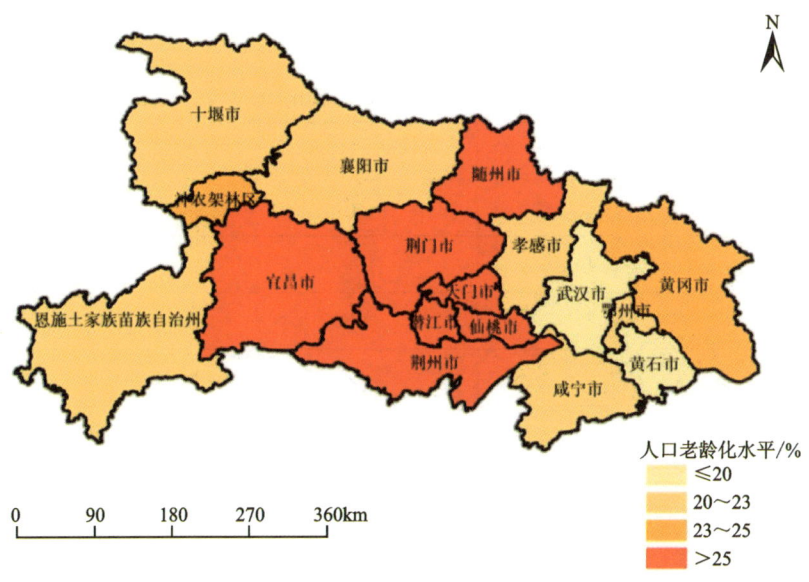

图1-2-3　2022年末湖北省各市州人口老龄化状况

数据来源:2023年湖北百县老龄事业发展数据库。

表1-2-3　2022年末各市州80岁及以上高龄老年人情况

地区	80岁及以上人口数/万人	80岁及以上人口占老年人口总数比重/%	80岁及以上人口数较2020年增加/万人
湖北省	142	10.9	-2.3
武汉市	28.3	11.4	2.1
黄石市	5.2	13.3	-0.2
十堰市	5.9	8.4	-0.3
宜昌市	12.5	12.3	-0.3
襄阳市	12.4	10.7	-0.3
鄂州市	2.3	10.4	-0.1
荆门市	6.5	10.1	-0.3
孝感市	10.7	11.6	-0.5

续表 1-2-3

地区	80岁及以上人口数/万人	80岁及以上人口占老年人口总数比重/%	80岁及以上人口数较2020年增加/万人
荆州市	15.9	11.9	−0.6
黄冈市	14.2	10.3	−0.6
咸宁市	5.4	9.5	−0.2
随州市	4.8	8.7	−0.2
恩施州	9.1	11.8	−0.4
潜江市	2.4	10.7	−0.2
仙桃市	3.2	10.5	−0.2
天门市	3	9.7	−0.2
神农架林区	0.2	13.3	0.0

数据来源：2023年湖北百县老龄事业发展数据库。

图1-2-4为2022年末湖北省各地区80岁及以上高龄老年人空间分布状况。从都市圈分布来看，80岁及以上高龄老年人主要集中在武汉都市圈和宜荆荆都市圈。

（四）市州百岁老年人情况

根据第六次、第七次全国人口普查数据和2022年湖北省统计局抽样数据测算结果，2022年末，全省常住人口中100岁及以上老年（百岁老年人）人口共4705人，每十万人中有百岁老年人8.1人。各市州常住人口中百岁老年人规模最大的3个地区是武汉市、襄阳市和荆州市，数量分别为776人、730人和542人；每十万人中有百岁老年人最多的3个地区是潜江市、襄阳市和咸宁市，每十万人分别有百岁老年人16.6人、13.8人和11.4人（表1-2-4）。

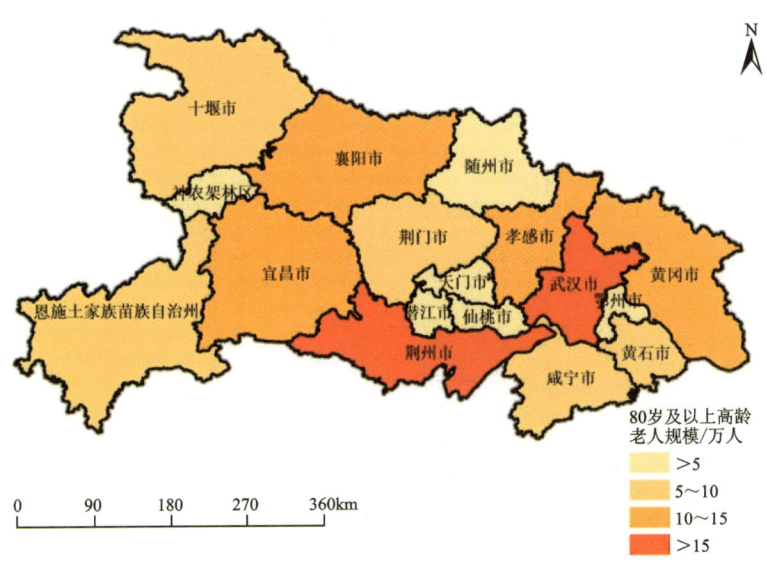

图 1-2-4　2022 年末湖北省各地区 80 岁及以上高龄老年人空间分布状况

数据来源：2023 年湖北百县老龄事业发展数据库。

表 1-2-4　2022 年末各市州百岁老年人情况

地区	百岁老年人数/人	每十万人中百岁老年人数/人	占全省百岁老年人比重/%
湖北省	4705	8.1	/
武汉市	776	5.6	16.5
黄石市	199	8.1	4.2
十堰市	112	3.5	2.4
宜昌市	284	7.2	6.0
襄阳市	730	13.8	15.5
鄂州市	74	6.9	1.6
荆门市	272	10.7	5.8
孝感市	296	7.1	6.3
荆州市	542	10.6	11.5
黄冈市	482	8.3	10.2

续表 1-2-4

地区	百岁老年人数/人	每十万人中百岁老年人数/人	占全省百岁老年人比重/%
咸宁市	298	11.4	6.3
随州市	92	4.6	2.0
恩施州	226	6.6	4.8
潜江市	142	16.6	3.0
仙桃市	119	10.8	2.5
天门市	59	5.3	1.3
神农架林区	2	3.2	0

数据来源：2023年湖北百县老龄事业发展数据库。

图 1-2-5 是 2022 年末湖北省各市州百岁老年人空间分布状况。从地理位置看，湖北省百岁老年人规模大致呈东高西低分布。

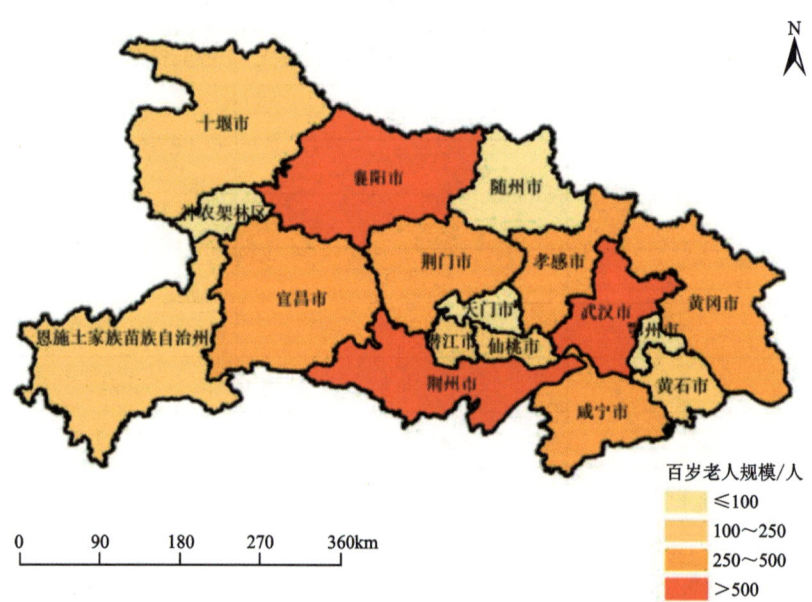

图 1-2-5　2022 年末湖北省各市州百岁老年人空间分布状况

数据来源：2023年湖北百县老龄事业发展数据库。

第二部分
湖北省老龄事业发展基本信息①

一、养老保障

(一)养老金领取情况

(1)城镇职工基本养老保险。2022年,全省参加城镇职工基本养老保险的人数为1 959.7万人(含省本级)。其中,参保职工1 318.80万人,参保离退休人员640.90万人。城镇职工基本养老保险基金收入2 589.17亿元,支出2 710.71亿元(含省本级)。

(2)城乡居民养老保险。2022年,全省参加城乡居民基本养老保险人数为2 600.47万人(含省本级)。其中,参保居民1 736.86万人,养老金发放863.61万人。

(二)长期护理保险试点情况

(1)长期护理保险参保情况。2022年,荆门市(湖北省长期护理保险试点地区)长期护理保险参保人数245.11万人,享受长期护理保险待遇10.17万人次。

(2)长期护理保险基金运行情况。2022年,荆门市长期护理保险收入22 059.79万元,支出15 207.32万元。

(3)长期护理保险受益人数。2022年,荆门市为城市重度失能人员提供长期护理服务106 850人次。

(三)特殊困难老年人保障情况

(1)特殊困难老年人探访。2022年,全省60岁及以上特殊困难人数为29.68

---

① 湖北省数据根据各市州数据汇总得到。

万人,特殊困难老年人探访次数为 304.53 万人次,平均每名特殊困难老年人每年探访次数达 10.26 次。

(2)特殊困难老年人集中供养情况。2022 年,全省集中供养特殊困难老年人 81 383 人。其中城镇地区集中供养特殊困难老年人 8117 人,农村地区集中供养特殊困难老年人 73 266 人。

(3)经济困难高龄失能老年人补助。2022 年,全省对经济困难高龄失能老年人的补助金额为 10 717 万元。

(四)老年福利

(1)高龄津贴。2022 年,全省共发放高龄津贴 91 463 万元,受益高龄老年人达 160 万人。

(2)彩票公益金。2022 年,全省发放用于老年人福利的彩票公益金 20 946 万元。

二、养老服务

(一)机构养老

养老机构服务供给。截至 2022 年,全省累计建设养老机构 2002 家,养老机构床位 28.2 万张。

(二)社区与家庭养老

(1)全国示范性老年友好型社区。2022 年,全省新增 45 个全国示范性老年友好型社区,全省累计建设 93 个全国示范性老年友好型社区。

(2)社区养老服务供给。截至 2022 年底,全省累计建设社区养老床位 14.16 万张。

(3)家庭养老服务供给。截至 2022 年底,全省累计建设家庭养老床位 9517 张。

(4)家庭适老化改造。2022 年,全年完成特殊困难老年人居家适老化改造 1.75 万户,累计完成改造 3.24 万户。

(5)家庭医生服务。根据第一期湖北百县老龄调查(2023)数据,2022 年,全省

30.7%的65～75岁老年人享受家庭医生(村医)上门服务,其中,21.1%的城市地区老年人享受家庭医生上门服务,39.4%的农村地区老年人享受村医上门服务。

三、医疗服务

(一)医疗资源供给

(1)医疗机构。截至2022年,全省共有医疗卫生机构36 782家,其中医院1182家,基层医疗卫生机构35 028家,专业公共卫生机构453家。

(2)卫生技术人员。截至2022年,全省共有卫生技术人员48.86万人。

(3)医疗机构床位。截至2022年,全省共有医疗卫生机构的床位共计45.20万张。

(二)老年医疗服务

(1)老年友善医疗机构。2022年,全省新增各类老年友善医疗机构1082家,其中老年友善医疗机构323家,老年友善基层医疗机构759家。截至2022年,全省共有各类老年友善医疗机构1823家,占应建机构的88%,其中老年友善医疗机构481家,老年友善基层医疗机构1342家。

(2)老龄友好型医疗服务。截至2022年,全省医疗机构中为老年人提供绿色通道的机构占比超过45.29%。全省开展安宁疗护服务的医疗机构数达125家。全省二级及以上综合性医院设立老年医学科的比例累计达到95%,超过《健康中国行动(2019—2030年)》90%的预期目标值,高水平完成国家卫生健康委员会《关于全面加强老年健康服务工作的通知》的文件要求。

(3)老年人健康管理:2022年,湖北省65岁及以上老年人城乡社区规范化健康管理服务率达69.38%,65岁及以上老年人中医药健康管理率达71.63%。

(4)老年体检。根据第一期湖北百县老龄调查(2023)数据,2022年,全省65～75岁老年人享受免费体检服务的比例达到70.7%,其中,城市地区老年人免费体检率为68.9%,农村地区老年人免费体检率为72.3%。

(三)基本医疗保险

(1)职工基本医疗保险。2022年,全省职工基本医疗保险参保人数为1 240.43万人,职工基本医疗保险基金收入685.31亿元,职工基本医疗保险基金支出513.13亿元。

(2)城乡居民基本医疗保险。2022年,全省城乡居民基本医疗保险参保人数为4 352.61万人,城乡居民基本医疗保险基金收入422.14亿元,城乡居民基本医疗保险基金支出393.71亿元。

四、医养结合

医养结合资源供给。截至2022年,全省共有医养结合机构312家,医养结合床位7万张,医疗机构护理型床位20 050张,医养结合签约合作4120对。

五、老年人社会参与

(1)老年大学。截至2022年,全省共有老年大学117家,老年大学在校人数210 673人。

(2)体育文化活动。2022年,全省共组织老年体育活动734次,参与体育活动的老年人数达129 995人次;组织老年文化活动1288次,参与文化活动的老年人数达227 547人次。

六、养老服务人才队伍建设

(1)人才培养。截至2022年,全省设立护理专业的中等职业院校33所,设立护理专业的高等职业院校32所,职业院校养老服务相关专业招生人数达到28 206人。

(2)从业人员培训。2022年,全省开展养老从业人员专业护理技能知识培训达46 686人次。

七、老年维权

法律援助。2022年,全省各级法律服务工作者为老年人提供涉老法律援助达4183人次。

第三部分
湖北省市州老龄事业发展基本信息

一、市州养老保障情况

(一)市州职工基本养老保险运行情况

2022年,职工基本养老保险赤字规模最大的3个地区为荆州市、襄阳市和黄石市,规模分别达到88.8亿元、58.9亿元和40.7亿元,相比之下,仙桃市、潜江市、十堰市、咸宁市和神农架林区的赤字规模较小,均在10亿元以内。

2022年,荆州市、天门市和潜江市是职工养老金负担压力最大的3个地区,其制度内赡养比在1.5左右,这意味着每1.5个参保人员的缴费就要支持一个退休人员的养老金收入。相比之下,武汉市、鄂州市和十堰市的职工养老金负担压力较小,制度内赡养比不小于2.4(表1-2-5)。

(二)市州特殊困难老年人保障情况

2022年,荆州市、黄冈市和恩施州特殊困难老年人的数量分别为69 491人、62 911人和39 337人,远超过其他地区。相比之下,宜昌市、鄂州市、随州市以及4个省辖市(林区)特殊困难老年人数量较少,均不到5000人。

2022年，荆州市、黄冈市和恩施州3个地区的老年人中特殊困难老年人的比重较高，平均每100名老年人中大约有5名是特殊困难老年人。此外，黄石市、十堰市和神农架林区特殊困难老年人的比重也较高，均超过了3%。相比之下，武汉市、宜昌市、随州市特殊困难老年人的比重低，均在1%以内。

表1-2-5　2022年湖北省各市州职工基本养老保险运行情况

地区	城镇职工基本养老保险收入/亿元	城镇职工基本养老保险支出/亿元	城镇职工基本养老保险结余/亿元	城镇职工基本养老保险参保人数/万人	城镇职工基本养老保险离退休人数/万人	城镇职工基本养老金制度内赡养比
武汉市	720.9	750.3	−29.4	648.6	169.9	2.8
黄石市	75.6	116.3	−40.7	90.4	31.3	1.9
十堰市	74.4	82.1	−7.7	68.4	20.1	2.4
宜昌市	124.9	151.9	−27.0	149.0	45.0	2.3
襄阳市	117.0	175.9	−58.9	133.8	47.2	1.8
鄂州市	25.4	36.0	−10.6	35.3	10.1	2.5
荆门市	64.4	83.5	−19.1	76.4	24.8	2.1
孝感市	80.2	110.3	−30.1	92.9	31.9	1.9
荆州市	115.0	203.8	−88.8	145.8	61.0	1.4
黄冈市	108.9	143.9	−35.0	113.6	39.6	1.9
咸宁市	59.0	68.9	−9.9	51.9	19.2	1.7
随州市	35.8	48.5	−12.7	38.0	13.9	1.7
恩施州	66.7	79.7	−13.0	64.4	23.4	1.8
潜江市	19.1	28.5	−9.4	22.9	8.8	1.6
仙桃市	24.5	28.9	−4.4	31.6	9.5	2.3
天门市	18.7	29.9	−11.2	23.2	9.4	1.5
神农架林区	2.8	3.3	−0.5	2.5	0.8	2.1

数据来源:2023年湖北百县老龄事业发展数据库。

2022年,湖北省各市州在落实特殊困难老年人探访关爱上存在一定差距。武汉市、宜昌市、黄冈市、宜昌市、咸宁市、天门市和十堰市2022年对特殊困难老年人的人均探访次数超过12次,探访率超过100%,其中,武汉市、宜昌市和黄冈市全年对特殊困难老年人的探访次数更是超过20次。相比之下,恩施州、潜江市、神农架林区和黄石市对特殊困难老年人的探访次数较少,全年人均探访次数均低于2.5次。

2022年,武汉市、荆州市和恩施州3个市州的经济困难高龄失能老年人补助金额较高,均超过了1000万元,其中武汉市的补贴金额达到了3 634.5万元(表1-2-6)。

表1-2-6 2022年湖北省各市州特殊困难老年人保障情况

地区	特殊困难老年人数量/人	特殊困难老年人占老年人口的比重/%	特殊困难老年人人均探访次数/次	对经济困难高龄失能老年人的补助金额/万元
武汉市	18 397	0.8	21.6	3 634.5
黄石市	15 508	4.2	2.4	235.3
十堰市	20 445	3.1	13.0	736.8
宜昌市	2944	0.3	21.2	825.5
襄阳市	11 885	1.1	6.4	531.7
鄂州市	2134	1	5.9	167.4
荆门市	12 005	2	7.9	262.6
孝感市	18 673	2.2	6.6	404.2
荆州市	69 491	5.5	4.0	1 004.5
黄冈市	62 911	4.9	22.7	852.3
咸宁市	11 262	2.1	13.3	503.1
随州市	2984	0.5	8.2	102.6
恩施州	39 337	5.4	0.9	1 107.0
潜江市	4216	1.3	2.0	27.0

续表 1-2-6

地区	特殊困难老年人数量/人	特殊困难老年人占老年人口的比重/%	特殊困难老年人人均探访次数/次	对经济困难高龄失能老年人的补助金额/万元
仙桃市	511	0.2	4.0	195.7
天门市	3655	2	12.8	103.1
神农架林区	421	3.1	2.1	24.1

数据来源：2023 年湖北百县老龄事业发展数据库。

（三）高龄老年人津贴

2022 年，高龄津贴领取人数最多的 3 个地区分别是黄冈市、武汉市和荆州市，领取人数分别为 29.1 万、25.8 万和 16.2 万人，领取人数最少的 3 个地区分别是神农架林区、鄂州市和潜江市，领取人数分别为 0.4 万人、2.3 万人和 2.5 万人。

2022 年，湖北省各市州发放的高龄补贴金额在 205.1 万～16 608.0 万元之间，其中武汉市、荆州市和襄阳市发放的高龄补贴金额最高，分别为 16 608.0 万元、10 303.5 万元和 8 160.4 万元（图 1-2-6）。

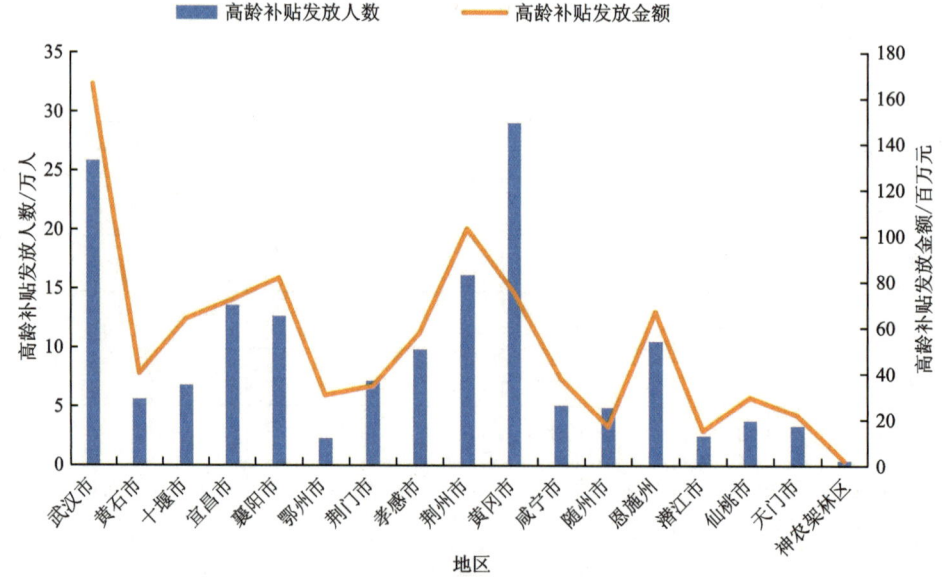

图 1-2-6　2022 年湖北省各市州高龄老年人津贴发放情况

数据来源：2023 年湖北百县老龄事业发展数据库。

二、市州养老服务情况

(一)市州养老机构情况

2022年,湖北省各市州养老机构规模与老年群体的规模基本一致。养老机构数量最多的4个地区分别是武汉市、襄阳市、黄冈市和荆州市,机构数量分别为267家、241家、186家和185家。与此同时,这4个地区老年人口的数量也排在全省前列。

2022年,湖北省各市州养老服务机构的市场化程度有较大差异。武汉市和黄石市的私立养老机构占机构总数的比例超过50%,其他市州均以公立养老机构为主(图1-2-7)。

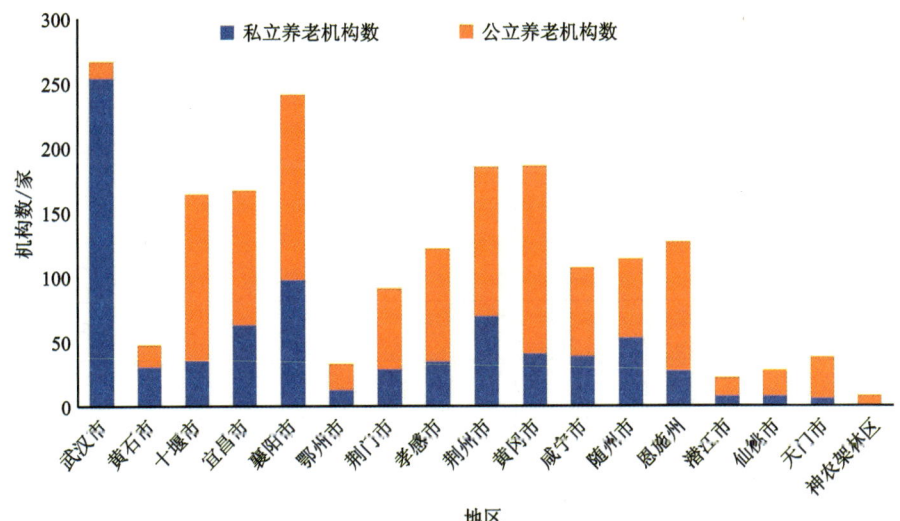

图1-2-7　2022年湖北省各市州养老机构数量

数据来源:2023年湖北百县老龄事业发展数据库。

(二)市州社区与家庭养老服务情况

2022年,武汉市、襄阳市、孝感市和黄冈市在老年友好社区的建设工作上较为领先,建成的全国示范性社区的数量均大于等于5个。

2022年,武汉都市圈在社区养老床位建设工作上的发展状况要明显优于襄阳都市圈和宜荆荆都市圈。武汉市、黄冈市的社区养老床位数均超过了2万张,其中武汉市社区养老床位更是达到了54 502张。相比之下,襄阳市和宜昌市社区养老床位数为1697张和1537张。

总体上,湖北省家庭养老床位建设工作整体处于起步阶段。2022年,除了武汉市和咸宁市新增家庭养老床位超过2000张,其他所有市州新增家庭养老床位均未超过200张(表1-2-7)。

表1-2-7 2022年湖北省各市州社区与家庭养老服务情况

地区	2022年新增全国示范性老年友好型社区数/个	社区养老床位数/张	每千名老年人拥有社区养老床位数/张	家庭养老床位数/张
武汉市	16	54 502	21.9	5752
黄石市	4	2127	5.4	200
十堰市	5	6847	9.7	200
宜昌市	6	1537	1.5	200
襄阳市	10	1697	1.5	20
鄂州市	2	1549	7.0	0
荆门市	6	6538	10.1	0
孝感市	9	12 086	13.1	150
荆州市	4	21 967	16.4	100
黄冈市	10	20 292	14.7	200
咸宁市	4	4345	7.6	2095

续表 1-2-7

地区	2022年新增全国示范性老年友好型社区数/个	社区养老床位数/张	每千名老年人拥有社区养老床位数/张	家庭养老床位数/张
随州市	2	2708	4.9	100
恩施州	8	927	1.2	200
潜江市	1	1795	8.0	100
仙桃市	2	495	1.6	100
天门市	2	2155	7.0	100
神农架林区	2	75	5.1	0

数据来源：2023年湖北百县老龄事业发展数据库。

三、市州医疗服务情况

(一)市州医疗资源情况

2022年，武汉都市圈的核心城市武汉市、黄石市和黄冈市每千名老年人拥有医疗机构床位数达到39.6张、49.6张和34.0张，分别排名第3、第2和第7位，襄阳都市圈的核心城市襄阳市和十堰市每千名老年人拥有医疗机构床位数达到36.4张和54.8张，分别排名第5和第1位。相比之下，宜荆荆都市圈的宜昌市、荆门市和荆州市每千名老年人拥有医疗机构床位数仅有30.4张、29.9张和27.2张，在全省排名中较为靠后。在每千名老年人拥有的卫生技术人员数上，武汉都市圈和襄阳都市圈发展水平相对较高（表1-2-8）。

表 1-2-8　2022年湖北省各市州医疗资源情况

地区	医疗机构数量/家	医疗机构床位数/万张	每千名老年人拥有医疗机构床位数/张	卫生技术人员数/万人	每千名老年人拥有卫生技术人员数/人
武汉市	6001	9.9	39.6	13.0	52.0

续表 1-2-8

地区	医疗机构数量/家	医疗机构床位数/万张	每千名老年人拥有医疗机构床位数/张	卫生技术人员数/万人	每千名老年人拥有卫生技术人员数/人
黄石市	1390	1.9	49.6	2.1	53.9
十堰市	2795	3.9	54.8	3.2	45.5
宜昌市	2645	3.1	30.4	3.5	34.0
襄阳市	3477	4.2	36.4	3.7	32.2
鄂州市	554	0.6	28.4	0.8	35.1
荆门市	1979	1.9	29.9	2.0	30.5
孝感市	2411	3.0	32.2	2.8	30.6
荆州市	3039	3.7	27.2	3.9	29.2
黄冈市	4180	4.7	34.0	3.9	27.9
咸宁市	1414	1.9	33.0	2.0	35.3
随州市	1344	1.3	24.3	1.3	23.0
恩施州	2899	2.9	37.0	2.8	36.1
潜江市	678	0.6	25.4	0.7	29.9
仙桃市	873	0.7	21.6	0.6	20.3
天门市	1031	0.8	27.2	0.7	21.4
神农架林区	72	0.1	34.3	0.1	41.2

数据来源：2023 年湖北百县老龄事业发展数据库。

(二)市州老年医疗服务情况

2022 年,武汉市在老年友善机构建设上走在各市州的前列,新增 102 家老年友善医疗机构。此外,襄阳市、孝感市、荆州市和黄冈市新增老年友善医疗机构的数量也超过20家。

2022年,各市州中仅有天门市、宜昌市、潜江市、恩施州、黄冈市和随州市的医疗机构为老年人提供绿色通道的比例超过50%。

2022年,除潜江市和天门市以外,湖北省各市州均完成2025年以前二级及以上综合性医院设立老年医学科比例超过60%的工作要求,高水平完成国家卫生健康委员会《关于全面加强老年健康服务工作的通知》的文件要求(表1-2-9)。

表1-2-9 2022年湖北省各市州老年医疗服务情况

地区	2022年新增老年友善医疗机构/家	医疗机构为老年人提供绿色通道的比例/%	二级及以上综合性医院设立老年医学科的比例/%
武汉市	102	47.7	75.0
黄石市	19	45.4	60.0
十堰市	15	36.9	89.5
宜昌市	16	57.1	77.3
襄阳市	38	43.5	100.0
鄂州市	8	36.3	100.0
荆门市	6	27.2	66.7
孝感市	27	46.0	86.7
荆州市	24	35.1	84.2
黄冈市	21	55.0	95.7
咸宁市	13	43.7	100.0
随州市	4	51.9	100.0
恩施州	19	55.4	93.3
潜江市	1	56.5	14.3
仙桃市	1	41.3	75.0

续表 1-2-9

地区	2022年新增老年友善医疗机构/家	医疗机构为老年人提供绿色通道的比例/%	二级及以上综合性医院设立老年医学科的比例/%
天门市	8	60.0	50.0
神农架林区	1	36.4	100.0

数据来源：2023年湖北百县老龄事业发展数据库。

四、市州医养结合服务情况

从医养结合资源的供给规模来看，2022年，武汉市、宜昌市和襄阳市3个区域中心城市发展最为迅速，医养结合机构床位数分别为18 362张、10 856张和6048张。从医养结合服务的可获得性来看，宜昌市、天门市和神农架林区较为领先，每千名老年人拥有医养结合机构床位数均超过了10张。从养老机构和医疗机构之间的衔接来看，除仙桃市以外，其他地区养老机构为老年人提供医疗卫生服务的比例均超过了99%（表1-2-10）。

表1-2-10　2022年湖北省各市州医养结合服务情况

地区	医养结合机构数/家	医养结合机构床位数/张	每千名老年人拥有医养结合机构床位数/张	养老机构为老年人提供医疗卫生服务的比例/%
武汉市	65	18 362	7.4	100
黄石市	11	2713	6.9	100
十堰市	19	3243	4.6	100
宜昌市	69	10 856	10.6	100
襄阳市	20	6048	5.2	100
鄂州市	5	1676	7.6	100
荆门市	6	2546	3.9	100

续表 1-2-10

地区	医养结合机构数/家	医养结合机构床位数/张	每千名老年人拥有医养结合机构床位数/张	养老机构为老年人提供医疗卫生服务的比例/%
孝感市	45	5877	6.4	99
荆州市	13	2777	2.1	100
黄冈市	18	4291	3.1	100
咸宁市	14	3297	5.8	100
随州市	3	681	1.2	100
恩施州	10	1513	2.0	99
潜江市	5	1043	4.7	100
仙桃市	4	1136	3.7	64
天门市	4	4084	13.2	100
神农架林区	1	201	13.8	100

数据来源:2023 年湖北百县老龄事业发展数据库。

五、市州老年人社会参与情况

2022 年,武汉市、襄阳市和十堰市的老年大学办学规模排名前三,在校老年人数分别为 68 669 人、30 570 人和 21 654 人,此外,宜昌市、荆州市和恩施州老年大学在校人数也超过了 1 万人。从各地区老年人在老年大学的就学率来看,武汉市、黄石市、十堰市和襄阳市老年教育发展较为领先,每千名老年人在老年大学就学的人数超过了 20 人。

2022 年,荆州市、武汉市和襄阳市 3 个地区举办的老年文体活动中,老年人参与人次最多,分别为 66 160 人次、43 282 人次和 34 956 人次,黄石市、宜昌市、荆门市和咸宁市老年人参与文体活动的数量也超过了 3 万人次。从老年人文体活动的覆盖面来看,黄石市、咸宁市的覆盖水平较高,每千名老年人参与文体活动的人次都超过了 50 人次(表 1-2-11)。

表 1-2-11　2022 年湖北省各市州老年人社会参与情况

地区	老年大学数量/所	老年大学在校人数/人	每千名老年人在老年大学就学数/人	老年人参与文体活动人次/人次	每千名老年人参与老年人文体活动数/人次
武汉市	15	68 669	27.6	43 282	17.4
黄石市	7	8300	21.3	30 360	77.6
十堰市	11	21 654	30.8	20 919	29.7
宜昌市	11	16 818	16.5	30 150	29.6
襄阳市	11	30 570	26.3	34 956	30.0
鄂州市	3	2477	11.2	5596	25.2
荆门市	8	9 200	14.2	30 200	46.8
孝感市	8	9 353	10.2	13 252	14.4
荆州市	9	10 324	7.7	66 160	49.4
黄冈市	11	9009	6.5	17 765	12.9
咸宁市	7	8274	14.5	33 595	58.9
随州市	3	2 000	3.6	4100	7.4
恩施州	9	10 789	14.0	10 517	13.7
潜江市	1	1200	5.4	2800	12.5
仙桃市	1	281	0.9	6670	21.8
天门市	1	1545	5.0	6770	21.8
神农架林区	1	210	14.4	/	/

数据来源：2023 年湖北百县老龄事业发展数据库。

六、市州养老服务人才队伍建设情况

2022 年，武汉市、荆州市、襄阳市和孝感市的职业院校养老服务相关专业招生人数排名靠前，招生人数均超过了 2000 人，其中武汉市和荆州市招生人数分别达到了 5438 人和 3890 人。

2022 年,全省仅有武汉市和咸宁市养老从业人员专业技能知识培训超过 1 万人次,其他地区培训均少于 5000 人次,其中,鄂州市、孝感市、随州市以及四个省辖市(林区)培训人次少于 1000 人次(表 1-2-12)。

表 1-2-12 2022 年湖北省各市州养老服务人才队伍建设情况

地区	设立护理专业的中等职业院校数/所	设立护理专业的高等职业院校数/所	职业院校养老服务相关专业招生人数/人	养老从业人员专业技能知识培训人次/人次
武汉市	6	11	5438	14 486
黄石市	3	1	1493	2333
十堰市	3	0	1132	2249
宜昌市	2	2	1142	1401
襄阳市	4	1	2055	1501
鄂州市	1	1	943	94
荆门市	1	2	1312	4742
孝感市	4	2	2005	733
荆州市	3	3	3890	1454
黄冈市	0	1	524	4335
咸宁市	1	2	1955	10 359
随州市	1	1	940	486
恩施州	1	2	1384	1178
潜江市	1	1	1223	37
仙桃市	1	1	1623	668
天门市	1	1	1147	549
神农架林区	0	0	0	81

数据来源:2023 年湖北百县老龄事业发展数据库。

第四部分
湖北省市州老龄工作及老年人主观评价情况

2023年7—8月，湖北健康老龄研究院组织开展了第一期湖北百县老龄调查(2023)项目①，通过对省内125个县区12 350位65～75岁老年人进行访问，了解各市州政府在老年人免费体检、慢性病管理、家庭医生签约服务以及探访关爱服务等多个方面的工作情况。

一、市州老年人免费体检服务

通过调查询问老年人"过去一年是否参加过政府组织的免费体检"，以此反映各市州老年人获得免费体检的服务情况。总体而言，天门市、仙桃市、宜昌市老年人免费体检率排在全省的前三位，均达到或超过了79%。武汉市、孝感市和黄冈市相对落后。分城乡来看，天门市、荆州市、宜昌市城市地区老年人免费体检服务相对领先；神农架林区、仙桃市、天门市农村地区老年人免费体检服务排名靠前(表1-2-13)。

---

① 项目基于湖北省全员人口数据库，采用分层、两阶段、等规模的抽样方法，在全省125个县区随机抽取1000名65～75岁老年人作为初步抽样框，之后以电话调查的形式在125个县区中分别随机抽取100个样本进行访问，最终获得有效问卷12 350份。抽样过程科学严谨，保证了调查样本的随机性以及对湖北省全域老年群体的代表性。

表 1-2-13　湖北省各市州老年人免费体检率　　　　　　单位:%

地区	老年人免费体检率	城市地区老年人免费体检率	农村地区老年人免费体检率
武汉市	66.1	62.7	72.3
黄石市	73.4	74.9	71.3
十堰市	74.2	75.5	73.0
宜昌市	79.0	78.5	79.5
襄阳市	69.9	66.9	72.2
鄂州市	68.8	68.5	69.0
荆门市	70.8	70.1	71.4
孝感市	66.9	64.0	68.3
荆州市	77.3	79.0	76.0
黄冈市	66.9	65.6	67.7
咸宁市	71.0	69.3	72.3
随州市	73.1	73.5	72.9
恩施州	70.3	65.7	71.7
潜江市	67.4	70.6	65.6
仙桃市	81.1	73.3	85.0
天门市	85.2	88.9	83.6
神农架林区	78.9	70.5	87.0

数据来源:第一期湖北百县老龄调查(2023)数据。

二、市州家庭医生服务情况

通过调查询问老年人"过去一年是否有家庭医生上门为您提供健康服务",反映各市州家庭医生为老年人服务情况。天门市、黄石市、潜江市对老年人的家庭医生服务落实情况较好,家庭医生上门率分别为42.1%、41.8%和41.1%。分城乡来看,黄石市、天门市和咸宁市城市地区家庭医生上门服务率排名靠前;潜江市、十堰市和仙桃市农村地区家庭医生上门服务率排名领先(图1-2-8)。

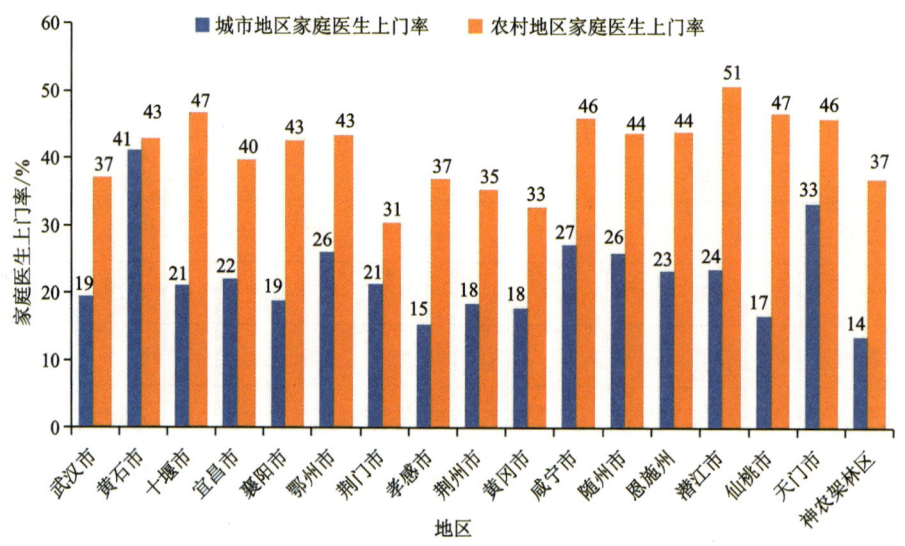

图 1-2-8　湖北省各市州家庭医生上门率

数据来源:第一期湖北百县老龄调查(2023)数据。

三、市州老年食堂设置情况

通过调查询问老年人"居住的社区(村)是否有老年食堂",以此反映各市州老年食堂的设置情况。鄂州市、武汉市和黄石市3个地区的老年食堂设置情况排名全省前三,设置率分别为33.8%、19.4%和18.3%。分城乡来看,鄂州市、宜昌市和黄石市城市地区的老年食堂设置率在全省排名靠前;武汉市、仙桃市和潜江市农村地区的老年食堂设置率排名领先(表1-2-14)。

表1-2-14 湖北省各市州老年食堂设置率　　　　　　　　单位:/%

地区	老年食堂设置率	城市地区老年食堂设置率	农村地区老年食堂设置率
武汉市	19.4	22.0	14.8
黄石市	18.3	24.1	10.8
十堰市	12.8	19.4	7.4
宜昌市	14.8	25.2	7.5
襄阳市	7.5	9.8	5.7
鄂州市	33.8	64.6	12.2
荆门市	13.2	17.6	9.6
孝感市	8.9	13.0	6.9
荆州市	8.6	8.9	8.3
黄冈市	8.7	9.9	8.0
咸宁市	12.2	13.4	11.3
随州市	10.1	14.6	7.7
恩施州	7.7	8.1	7.6
潜江市	17.3	23.3	13.7
仙桃市	10.7	3.5	14.6
天门市	12.8	14.8	11.9
神农架林区	5.7	4.8	6.5

数据来源:第一期湖北百县老龄调查(2023)数据。

四、市州老年人关心慰问情况

通过调查询问老年人"过去一年是否有政府工作人员上门或打电话了解关心您的生活",反映各市州政府对老年人的关心慰问情况。十堰市、黄石市和宜昌市3个地区地方政府对老年群体的关心慰问工作在全省领先,对老年人的探访率分别为35.7%、35.6%和35.1%。分城乡来看,黄石市、宜昌市、潜江市和天门市对城市地区老年人的探访率排名在全省靠前;十堰市、宜昌市和咸宁市对农村地区老年人的探访率排名在全省领先(图1-2-9)。

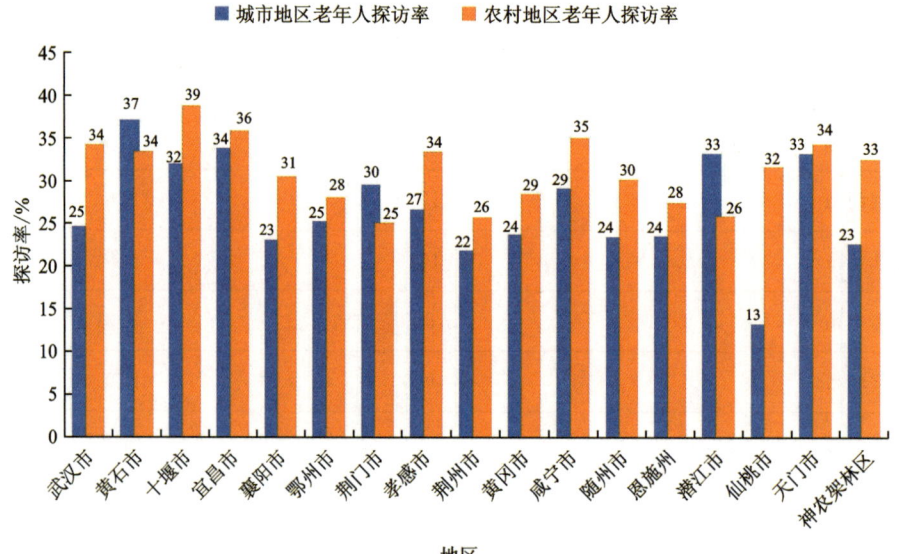

图1-2-9 湖北省各市州老年人探访率

数据来源:第一期湖北百县老龄调查(2023)数据。

五、市州老年人对政府老龄工作的评价情况

通过调查询问老年人"您对政府的老年人服务工作满意吗",反映各市州老年人对政府老龄工作的满意度。潜江市、天门市、宜昌市和武汉市的老年人对地方政

府的老龄服务工作的满意度较高,评价为"满意"的老年人占比均超过了60%。相比之下,神农架林区、仙桃市、黄冈市的老年人对政府老龄工作的满意度较低,排名全省最后三位(表1-2-15)。

表1-2-15 湖北省各市州老年人对地方政府老龄工作的满意度 单位:%

地区	满意	一般	不满意
武汉市	60.4	24.4	15.2
黄石市	58.6	27.8	13.7
十堰市	58.8	25.6	15.7
宜昌市	64.9	20.9	14.2
襄阳市	54.9	29.2	16.0
鄂州市	56.9	27.9	15.3
荆门市	58.0	29.5	12.4
孝感市	53.9	25.5	20.6
荆州市	51.1	29.5	19.5
黄冈市	50.2	28.6	21.2
咸宁市	55.3	27.2	17.5
随州市	55.1	31.8	13.1
恩施州	56.5	25.0	18.5
潜江市	78.6	11.9	9.5
仙桃市	48.9	22.2	28.9
天门市	72.3	16.9	10.8
神农架林区	48.2	38.3	13.6

数据来源:第一期湖北百县老龄调查(2023)数据。

报告三
湖北省县(市、区)老龄事业发展现状、问题及对策

石智雷　邵玺　周小强　刘二鹏

为深入贯彻落实党中央积极应对人口老龄化国家战略,推动老龄事业高质量发展,湖北健康老龄研究院在湖北省老龄工作委员会各部门的支持下开展了2023年度湖北省县(市、区)老龄事业发展评估,建成全国首个以县域为基本单元开展老龄事业评估的数据库。依托该数据库,湖北健康老龄研究院完成了全省103个县(市、区)老龄事业发展指数的测算和排名工作,对湖北省县(市、区)老龄事业存在的突出问题进行了分析,并提出相关的对策建议,以期助力湖北省走出一条全国领先、具有湖北特色的老龄事业发展道路。

人口老龄化是新时代党和政府必须应对的重大挑战。习近平总书记指出,满足数量庞大的老年群众多方面需求、妥善解决人口老龄化带来的社会问题,事关国家发展全局,事关百姓福祉,需要我们下大气力来应对。为深入贯彻落实党中央积极应对人口老龄化国家战略,推动老龄事业高质量发展,湖北省在省、市、县三级均成立由多个部门组成的老龄工作委员会,努力开创全省老龄工作和老龄事业发展的新局面。县(市、区)是应对人口老龄化的前沿阵地,各县(市、区)政府在推动老龄工作中的成效如何?老龄工作成效存在哪些差异、短板与问题?推动湖北省老龄事业发展的重要任务有哪些?关于上述问题的分析和回答对推动全省老龄事业高质量发展具有重要意义。

基于此,研究院使用机器学习和网络爬虫等前沿计算机技术,对公开出版物、地方政府统计公报、各部门养老信息平台等公开数据进行逐一识别和爬取。对于政府重点推进但数据难以获取的涉老信息,如老年助餐服务、家庭医生服务等采取调查访谈的形式了解全省103个县(市、区)12 350名老年人的主观评价,最终形成包含养老服务、医疗服务、医养结合服务、老龄友好型社会建设、政府老龄工作评价五大板块的湖北省县域老龄事业发展数据库。

一、湖北省县(市、区)老龄事业发展总体情况

(一)县(市、区)老龄事业发展指数

经统计测算,2023年全省103个县(市、区)老龄事业发展指数在14.15~55.27之间(表1-3-1)。排序前10位依次为武汉市洪山区、武汉市江汉区,孝感市孝南区,天门市,武汉市江岸区、硚口区,宜昌市西陵区、枝江市,襄阳市襄州区,武汉市江夏区。排序后10位依次为恩施州建始县,荆门市掇刀区,恩施州来凤县,孝感市云梦县,咸宁市通城县,神农架林区,黄冈市团风县,荆州市江陵县,恩施州巴东县、鹤峰县。

表1-3-1 湖北省县(市、区)老龄事业指数排名

排名	县(市、区)	老龄事业发展指数	排名	县(市、区)	老龄事业发展指数
1	武汉市洪山区	55.27	53	黄冈市黄梅县	26.47
2	武汉市江汉区	49.75	54	孝感市大悟县	26.18
3	孝感市孝南区	44.28	55	咸宁市崇阳县	26.02
4	天门市	42.73	56	黄冈市黄州区	25.98
5	武汉市江岸区	41.95	57	黄冈市麻城市	25.62
6	武汉市硚口区	40.97	58	黄石市下陆区	25.46
7	宜昌市西陵区	40.64	59	孝感市孝昌县	25.28
8	宜昌市枝江市	40.51	60	荆州市荆州区	25.15
9	襄阳市襄州区	40.14	61	宜昌市长阳土家族自治县	25.10
10	武汉市江夏区	39.91	62	宜昌市夷陵区	24.85
11	武汉市汉阳区	39.45	63	襄阳市谷城县	24.59

续表 1-3-1

排名	县(市、区)	老龄事业发展指数	排名	县(市、区)	老龄事业发展指数
12	十堰市茅箭区	38.87	64	咸宁市通山县	24.50
13	武汉市武昌区	38.60	65	黄冈市蕲春县	24.47
14	荆门市东宝区	37.50	66	孝感市安陆市	24.43
15	武汉青山区	37.45	67	十堰市房县	24.01
16	黄石市铁山区	37.41	68	恩施州利川市	23.89
17	潜江市	37.36	69	黄冈市武穴市	23.85
18	随州市曾都区	36.51	70	黄冈市浠水县	23.82
19	武汉市新洲区	36.30	71	宜昌市点军区	23.82
20	咸宁市咸安区	36.29	72	武汉市东西湖区	23.63
21	鄂州市鄂城区	35.78	73	咸宁市赤壁市	23.09
22	襄阳市枣阳市	35.01	74	黄冈市红安县	23.03
23	荆州市沙市区	32.40	75	武汉市经济开发区(汉南区)	22.92
24	襄阳市樊城区	32.18	76	襄阳市保康县	22.73
25	荆州市松滋市	31.55	77	十堰市竹山县	22.38
26	仙桃市	31.44	78	宜昌市五峰土家族自治县	21.71
27	十堰市竹溪县	31.40	79	咸宁市嘉鱼县	21.39
28	十堰市张湾区	31.40	80	鄂州市华容区	21.36
29	荆州市监利市	31.39	81	黄冈市罗田县	21.33
30	十堰市郧阳区	31.38	82	黄冈市英山县	21.29
31	襄阳市老河口市	31.34	83	随州市随县	21.23
32	宜昌市当阳市	31.34	84	宜昌市猇亭区	21.22

续表 1-3-1

排名	县(市、区)	老龄事业发展指数	排名	县(市、区)	老龄事业发展指数
33	黄石市黄石港区	31.29	85	宜昌市秭归县	21.06
34	黄石市西塞山区	31.25	86	十堰市郧西县	20.89
35	恩施州恩施市	31.08	87	随州市广水市	20.71
36	宜昌市伍家岗区	30.77	88	荆门市沙洋县	20.31
37	孝感市应城市	30.61	89	恩施州咸丰县	20.13
38	襄阳市南漳县	30.41	90	襄阳市宜城市	19.99
39	宜昌市宜都市	29.47	91	恩施州宣恩县	19.83
40	荆门市钟祥市	29.34	92	荆州市石首市	19.67
41	黄石市大冶市	29.27	93	鄂州市梁子湖区	19.46
42	襄阳市襄城区	29.27	94	恩施州建始县	19.34
43	武汉市蔡甸区	29.14	95	荆门市掇刀区	18.60
44	十堰市丹江口市	29.04	96	恩施州来凤县	18.41
45	黄石市阳新县	29.02	97	孝感市云梦县	17.74
46	宜昌市兴山县	28.83	98	咸宁市通城县	17.53
47	武汉市黄陂区	28.81	99	神农架林区	17.17
48	荆州市公安县	28.75	100	黄冈市团风县	16.78
49	荆门市京山市	27.20	101	荆州市江陵县	16.71
50	孝感市汉川市	26.92	102	恩施州巴东县	16.20
51	荆州市洪湖市	26.71	103	恩施州鹤峰县	14.15
52	宜昌市远安县	26.62			

数据来源:2023年湖北百县老龄事业发展数据库。

(二)湖北省县(市、区)老龄事业发展特征

一是各县(市、区)老龄事业发展差距较大。县(市、区)老龄事业发展指数体现了地区各类老龄服务的供给和质量水平,综合反映了各地政府老龄事业工作成效。由表1-3-1可知,各县(市、区)老龄事业发展差距较大,排名前30位地区老龄事业发展指数平均得分为37.86分,排名最后30位地区平均得分仅为19.84分。分地级市来看,指数排名靠前的30个县(市、区)中,武汉市有9个,十堰市有4个,荆州市和襄阳市各有3个。相比之下,恩施州和黄冈市下辖所有县(市、区)均未进入全省前30名。

二是各县(市、区)老龄事业发展空间分异明显。由图1-3-1可以看出,中南部的江汉平原地区老龄事业发展较好,而分布在武陵山脉和大巴山脉的鄂西地区,以及分布在大别山脉和幕阜山脉的鄂东地区老龄事业发展相对落后,原因在于县(市、区)老龄事业的发展状况与地形地貌、资源禀赋和经济社会发展状况密切相关。相较于平原地区,山地丘陵地区人口居住分散、交通运输不便、基础设施建设落后,养老服务资源的合理配置和有效供给存在很大困难,这也进一步导致老年群体的获得感和满足感相对较低。

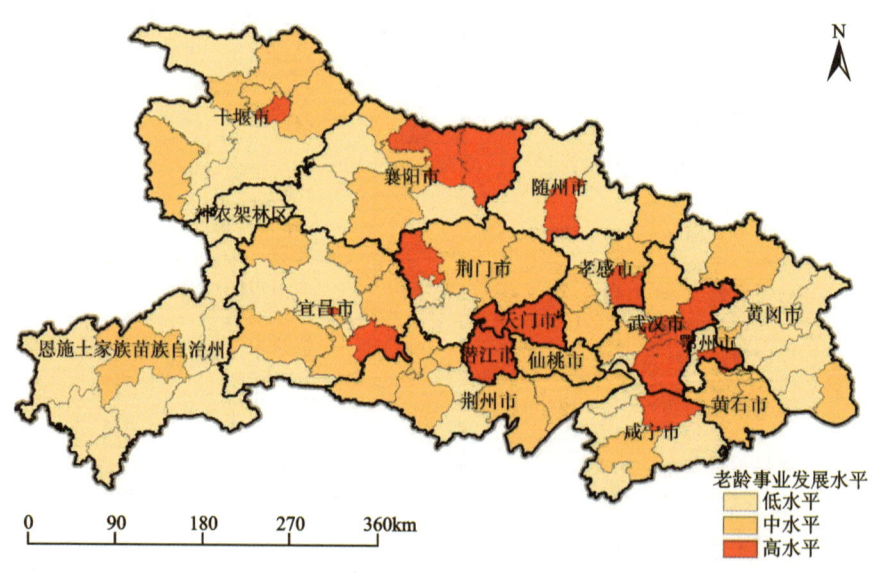

图1-3-1 湖北省县(市、区)老龄事业发展水平的空间分布

数据来源:2023年湖北百县老龄事业发展数据库。

三是各县(市、区)老龄事业发展受经济基础制约。由表1-3-1可知,各地区老龄事业发展水平与经济发展水平高度相关,武汉市、宜昌市、襄阳市、十堰市和鄂州市的人均GDP水平在全省排名靠前,这些地级市所辖的县(市、区)老龄事业指数也相对较高。从行政区划来看,各地级市市辖区的老龄事业发展情况普遍优于县域地区。使用Arcgis 10.7软件的聚类分析方法研究湖北省县(市、区)老龄事业发展的冷热点分布情况,由图1-3-2可知,经济发展领先的武汉市周围形成了老龄事业高水平集聚地区,经济发展落后的恩施州附近则形成了老龄事业低水平集聚地区。

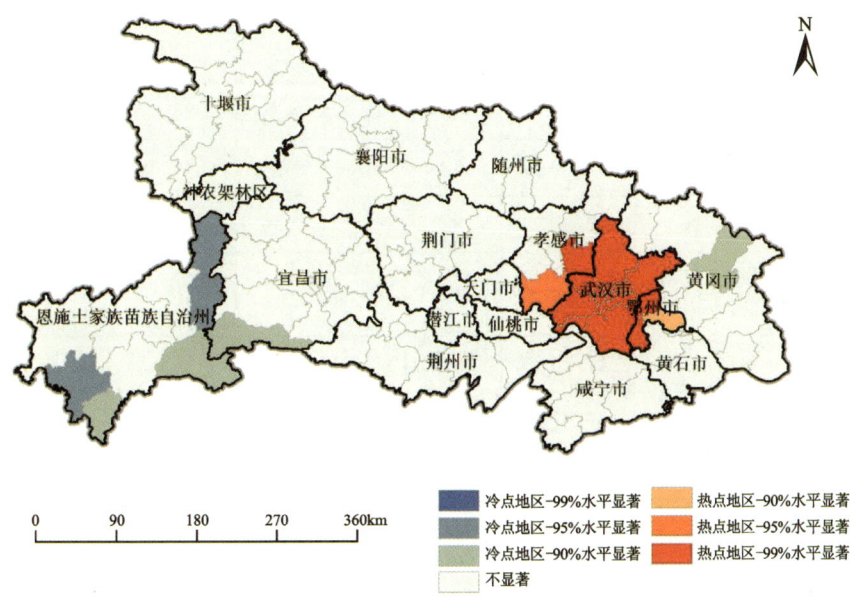

图1-3-2 湖北省县(市、区)老龄事业发展水平的空间集聚情况

数据来源:2023年湖北百县老龄事业发展数据库。

四是各县(市、区)不同维度老龄事业发展不平衡。从各地区不同维度老龄事业工作成效来看(表1-3-2),各地区养老服务和医疗服务的发展差距较小,医养结合服务和老龄友好型社会建设的发展差距较大。具体而言,养老服务指数排名前30位地区的平均得分为37.9分,比排名后30位地区平均得分高21.0分;医养结合服务指数排名前30位地区平均得分为34.7分,比排名后30位地区平均得分高32.4分,其中,截至2023年湖北省有15个县(市、区)尚无专业的医养结合服务机构。

表 1-3-2 湖北省县(市、区)老龄事业发展指数分维度统计表

地市州	县(市、区)	养老服务指数	医疗服务指数	医养结合服务指数	老龄友好型社会建设指数	政府满意度指数
武汉市	江岸区	33.89↑	54.62↑	41.54↑	37.72↑	21.35↓
	江汉区	32.90↑	64.18↑	61.90↑	27.42→	55.59→
	硚口区	30.72↑	53.04↑	38.11↑	31.92→	55.96→
	汉阳区	18.80↓	25.46→	44.59↑	88.78↑	76.24↑
	武昌区	17.12↓	63.98↑	17.85→	46.88↑	61.99↑
	青山区	35.41↑	48.93↑	25.10↑	28.57→	53.93↑
	洪山区	31.62↑	63.99↑	74.89↑	46.03↑	63.87↑
	东西湖区	22.55↓	22.75↓	14.50↓	36.91↑	37.85↓
	武汉经济技术开发区(汉南区)	29.04→	21.61↓	——*↓	36.16↑	60.46→
	蔡甸区	44.30↑	18.81↓	17.88→	25.55→	68.44↑
	江夏区	29.87↑	32.12→	45.89↑	47.00↑	90.76↑
	黄陂区	30.64↑	30.88→	12.23↓	54.03↑	13.07↓
	新洲区	34.67↑	27.72↑	27.48↑	50.15↑	94.00↑
黄石市	黄石港区	15.23↓	39.75↑	19.78↑	47.64↑	67.15↑
	西塞山区	20.82↓	35.44↑	15.08↓	52.05↑	71.89↑
	下陆区	16.51↓	34.62→	5.78↓	39.76↑	60.94→
	铁山区	30.00↑	33.39→	36.79↑	45.64↑	78.21↑
	阳新县	20.15↓	35.85↑	23.26↑	31.89→	49.24↓
	大冶市	18.77↓	36.65↑	12.96→	37.40↑	83.89↑

续表 1-3-2

地市州	县(市、区)	养老服务指数	医疗服务指数	医养结合服务指数	老龄友好型社会建设指数	政府满意度指数
十堰市	茅箭区	23.24→	60.07↑	28.40↑	37.05↑	41.07↓
	张湾区	19.24↓	35.60↑	34.24↑	29.72→	58.95→
	郧阳区	42.20↑	36.51↑	4.07↓	29.39→	64.98→
	郧西县	14.21↓	31.38→	3.84↓	24.84↓	52.74→
	竹山县	22.87→	25.83→	6.13↓	24.01↓	61.98→
	竹溪县	30.95↑	34.80↑	14.72→	34.14↑	74.79↑
	房县	26.11→	32.72→	5.91↓	19.22↓	49.30↓
	丹江口市	23.97→	45.85↑	12.81→	20.69↓	44.44↓
宜昌市	西陵区	22.83→	36.23↑	64.15↑	27.35→	89.51↑
	伍家岗区	18.94↓	42.08↑	20.96↑	24.23↓	79.58↑
	点军区	28.83→	9.07↓	27.96↑	27.47→	57.33→
	猇亭区	8.89↓	16.41↓	27.50↑	14.50↓	98.99↑
	夷陵区	34.85↑	26.23→	——↓	26.07→	65.74→
	远安县	25.32→	23.51↓	13.39→	36.60↑	79.03↑
	兴山县	22.02↓	21.66↓	30.74↑	33.15↑	83.81↑
	秭归县	11.94↓	24.37↓	12.55→	25.11→	70.57↑
	长阳县	21.79↓	24.44↓	17.96→	32.74→	54.65→
	五峰县	14.19↓	24.48↓	5.63↓	30.31→	85.82↑
	宜都市	25.17→	27.22→	34.49↑	24.14↓	55.81→
	当阳市	19.00↓	27.38→	35.46↑	40.36↑	74.47↑
	枝江市	26.32→	24.75↓	66.83↑	40.54↑	92.00↑

续表 1-3-2

地市州	县(市、区)	养老服务指数	医疗服务指数	医养结合服务指数	老龄友好型社会建设指数	政府满意度指数
襄阳市	襄城区	32.95↑	36.99↑	14.33→	23.96↓	41.08↓
	樊城区	37.41↑	45.49↑	——↓	36.19↑	51.27→
	襄州区	67.38↑	29.71→	26.75↑	42.27↑	16.30↓
	南漳县	26.37→	30.00→	14.89→	36.35↑	100.00↑
	谷城县	26.34→	27.89→	14.03→	24.99↓	38.92↓
	保康县	20.81↓	26.30→	15.12→	24.32↓	38.48↓
	老河口市	47.00↑	29.60→	4.19↓	34.18↑	67.76↑
	枣阳市	51.19↑	39.53↑	——↓	39.11↑	62.17→
	宜城市	17.45↓	26.30→	4.92↓	29.24→	34.49↓
鄂州市	梁子湖区	22.61→	13.39↓	12.08→	21.51↓	63.13→
	华容区	18.85↓	17.43↓	25.35↑	23.16↓	35.27↓
	鄂城区	35.84↑	43.66↑	18.74↑	30.62→	72.22↑
荆门市	东宝区	36.56↑	36.10↑	28.97↑	33.41↑	94.14↑
	掇刀区	10.80↓	26.55→	——↓	27.15→	65.05↑
	沙洋县	24.24→	21.65↓	——↓	26.72→	59.62→
	钟祥市	23.40→	34.63↑	19.34↑	28.05→	71.60↑
	京山市	29.07→	30.94→	20.86↑	19.74↓	40.91↓
孝感市	孝南区	59.68↑	50.41↑	15.48→	32.20→	80.84↑
	孝昌县	28.18→	23.02↓	——↓	40.32↑	88.85↑
	大悟县	26.97→	29.62→	6.70↓	40.52↑	46.00↓
	云梦县	16.15↓	19.88↓	——↓	26.70→	62.56→
	应城市	33.43↑	34.62↑	21.32↑	23.11↓	50.14↓
	安陆市	30.68↑	26.35→	——↓	35.74↑	53.97→
	汉川市	33.04↑	42.31↑	6.10↓	24.54↓	0↓

续表 1-3-2

地市州	县（市、区）	养老服务指数	医疗服务指数	医养结合服务指数	老龄友好型社会建设指数	政府满意度指数
荆州市	沙市区	37.53↑	34.68↑	19.90↑	28.82→	53.88→
	荆州区	20.30↓	30.77→	5.26↓	37.20↑	67.18↑
	公安县	27.47→	41.78↑	7.01↓	24.00↓	60.46→
	监利县	31.62↑	36.75↑	16.01→	33.81↑	55.91→
	江陵县	13.65↓	19.07↓	10.63→	16.31↓	43.53↓
	石首市	14.63↓	26.46→	5.08↓	19.65↓	64.44↑
	洪湖市	32.16↑	31.79→	9.75→	27.33→	38.38↓
	松滋市	28.21→	34.24→	3.73↓	71.73↑	45.79↓
黄冈市	黄州区	29.14↑	23.07↓	19.99↑	30.48→	40.13↓
	团风县	14.75↓	24.07↓	—↓	17.34↓	51.49→
	红安县	24.42→	22.20↓	14.50→	24.67↓	51.18↓
	罗田县	20.93↓	30.17→	8.45→	22.82↓	21.51↓
	英山县	19.76↓	21.62↓	12.27→	25.17→	53.51→
	浠水县	26.10→	27.53→	10.52→	25.05↓	42.36↓
	蕲春县	29.45↑	32.08→	—↓	29.84→	42.65↓
	黄梅县	27.92→	30.38→	3.76↓	30.85→	78.02↑
	麻城市	23.57→	28.18→	19.04↑	32.97→	29.48↓
	武穴市	27.72→	27.63→	7.19↓	18.10↓	64.98→
咸宁市	咸安区	39.33↑	36.11↑	37.82↑	31.73→	27.78↓
	嘉鱼县	22.95→	21.39↓	—↓	28.17→	83.26↑
	通城县	12.29↓	20.12↓	7.20→	23.28↓	55.55→
	崇阳县	27.19→	23.72↓	15.74→	35.18↑	52.15→
	通山县	17.83↓	25.50→	17.28→	23.76↓	81.75↑
	赤壁市	26.88→	25.27↓	11.44→	18.55↓	50.46↓

续表 1-3-2

地市州	县(市、区)	养老服务指数	医疗服务指数	医养结合服务指数	老龄友好型社会建设指数	政府满意度指数
随州市	曾都区	34.44↑	52.80↑	12.24→	25.31→	79.69↑
	随县	26.75→	23.97↓	—↓	26.59→	51.25↓
	广水市	25.30↓	24.31↓	—↓	26.20↓	48.08↓
恩施州	恩施市	40.00↑	40.05↑	16.80→	7.57↓	52.63→
	利川市	24.11→	23.21↓	9.09→	24.44↓	84.76↑
	建始县	20.24↓	22.27↓	9.64→	15.83↓	46.08↓
	巴东县	17.72↓	21.79↓	4.74↓	11.94↓	33.82↓
	宣恩县	24.78→	19.33↓	9.17→	8.18↓	70.13↑
	咸丰县	21.50↓	25.15↓	3.23↓	20.40↓	52.44→
	来凤县	23.13↓	25.18↓	4.30↓	8.22↓	39.20↓
	鹤峰县	17.88↓	17.79↓	4.99↓	3.83↓	37.77↓
省直管市(林区)	仙桃市	31.71↑	34.89↑	9.00→	50.01↑	55.32→
	潜江市	27.31→	49.91↑	23.19↑	36.56↑	73.94↑
	天门市	43.97↑	45.84↑	28.03↑	42.71↑	78.29↑
	神农架林区	22.58↓	23.23↓	—↓	11.34↓	40.27↓

注：①—表示截至2023年7月,该地区无专业化医养结合机构。②↑表示高水平；→表示中等水平；↓表示低水平。

数据来源：2023年湖北百县老龄事业发展数据库。

二、湖北省县(市、区)老龄事业发展存在的问题

(一)基本养老服务落实不到位,老龄工作缺乏内生动力

一是县级政府缺乏对养老政策的细化与转化。近年来,国家和省级层面陆续

出台《国家基本公共服务标准(2021年版)》《湖北省基本养老服务清单》等重要文件,为地方老龄事业工作提供了根本遵循和行动指南,但县(市、区)政府较少将上级政策文件进行本土转化而是照文转发,造成政策精准度和适切度不高。调研过程中发现,超过半数乡镇未设置养老服务权责清单和养老服务事项办理指南,基层组织在养老服务的实际工作中无章可循。二是村级组织的养老服务工作流于形式。在缺少上级部门引导以及养老服务软硬件资源稀缺的情况下,村级组织的基本养老服务政策执行不畅、工作悬浮于表面等问题较为突出。以老年人免费体检为例,许多行政村(社区)存在通知不到位、体检项目不符合国家规定、未告知体检结果等问题,老年人健康管理工作成效欠佳。三是基本养老服务缺乏政绩考核机制。当前,县(市、区)的政绩考核仍然以经济增长、招商引资等"硬指标"为主,养老服务工作未被纳入地区领导干部的政绩考核之中,各地在落实老龄工作时缺乏积极性、主动性和创造性,老龄事业发展缺乏内生动力。

(二)传统养老模式受到冲击,养老资源不足和浪费并存

一是农村传统养老模式难以为继。湖北省农村空心化问题严重,第七次全国人口普查数据显示,湖北省农村空巢老年人占农村老年人总数的57.33%。伴随少子化、高龄化、家庭结构小型化的转变,传统家庭养老功能日益弱化,代际养老压力陡增;基于熟人社会、亲族邻里之间的守望相助、互助共济的传统村落文化日渐式微,进一步冲击了农村"养儿防老、家庭养老"的社会基础。二是个人和村集体无力承担市场化养老服务费用。湖北省超过80%农村老年人的生活来源主要依靠自身劳动、家人供养和最低生活保障金,较低的生活水平制约了农村老年人对养老服务的支付能力和支付意愿。就村集体而言,调查发现受公共事业建设扩大、经营性开发活动增加以及基层治理不规范等因素的影响,湖北省部分县(市、区)的村级负债接近百万元,多数村庄勉强维持日常运转,公共物品缺失成为常态,养老服务供给严重滞后。三是公共养老资源缺乏系统整合导致利用率低。由于山地丘陵地形占比超过60%,湖北省农村人口居住较为分散,加之缺乏系统规划和科学布局,社区日间照料中心、医疗服务机构等服务设施的建设选址、设施类型、日常维护均存在数量和质量上的不足,养老服务资源的可及性差、利用率低、均衡性不足,养老资源不足和浪费现象并存。

（三）家庭医生履约水平滞后，长期可持续发展机制有待完善

一是家庭医生对老年人的签约率远低于机构上报签约率。根据湖北省政府《关于推进家庭医生签约服务高质量发展的实施方案》，湖北省2023年老年人家庭医生签约率超过70％。然而，调查发现，"签而不约"现象突出，老年人实际享受家庭医生上门服务的比例仅为31.9％，上门服务率与签约率存在明显差距。二是家庭医生服务尚未嵌入分级诊疗制度体系。由于家庭签约医生未纳入分级诊疗制度体系，城市老年人患病并不是在社区首诊，往往直接前往大型综合医院。而农村老年人一般沿着"村医—镇卫生所—县综合医院"的路径就诊，调查发现湖北省农村地区家庭医生上门服务率达到40％，高于城市地区近20个百分点。三是老年人与家庭医生之间的信任程度不足。家庭医生服务作为老年人触手可及的医疗服务，其顺利推行的前提在于医患双方之间的相互信任。然而，城市地区老年人对家庭医生服务的信任程度严重不足，调查显示，35.5％的居民对基层医疗卫生机构治疗能力信心不足，26.9％的居民对家庭医生的专业度和经验担忧。

（四）识别"急难愁盼"需求有难度，适老化改造受益家庭有限

一是政府适老化改造无统一标准，老年人"急难愁盼"需求难以识别。社区和家庭的适老化改造是老年型友好社会的重要抓手，是湖北省"十四五"民政工作的重点任务，但由于实际改造需求量远高于各地区计划改造量，改造过程缺乏统一、明确的评估认定标准，导致对改造小区、改造家庭的认定过程不清晰，亟须改造的家庭和社区需求难以被有效识别，改造成效低于政策预期和群众期盼。二是改造以政府兜底为主，缺乏分层分类推进机制。由于身体健康状况存在差异，高龄、失能、残疾等老年群体在适老化改造上的需求呈现出多元多层的特征。部分地区在执行过程中，往往将多个改造内容统一"打包"提供给老年家庭，这种做法耗资大、收效低，一定程度上限制了改造家庭的受益面。对于兜底对象种类、政府补贴比例、家庭自费范围等，在适老化改造过程中缺乏明确规定和必要宣传。三是基层部门在宣传适老化环境改造政策及产品上存在差距。调研发现，一些老年人有改造需求且愿意支付一定改造费用，但由于不清楚改造政策也不知道找谁改造，导致此类老年人的有效需求得不到满足。也有一些小区安装了适老化设备，但宣传工作不到位，群众知晓度低，设备闲置无人使用，造成资源浪费。

(五)流动老年人规模快速扩大,养老服务均等化落实困难

一是流动老年人规模快速扩大,基本养老服务均等化压力大。流动老年人是近年人口大规模流动出现的新群体,第七次全国人口普查数据显示,2020年湖北省老年流动人口达129.9万人,较2010年增加84.1万人,在全省老年人口中占比超过10%。人口迁移流动带来的流动老年人差异化养老服务需求、跨地区养老服务体系、均等化养老服务供给等难题成为当前亟待解决的重要社会问题。二是流动老年人融入城市困难,面临身心漂泊双重困境。调研发现,流动老年人融入城市困难的原因有多个方面:在消费上,城市"只出不进"的生活方式给老年人带来极大经济焦虑;在社交上,受语言交流、居住形式等因素的约束,老年人很难建立新的社会关系网络;在家庭关系上,老年人不仅要承担照料孙辈、家务劳动等工作,还要面临离开故土、与邻里亲戚交流减少的孤独感,偶尔还要面对子女从工作中带回的负面情绪,这都会加剧老年人在城市中漂泊无助、孤单愁闷的心理状态。三是流动老年人的社会支持与公共服务严重不足。调查显示,流动老年人享受免费体检、家庭医生上门服务、探访慰问服务比本地老年人要低10%以上。可以看出,即使是国家基本养老服务清单中的规定事项,流动老年人也无法和本地老年人一样同享均等化服务,对于其他类型的老年服务享受则更为匮乏。

(六)老年食堂开业潮与倒闭潮并存,可持续运营机制仍待探索

一是各地老年食堂基本由政府推动建设,缺乏对市场的有效评估。为应对上级部门的任务要求,部分地方政府在未对老年人助餐需求进行科学评估的情况下掀起了老年食堂兴建潮。湖北省民政厅数据显示,2022年全省新开业老年食堂234家,累计达到782家。但由于缺乏选址规划、需求摸排、成本评估等,部分老年食堂实际辐射老年人数量有限,最终导致一些老年食堂发展停滞、转型甚至关闭,部分经营者称"上半年是开业潮,下半年就成了倒闭潮"。二是老年食堂缺乏长效运行机制,自主盈利空间小,保障不足。调研发现,老年人在外就餐的支付意愿普遍在2~5元之间,但一家占地70平方米的老年食堂日营业额要达到2500元以上才能基本实现收支平衡,这在湖北省绝大多数县域是无法满足的。此种情况直接导致老年食堂对政府补贴的依赖加重,难以实现可持续发展。三是老年食堂追求

多元化经营,菜品偏离老年人实际就餐需求。不少老年人患有高血压、糖尿病以及牙齿脱落等健康问题,对饮食往往有着个性化的需求,例如,饭菜既要软烂、热乎,也要低油、低盐、低糖。但调研发现,部分老年食堂为追求盈利,吸引更多年轻人光顾,饭菜口味逐渐偏离了老年人的实际需求,老年食堂的"公益性""保障性"被"盈利性"取代,最终背离老年食堂的建设宗旨。

三、推动湖北省县域老龄事业高质量发展的建议

(一)加强老龄事业顶层设计,强化县域老龄工作的评估考核

一是明确县域老龄事业工作任务。以《"十四五"健康老龄化规划》《湖北省养老服务体系建设"十四五"规划》等政策文件为指导,以县(市、区)为单元编制符合地方发展情况的县域老龄事业发展工作规划,明确民政、卫生健康、医疗保险等涉老部门的年度工作目标,压实压紧各层级、各部门老龄工作责任。二是建立"比学赶超"工作机制。依托全省县域老龄事业发展数据库,针对全省103个县(市、区)开展老龄事业发展成效评比活动,将评比结果纳入地方政府绩效考核,推动全省上下形成高质量推进老龄事业的内在发展动力。三是推进老龄服务标准化建设。以《国家基本公共服务标准(2023年版)》为依据,加紧出台省级各项基本公共服务标准,各县(市、区)根据上级要求和本地实际,明确基本养老服务清单以及部门权责清单并进行动态修订,设置养老服务事项办理指南,建立老龄服务工作"好差评"制度,让群众办事更舒心,让养老服务政策落地更有力。

(二)加大农村养老资源供给,保障老年人基本养老权益

一是多渠道拓展农村养老资源供给。深入落实乡村振兴和积极应对人口老龄化国家战略,培育发展乡村特色产业,发展壮大村集体经济,吸引人、财、物等要素向乡村回流,开发针对返乡青年、留守服务、低龄健康老年人的就业岗位,壮大农村养老服务人才队伍。二是推进农村养老资源的互动融通。整合区域范围内乡镇养老、医疗等主要公共服务资源,盘活闲置办公用房等社会资源,激活农村闲置劳动

力以及低龄老年人的潜能。以乡镇(街道)养老服务联合体建设为抓手统筹养老政策、设施、人员三大资源,进一步提高养老资源利用效率。三是加大基本养老服务和公共卫生服务的宣传力度。让相关政策"上墙上网上媒体、进家进院进社区",使老年人及其家属广泛知晓基本养老服务内容及申领方式,增强服务的便捷性和可及性,实现直达快享、非申即享,让基本养老服务供需衔接更加顺畅。

(三)建立老年人首诊签约制度,激活家庭医生内在发展活力

一是提升基层医疗卫生服务网络功能,促进基层首诊。推行"基层首诊、双向转诊、急慢分治、上下联动"的分级诊疗模式,进一步在基层医疗卫生机构实行基层首诊式签约服务,明确家庭签约医生在首诊、接诊、分诊和转诊等方面的相关责任,引导医患双方建立相互信任、遵守契约的合作关系。二是鼓励家庭医生应签尽签,建立健全契约服务关系。将家庭医生履约服务纳入绩效管理,通过乡镇卫生院月评比、县卫生健康委员会半年考核等方式,鼓励并支持家庭医生(团队)评先争优,履行健康服务责任。三是加强对家庭医生的监督考核。通过实地查看、随机抽查、走访入户、群众满意度测评等方式,检查家庭医生履约情况,确保各项任务落实到位;利用信息化手段和群众回访等方式,定期对基层医疗卫生机构和家庭医生开展监督评价。

(四)分层分类推进适老化改造,构建政企协同联动的新机制

一是优化适老化环境改造的审核评估机制,准确识别老年人"急难愁盼"需求。建立统一的、科学可量化的评分制度,根据老年人年龄、身体健康状况、家庭经济状况等多个因素对申请家庭进行打分,并按照得分高低,分层分类逐步推进申请家庭的适老化改造。二是调动多元主体参与适老化改造的积极性。加快建立"社会筹资为主、财政资助为辅"多方出资的资金筹措机制,在积极争取中央资金支持的基础上,研究制定居民提取住房公积金和使用住宅专项维修资金用于加装电梯等适老化改造的政策措施,鼓励并支持银行等金融机构针对适老化改造提供低利率、免抵押的信贷服务等。三是加强适老化改造的宣传和推广,形成推动适老化改造的"群众基础"。定期组织政府工作人员、企业从业人员下沉社区开展宣传讲座,普及适老化改造的理念和政策,在小区张贴宣传海报,增强民众对无障碍环境建设的知晓率和普及率,提高社区居民适老化改造的参与度和共建共享意识。

(五)推进基本养老服务均等化发展,促进流动老年人社会融合

一是探索构建体系化、集成化的"钱随人走"制度体系。调整以静态地理概念来缩小区域差距和分配公共资源的传统做法,让公共资源的配置、布局跟随人走,以更加精准的转移支付调节,实现更加均衡的财力保障,提供更加均等的基本公共服务。二是组织开展老年流动人口专项关爱活动。依托基层社区,通过走访、扶助等方式,及时了解老年流动人口的困难和需求,组织社区网格员、家庭签约医生、社区党员与困难老年流动人口开展结对帮扶活动,让老年人感受组织温暖和异乡情谊。三是推动构建流动老年人的本地社会交往生活圈。社区管理人员应定期收集社区中流动老年人的信息,为流动老年人搭建能够与新的同辈群体认识和互动的平台,帮助老年人建立新的社区支持网络,丰富老年人需求的情感支持。如在社区开办老年大学,组建老年文艺团,定期举办文艺汇演活动,进一步丰富流动老年人的精神文化生活。

(六)激活老年助餐市场活力,切实满足老年人基本生活需求

一是优化老年助餐运营模式。探索"公建民营""民建民营""公私合营"等多元化老年食堂运作模式,建立"政府补一点,村里出一点,个人缴一点,社会捐一点,自产助一点"的分担机制,激活政府、市场、慈善、家庭四方参与老年助餐服务的积极性。二是优化政策扶持机制,推动老年助餐长效运营。将农村老年食堂建设纳入社会福利场所管理,用电、用水、用气、用热享受居民生活价格,享受社区养老服务的相关税费优惠减免政策。在建设补贴的基础上优化运营长效补助机制,综合考虑就餐人次、老年人满意度、食品安全、消防安全等情况,采取"以奖代补"措施对服务满意度高、便利性好、可持续性强的老年食堂进行奖励。三是坚持农村老年助餐的公益导向。重点关注农村高龄、失能、留守、独居等特殊困难老年人的"吃饭难"问题,坚持分类施策,根据失能等级、经济困难程度等情况给予老年群体差异化补贴。老年餐食应以老年人的可接受度为标准来完善定价机制,可根据老年人的年龄段和身体健康状况制定不同价位,确保老年人能够吃得好并负担得起。

第二篇　老年人口变动

报告一
湖北省人口预期寿命测算与特征事实

石智雷　滕聪波

预期寿命是评价国家和地区居民健康状况、社会经济发展和人群生存质量的重要指标,既能反映该地区居民预测的寿命的长短,也可以说明人群的健康水平。长期以来,人均预期寿命是联合国开发计划署人类发展指数(HDI)和生活质量指数(PQLI)构建的基础变量之一,我国更是把人均预期寿命作为一个对社会经济发展有着重要预期性的指标。然而,人均预期寿命测算的准确性一直以来都备受争议。为此,中南财经政法大学人口与健康研究中心使用生命表算法,基于湖北省的多源数据解决单一来源人口数据漏登或重复登记问题,进一步考虑人口流动等因素可能造成的误差,从而对湖北省人均预期寿命进行更精确的测算。

一、预期寿命研究的必要性

2016年10月中共中央、国务院印发的《"健康中国2030"规划纲要》明确提出,到2030年我国人均预期寿命要达到79岁。2022年5月国务院办公厅印发了《"十四五"国民健康规划》,提出到2025年我国人均预期寿命在2020年基础上继续提高1岁,展望2035年,人均预期寿命将达到80岁以上。

第七次全国人口普查公报数据显示,湖北常住人口5 775.26万,全国排名第十。湖北省作为我国中部崛起区域发展战略的重要支点,是我国的经济腹地、人口大区和重要市场,其发展情况不仅牵动着区域发展前景,更事关中华民族伟大复兴。习近平总书记指出:人口问题始终是我国面临的全局性、长期性、战略性问题。作为连接和判断健康中国战略和积极应对人口老龄化战略进展情况的重要统计指标和分析工具,人口预期寿命是当前需要了解的最重要、最基本的省情之一。

然而,人均预期寿命的测算一直以来备受争议。首先,中国作为一个人口大国,人口统计工作任务艰巨,准确性难以保障。全国人口普查每十年进行一次,对现有人口普遍地、逐户逐人地进行人口调查登记,所获数据较为准确,但仍然存在人口漏登和重复登记的问题。2020年第七次全国人口普查数据漏报率为0.05%。平常年份的人口抽样调查极大地缩小了工作量,但对于发生率较小的高龄群体往往难以准确测度。其次,我国流动人口规模庞大,持续的人口流动加大了人口统计工作的难度。流动人口以务工群体为主,其工作时间不规律,在人口统计工作开展时,信息迟迟得不到统计;流动人口统计,尤其是对同一城市内部流动的人口进行统计,容易出现重复统计的问题等。最后,死亡数据的统计较为困难。从调查数据来看,中国人对死亡,尤其是儿童的死亡讳莫如深,导致在调查中难以获得准确的死亡数据。从死亡登记数据来看,可能存在没有进行登记的新生儿死亡、信息登记不全的婴幼儿死亡、无法识别身份的无名尸体、"落叶归根"导致的死亡人口迁移等情况。

考虑到以往人均预期寿命测算存在的问题,本报告从以下3个方面对湖北省相关人口数据进行了优化。一是利用第七次全国人口普查数据、2021年和2022年人口抽样调查数据、湖北省卫生健康委员会疾控中心提供的死亡人口数据以及湖北省卫生健康委员会妇幼健康处提供的出生人口数据解决单一来源人口数据的漏登或重复登记和测度误差等问题。二是将流动人口纳入人口统计范畴中,以获得更准确的统计人口信息。以0岁组人口为例,湖北省卫生健康委员会妇幼健康处详细统计了在本省域内出生的人口,但存在部分0岁组婴幼儿跟随父母一起流动的情况。三是根据国家卫生健康委员会公布的全国婴儿死亡率、5岁以下儿童死亡率、其他年龄段的死亡率,以及湖北省统计局公布的人口死亡率,对各年龄段的死亡率进行粗略调整。基于上述修正后的数据,获得较为准确的分年龄组平均人口数和死亡人口数,进一步使用生命表算法对湖北省2022年人均预期寿命进行测算,以期获得更准确的人均预期寿命。

二、生命表模型

生命表是一个统计模型,不仅应用于保险精算等死亡分析领域,表中的函数关系、编制思路等也被广泛用于婚姻、生育、迁移、家庭、健康、流行病学等其他领域,是最有力的人口统计分析工具之一。在时期死亡分析中,无论是粗死亡率还是年龄别死亡率,都不能既准确又综合地度量死亡水平,利用生命表技术,可以获取综合的时期死亡率度量指标。常用的生命表多是时期生命表,即假设同批人生命表,它是指采用假设同批人方法编制,描述某一时期处于不同年龄人群的死亡水平,反映了假定一批人按这一时期各年龄死亡水平度过一生时的生命过程。

生命表的主要内容包括年龄、尚存人数、死亡人数、死亡概率、平均生存人年数、累计生存总人年数和平均预期寿命 7 项指标,见表 2-1-1。

表 2-1-1 简略生命表

年龄	尚存人数	死亡人数	死亡概率	平均生存人年数	累计生存总人年数	平均预期寿命
x	l_x	d_x	q_x	L_x	T_x	e_x

(1)年龄 x。年龄下限为 0,上限用 $\omega-1$ 表示。年龄区间 $[x,x+n)$,除第一区间是 0~1 岁,第二区间是 1~5 岁外,其余区间多是 5 岁一个间隔。

(2)尚存人数 l_x。符号右下角的 x 表示年龄,为 x 岁的存活人数。$l_0,l_1,l_2,\cdots l_{\omega-1}$,此数列在生命表中为生存序列。第一个数 l_0 是任意的,称为基数,通常取方便的数目,如 100 000。当 $l_0=100\ 000$ 时,我们说 l_x 是初始的 l_0 人中存活到年龄 x 的人数;而当 $l_0=1$ 时,我们习惯把 l_x 描述成一批新生儿能活到 x 岁的比例,即从 0 岁活到 x 岁的存活概率 $_xp_0=l_x/l_0$,此时 l_x 等同于存活函数 $S(t)$。

(3)死亡人数 d_x。d_x 是生命表上年龄区间 $(x,x+1)$ 内的死亡数,不同于实际死亡人数,反映了死亡(事件)的年龄分布,即死亡的密度函数。该数据是编制生命表的基本依据,可由人口普查及专项调查或疾控中心登记数据获取。其确切意义是指已经活到 x 岁,但尚未活到 $x+1$ 岁的人数。$d_0,d_1,d_2,\cdots,d_{\omega-1}$,此数列在生命表中为死亡序列。

生存序列和死亡序列间有着下列关系:

$$L_0 - d_0 = l_1$$
$$L_1 - d_1 = l_2$$
$$L_2 - d_2 = l_3$$
$$\cdots$$

生死平衡等式:$l_{\omega-1} - d_{\omega-1} = l_{\omega-1} + 1 = l_\omega = 0$

该等式表示同时出生的一批人,从 0 岁开始陆续死去,直到最高年龄的人全部死去所实现的平衡关系。

(4)死亡概率 q_x。该指标度量的是时期事件发生的强度,概率指标度量的是队列事件发生的风险。对于一个队列人口而言,我们更关注的是在不同年龄人们可能遭遇的死亡风险，这就需要将死亡率数据转换为死亡概率。死亡概率是生命表中一个最重要的元素，死亡概率计算精度如何，与生命表质量高低有着决定性的重要关系。

年龄别死亡率是生命表中某年龄组死亡人数与该年龄组平均生存人年数之比：

$$m_x = \frac{d_x}{L_x} \tag{2-1-1}$$

而死亡概率则是生命表中某年龄组死亡人数与进入该年龄组的初始人数之比：

$$q_x = \frac{d_x}{l_x} \tag{2-1-2}$$

二者之间的差异体现在分母上，死亡率与死亡概率的基本转换公式是

$$q_x = \frac{n \times m_x}{1+(n-a_x)m_x} \tag{2-1-3}$$

式中，a_x 是年龄别死亡率与年龄别死亡概率转换中至关重要的参数，表示在年龄 $x \sim x+n$ 岁区间死去的人口 d_x 在该年龄区间生存的平均年数。

在死亡均匀分布假设下，有

$$m_x = \frac{d_x}{\frac{1}{2}(l_x + l_{x+1})} = \frac{2d_x}{2l_x - d_x} = \frac{2q_x}{2-q_x} \tag{2-1-4}$$

经过变化后，

$$q_x = \frac{2m_x}{2+m_x} \tag{2-1-5}$$

这是计算死亡概率最通用的公式，当年龄间隔是大于 1 的某年数 n 时，公式为

$$q_x = \frac{2n \times m_x}{2+n \times m_x} \tag{2-1-6}$$

(5) 平均生存人年数 L_x。是把人数同时间联系起来进行研究的一个复合计量单位的指标，是人数与时间的乘积。它是从某一个确切年龄 x 岁到另一确切年龄 $x+n$ 岁间的生存者所具有的人年数的平均值。其通用计算表达式为

$$_nL_x = {_nl_{x+n}} + {_na_x}(l_x - l_{x+n}) \tag{2-1-7}$$

1 个人存活了 1 年是 1 人年，2 个人每人存活半年也是 1 人年，在死亡均匀分布假设下，$x \sim x+n$ 岁的死亡人数 nd_x 平均来说存活了 $n/2$ 年，而活到 $x+n$ 岁的人存活了 n 年，故

$$_nL_x \approx {_nl_{x+n}} + \frac{n}{2}{_nd_x} = \frac{n}{2}(l_x + l_{x+n}) \tag{2-1-8}$$

当 $n=1$ 时，

$$L_x \approx \frac{1}{2}(l_x + l_{x+n}) \tag{2-1-9}$$

而且，根据存活函数 $l(a)$ 以及年数 n，可得

$$_nL_x = \int_x^{x+n} l(a)\mathrm{d}a \tag{2-1-10}$$

但是，由于不同年龄层次的人口死亡水平的高低不同，反映在生存时间长度上各有差异，所以人口不同年龄层次分布的计算是不一样的。在本研究中，使用以下计算方式：对于 0 岁组人口，使用蒋庆琅经验系数法，取 $_na_x = 0.09$；对于 1~4 岁组人口，使用蒋庆琅经验系数法，取 $_na_x = 1.56$；对于 5 岁及以上各组的计算，使用死亡均匀分布假设下的公式，$_nL_x = \frac{n}{2}(l_x + l_{x+n})$；对于开放区间的高龄人口的计算，因为 $_nm_x = {_nd_x}/{_nL_x}$，所以当 $n = \infty$ 时，$_\infty m_x = {_\infty d_x}/{_\infty L_x}$，可得 $_\infty L_x = {_\infty d_x}/{_\infty m_x}$。

(6) 累计生存总人年数 T_x。表示 x 岁及以上各年龄组的人口今后还能存活人年数的总和。

$$T_x = L_x + L_{x+1} + \cdots + L_{w-1} = \sum_{i=x}^{w-1} L_i \tag{2-1-11}$$

当 $x = 0$ 时，

$$T_0 = L_0 + L_1 + \cdots + L_{w-1} = \sum_{i=0}^{w-1} L_i \tag{2-1-12}$$

在均匀分布假设下，

$$T_x = \sum_{i=x}^{w} \frac{1}{2}(l_{x+1} + l_{x+i+1}) \tag{2-1-13}$$

由前文可得，

$$_\infty L_x = T_x = \int_x^{\omega} l(a)\mathrm{d}a \tag{2-1-14}$$

(7) 平均预期寿命 e_x。x 岁人群的平均余寿，表明未来平均存活的时间。当 x 为 0 时，表示出生时平均余寿，即出生同批人从出生到死亡平均每人存活的年数，这是一个被广泛用于衡量一个国家或地区居民健康水平的综合指标。除死亡率极高的婴幼儿时期外，e_x 通常都是随年龄下降的。它表明活到 x 岁的人口中，每人平均还能活多少年，即

$$\overset{0}{e}_x = \frac{T_x}{l_x} = \frac{\int_x^{\omega} l(a)\mathrm{d}a}{l_x} \tag{2-1-15}$$

当 $x = 0$ 时，指在生命表中 0 岁组人口预期可能存活的寿命：

$$\overset{0}{e}_0 = \frac{T_0}{l_0} \tag{2-1-16}$$

由前文可知,

$$l(x) = e^{-\mu x} \tag{2-1-17}$$

$$\frac{l_{x+n}}{l_x} = \frac{e^{-\mu(x+n)}}{e^{-\mu x}} = e^{-\mu n} \tag{2-1-18}$$

$$\overset{0}{e}_x = \frac{\int_0^\infty l(x+t)\mathrm{d}t}{l_x} = \frac{1}{e^{-\mu x}}\int_0^\infty e^{-\mu(x+t)}\mathrm{d}t = \frac{1}{\mu} \tag{2-1-19}$$

三、湖北省 2022 年人均预期寿命现状分析

通过历次人口普查数据的纵向比较,对湖北省总人口的预期寿命进行具体分析。根据历次全国人口普查数据及湖北省统计局、湖北省疾病预防控制中心相关数据可知,湖北省人口预期寿命在 1990 年至 2020 年 30 年间增长 10.75 岁,但是 2010—2020 年预期寿命的增幅明显小于 2000—2010 年以及 1990—2000 年的预期寿命,预期寿命增长速度整体呈放缓的趋势(图 2-1-1)。

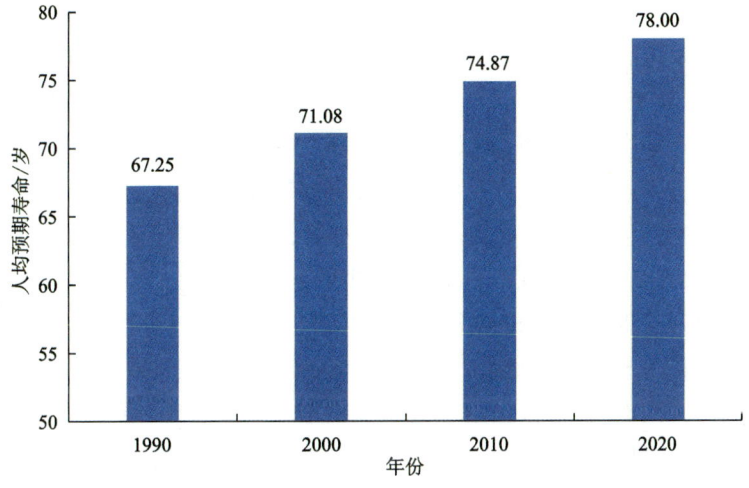

图 2-1-1 湖北省历次人口普查预期寿命

数据来源:历次全国人口普查数据、湖北省统计局 2020—2023 年人口数据和湖北省疾病预防控制中心 2019—2022 年死亡数据。

(一)湖北省人均预期寿命 78.94 岁

本报告根据生命表算法估计人均预期寿命。从上述模型测算来看,平均人口和死亡率是影响人均预期寿命的最重要因素,要想准确测算人均预期寿命,需要对不同年龄组人口数据进行调整以获得更准确的平均人口和死亡率数据。

从平均人口来看,首先,湖北省卫生健康委员会妇幼健康处较为准确地统计了常住人口在本地出生的人口数据,可以通过湖北省卫生健康委员会妇幼健康处提供的出生人口数据对 0 岁组的平均人口进行调整。另外,可能存在 0 岁组婴幼儿随迁,在此需要根据第七次全国人口普查数据对 0 岁组平均人口数据进行调整。其次,根据人口年龄结构分布,抽样调查可能会高估少年、青年和壮年群体而低估老年群体。根据湖北省统计局提供的抽样调查数据可以发现确实存在这一问题。因此,对于老年组可以根据第七次全国人口普查数据按照年龄移算法获得。进一步地,考虑到这种方法获得的平均人口数据整体偏高,需要根据湖北省统计局公布的年末人口数所计算的平均人口数按一定权重对不同年龄组平均人口数进行修正。

从死亡率来看,首先,湖北省疾病预防控制中心提供的死亡数据存在小部分年龄缺失。根据《关于进一步规范人口死亡医学证明和信息登记管理工作的通知》(国卫规划发〔2013〕57号),死亡医学证明内容须包括识别年龄的重要信息——身份证号。根据实际,可能存在 3 种情况无法识别年龄:一是年龄太小未及时办理出生登记;二是突发情况未及时统计;三是非正常死亡的无名尸体。当前社会治安环境良好,非正常无名死亡的概率非常低,更多的还是前面两种情况造成的身份证信息缺失。考虑到普查年份的数据准确度更高,进一步将无年龄死亡登记人口按照第七次全国人口普查中 0 岁组相比于 1~5 岁组婴幼儿的权重对 0 岁组死亡人口数量进行调整。其次,死亡数据漏登是公认的事实,由此导致数据中粗死亡率、婴幼儿死亡率和 5 岁以下儿童死亡率偏低,人均预期寿命偏高。在实际计算时,不同来源的统计数据存在一定差异,据此计算的人均预期寿命也会有所差异。以 2020 年为例,不同数据来源的死亡率信息见表 2-1-2。如果直接使用湖北省统计局或湖北省疾病预防控制中心提供的死亡数据进行预期寿命的计算显然会存在较大问题,因此,根据 2020 年第七次全国人口普查数据和国家统计局公布的粗死亡率、婴儿死亡率、5 岁以下儿童死亡率对不同年龄组死亡率进行调整和计算。

表 2-1-2　不同统计口径下的死亡率指标　　　　　　　　单位:‰

统计口径	指标			
	人口死亡率	婴儿死亡率	1~4岁死亡率	5岁以下儿童死亡率
湖北省第七次全国人口普查原始数据	6.63	1.85	0.25	0.53
湖北省统计局	7.67	—	—	—
湖北省卫生健康委员会	—	2.87	—	3.71
国家统计局	7.07	5.4	—	7.5

数据来源:湖北省统计局2020—2023年人口数据和湖北省疾病预防控制中心2019—2022年死亡数据。

对平均人口、死亡人口数据进行合理调整后,编制 2022 年湖北省人口简约生命表。经测算发现,湖北省人口平均预期寿命为 78.94 岁,有望提前实现《"健康中国 2030"规划纲要》中所提到的预期寿命目标 79 岁。值得一提的是,2020 年新冠病毒迅速传播,威胁人们的生命安全,最直接体现可能是预期寿命的下降,但事实上,湖北省疾病预防控制中心提供的按省统计局口径统计的死亡数据显示,2020 年与 2021 年死亡人口数量均为 42 万多人,二者仅相差 2000 人左右。也就是说,相比于 2020 年,2021 年死亡人口数量并没有明显提高,只是减缓了人均预期寿命的增加。具体来看,2020 年人均预期寿命 78.26 岁,2021 年人均预期寿命 78.50岁。

(二)男性人均预期寿命 76.93 岁,女性人均预期寿命 81.69 岁

分性别预期寿命的计算与上述湖北省总人均预期寿命的计算方法大致相同,不同的是需要将人口数按性别比例进行划分。首先,根据湖北省统计局抽样调查数据获得平均人口的性别权重;其次,根据湖北省疾病预防控制中心登记的死亡人口数据获取死亡人口的性别权重;最后,根据所得权重以及总人均预期寿命计算过程中获得的总平均人口数、总死亡人口数计算分性别预期寿命。湖北省分性别人均预期寿命见图 2-1-2。可以发现,湖北省男性人均预期寿命为 76.93 岁,女性人均预期寿命为 81.69 岁。从性别差异来看,女性预期寿命比男性高 4.76 岁。

(三)城镇人均预期寿命 80.49 岁,乡村人均预期寿命 76.65 岁

湖北省人口抽样调查数据给出了按城市、乡村口径划分的平均人口数,而湖北

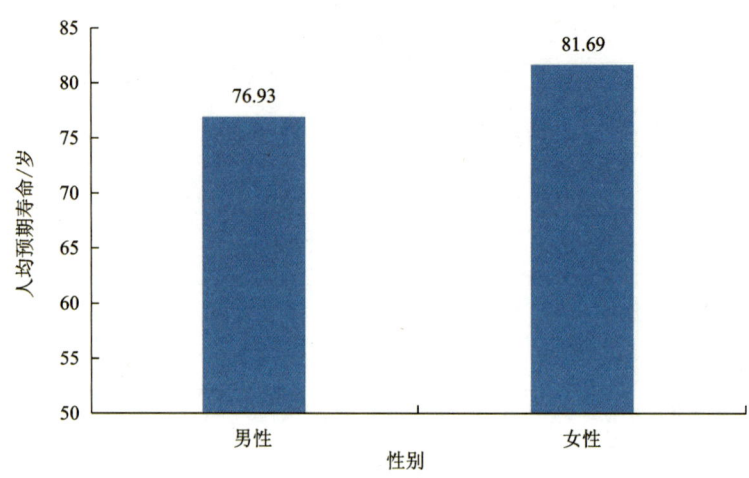

图 2-1-2　2022 年湖北省分性别人均预期寿命

数据来源：湖北省统计局 2020—2023 年人口数据和湖北省疾病预防控制中心 2019—2022 年死亡数据。

省疾病预防控制中心的死亡登记数据未对其生前居住地的性质进行划分。要计算 2022 年按城乡划分的预期寿命，首先需要对死亡人口的居住地性质进行划分。通过死亡人口的身份证号码匹配湖北省统计局人口和就业统计处提供的全员人口数据库，据此识别其生前的居住地性质。然而，对两者进行匹配后，发现存在约 15％ 的死亡人口不能分辨其生前的居住地，可能的原因在于数据统计口径不一致、人口流动等。因此，需要对死亡人口的生前居住地按一定权重进行调整。根据第七次全国人口普查数据，死亡登记与全员人口数据完全匹配的数据中城市人口死亡的比重明显增高。可能的原因在于相比农村人口，城市人口规范意识更强，更可能按照规定进行死亡登记。考虑到 2020 年新冠疫情之后，人们断断续续经历封控，致使人口从乡村流到城市或从城市流回农村，最终人口流动在总量上大幅减缓，从而导致 2022 年城乡死亡人口分布相较于 2020 年变化不大，因此可以通过第七次全国人口普查数据进行调整，结果见图 2-1-3。从图中可以发现，湖北省城镇和乡村人均预期寿命差异较大，城镇人均预期寿命明显高于乡村。具体来看，城镇人均预期寿命为 80.49 岁，乡村人均预期寿命为 76.65 岁。可能的原因是城镇人口凭借较高的生活水平和相对完善的医疗服务，获得了比乡村人口更好的生活环境，使得平均预期寿命相对更高。

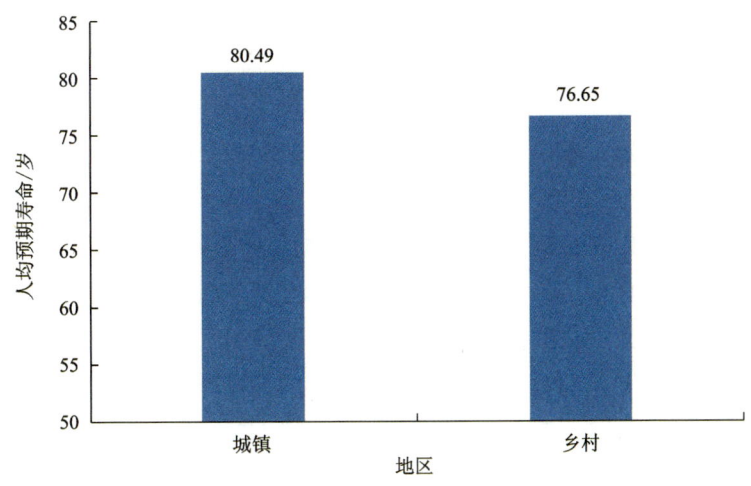

图 2-1-3　2022 年湖北省分城乡人均预期寿命

数据来源：湖北省统计局 2020—2023 年人口数据和湖北省疾病预防控制中心 2019—2022 年死亡数据。

(四)武汉市人均预期寿命 79.57 岁

不同来源数据具有各自的优势，本报告通过湖北省卫生健康委员会妇幼健康处提供的出生人口数计算 0 岁组的平均人口，1～60 岁组平均人口主要通过 2021 年和 2022 年人口抽样数据计算，老龄组人口主要通过第七次全国人口普查数据进行年龄移算。考虑到这种方法获得的平均人口数据，尤其是老龄组数据偏高，进一步通过湖北省统计局公布的各市州年末人口数以及年龄结构数据对不同年龄组平均人口数进行修正。湖北省统计局 1‰ 人口抽样数据给出的是各市州的人口数而非平均人口数，所以需要对各市州的平均人口数进行再计算。第七次全国人口普查数据给出的湖北省各市州数据同样是人口数而非平均人口数，所以同样需要对湖北省各市州的平均人口数进行再计算。本报告主要通过列克西斯图计算普查时点的平均人口数。公式如下：$P_{a1}=1/2P_{a+1}/2P_{a+1}+3/8D_{a+1}/8D_{a+1}$，其中 P_{a1} 是年中 a 岁人口数即平均人口数，P_a 和 P_{a+1} 分别为普查时点上 a 岁的人口数和 $a+1$ 岁的人口数，D_a 和 D_{a+1} 分别为普查时点上 a 岁的死亡人口数和 $a+1$ 岁的死亡人口数。另外，第七次全国人口普查数据给出湖北省各市州人口数为年龄组人口数而非单岁组人口数，因此，本报告通过各年龄组的人口数和死亡数据粗略计算平均人口数。

对于死亡数据的计算,运用湖北省疾病预防控制中心登记的死亡数据,主要根据湖北省各年龄组死亡人口的计算方法计算各市州分年龄组的死亡人口数量。考虑到湖北省各市州医疗发展水平存在较大差异,死亡率尤其是婴儿死亡率和老龄群体的死亡率仅通过国家公布的粗死亡率水平进行调整可能存在较大误差,而医疗发展水平与经济发展水平高度相关,可以根据经济发展水平对不同年龄组死亡率进行调整。最后,可根据各市州的死亡人口数汇总湖北省总死亡人口数,与前文计算的湖北省死亡人口数进行对比和微调。

基于上述方法测算 2022 年湖北省各市州的人均预期寿命,结果见图 2-1-4 和表 2-1-2。可以发现,湖北省各市州预期寿命存在明显差异。武汉市人均预期寿命最高,为 79.57 岁;其次是宜昌市和襄阳市,人均预期寿命分别为 79.39 岁和 79.17 岁;天门市、孝感市和神农架林区的人均预期寿命处于相对较低的水平,人均预期寿命分别为 77.29 岁、77.28 岁和 77.20 岁;恩施州人均预期寿命最低,仅为 77.16 岁。

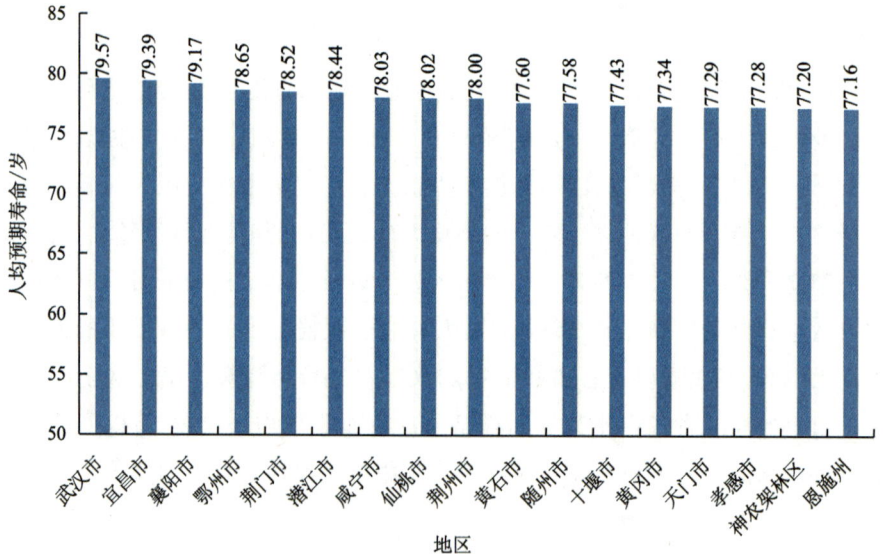

图 2-1-4　2022 年湖北省各市州的人均预期寿命

数据来源:湖北省统计局 2020—2023 年人口数据和湖北省疾病预防控制中心 2019—2022 年死亡数据。

四、人均预期寿命的测算结果

人均预期寿命是评估健康水平的重要指标,其准确的测度离不开平均人口、死亡人口等数据的收集。然而,现实中平均人口、死亡人口数据的可获得性和准确性往往难以保证。本报告基于湖北省统计局提供的第七次全国人口普查数据、2021和2022年人口抽样调查数据,湖北省卫生健康委员会湖北省疾病预防控制中心提供的死亡人口数据,湖北省卫生健康委员会妇幼健康处提供的出生人口数据,通过年龄移算法、列克西斯图等方法对平均人口数据进行调整,借助第七次全国人口普查数据公布的人口死亡率和国家统计局公布的人口死亡率、婴儿死亡率、5岁以下儿童死亡率对不同年龄组死亡率进行校对,运用生命表算法对2022年湖北省预期寿命进行测算,深入考虑性别、城乡和地区之间的差异,归纳和分析人均预期寿命的现状及特点。

测算结果显示,2022年湖北省人均预期寿命为78.94岁。分性别来看,湖北省男性人均预期寿命为76.93岁,女性人均预期寿命为81.69岁。分城乡来看,城镇人均预期寿命80.49岁,乡村人均预期寿命76.65岁。分市州来看,武汉市人均预期寿命最高,为79.57岁;宜昌市和襄阳市次之,人均预期寿命分别为79.39岁和79.17岁;恩施州人均预期寿命最低,为77.16岁。

报告二
湖北省快速老龄化的挑战及应对策略

石智雷　邵玺　周小强

人口老龄化是世界性问题。习近平总书记指出："我国是世界上人口老龄化程度比较高的国家之一,老年人口数量最多,老龄化速度最快,应对人口老龄化任务最重。"未来10年是我国全面建设社会主义现代化国家的关键时期,也是老年人口规模快速增加的特殊阶段。人口老龄化是挑战也是机遇,主动把握重度老龄化前的"机会窗口期",坚持应对人口老龄化和促进经济社会发展相结合,坚持满足老年人需求和解决人口老龄化问题相结合,是落实积极应对人口老龄化国家战略,推动实现中华民族伟大复兴的重要保证。本报告以全国人口普查数据为基础,结合科学研究手段,深入揭示未来10年湖北省人口老龄化存在的突出问题,提出针对性应对策略,为湖北省实施积极应对人口老龄化国家战略提供决策参考。

一、"60后老龄潮"及其社会经济影响

(一)老龄化程度快速加深,经济增速大幅下降

"十四五"期间,湖北省老年人口比重将由2022年的21.85%增至25.13%,增加3.28个百分点,60~62岁老年人口总数增加46万。到"60后婴儿潮"一代全部进入老龄阶段的2033年,湖北省老年人口比重将增至33.73%,60~69岁老年人口总数增加223万。对比来看,"十四五"期间老年人口比重增幅是"十三五"期间的1.73倍,2023年到2032年是2013年到2022年的1.83倍。测算表明,老龄化程度加深预计导致湖北省GDP增速在2023—2025年下降1.07个百分点,占2019年GDP增长速度(7.5%)的14.27%。2022年、2023年、2033年湖北省人口金字塔预测结果见图2-2-1。

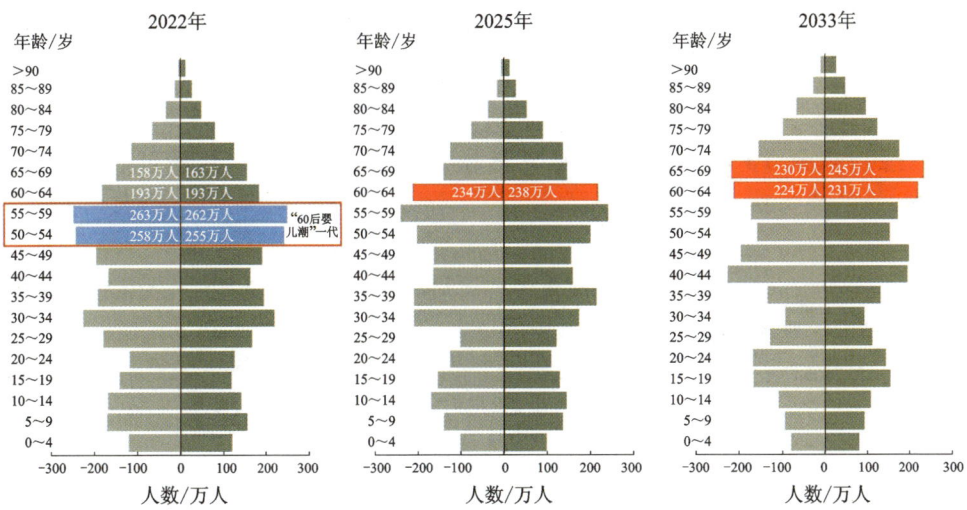

图 2-2-1　2022 年、2025 年、2033 年湖北省人口金字塔(预测)

数据来源:根据第七次全国人口普查数据预测得到。

(二)劳动年龄人口锐减,"制造强省"建设进程受阻

随着"60 后婴儿潮"出生队列人群逐步退出劳动力市场,以及年轻劳动群体数量缩减,湖北省劳动人口数将在"十四五"期间累计减少 255 万,在未来 10 年减少 629 万,劳动人口比重将由当前的 62.04% 降至 2033 年的 55.08%。劳动人口绝对数量的大规模减少将快速提高制造业用工成本,制约湖北省"制造强省"建设进程。测算结果表明,"十四五"期间,随着大量"60 后婴儿潮"出生队列群体进入老龄阶段,湖北省制造业用工成本在 2023—2025 年的增幅约为 33%。

(三)老龄潮呈现区域分化,"两翼"都市圈受冲击更为明显

2022 年,"60 后婴儿潮"一代占宜昌、襄阳和武汉常住人口的比重分别为 21.90%、19.48% 和 13.68%。"60 后婴儿潮"出生队列人群陆续进入老龄阶段后,"两翼"都市圈的核心城市宜昌和襄阳将分别于 2024 和 2027 年进入重度老龄化社会(60 岁及以上人口占比 30%)。相比之下,截至 2035 年,武汉都市圈的核心城市

武汉则始终未进入重度老龄化。伴随"60老龄潮"的重度老龄化对劳动力供给的削弱以及对社会保障需求的激增,"两翼"都市圈将首先冲击,阻碍湖北省高质量区域协调发展。

(四)未来 10 年家庭养老困境累积,"老二代"面临"上养老、下抚小"难题

居家养老在湖北省当前养老模式中占比约九成,"60后婴儿潮"一代在青年时期受严格计划生育政策限制,绝大多数家庭仅有一个子女,子女又经历了"二孩""三孩"政策,生育两到三个孩子。年轻家庭普遍面临"422"甚至是"423"的家庭结构,难以承担照养老年人的义务和责任。由于结婚和工作等原因,子女与老年人长期处于分居状态,与多子女老年人相比,"60后婴儿潮"期间出生的老年人独居问题较为严重。随着经济社会发展和医疗技术进步,老年人预期寿命大幅延长,高龄老年人不再罕见。据调查,在60~70岁的低龄老年人中,有13.16%父母仍然健在,对部分低龄老年人而言,除自身面临养老问题外,还要赡养高龄父母,照料孙子女,甚至还要为子女购房提供经济支持。"60后婴儿潮"群体逐渐进入老龄阶段后,湖北省家庭养老困境呈现多元化、复杂化趋势,这不仅对湖北省现行的养老服务供给与模式造成巨大挑战,还将催生老年精神健康等新问题。

二、积极应对新一波"老龄潮"

与当前的老年群体不同,"60后婴儿潮"一代经历了恢复高考和改革开放等历史转折,在人口素质、教育水平和思想文化上都与现代化经济体系高度匹配,且该群体也是我国当前经济社会建设的中坚力量。调查显示,在"60后婴儿潮"一代中,32.55%在政府机关、企事业单位、非营利组织工作,13.10%身居管理岗位。为应对"60后老龄潮",建议如下。

(一)充分挖掘老年红利,探索建设老年劳动供给体系

把握"60后婴儿潮"一代特点,"十四五"期间逐步实行延迟退休政策,并在宜昌市、荆州市等老龄化程度较为严重的地区先行先试。针对老干部、老专家、老教师等高素质群体,加大退休返聘力度;针对老企业家、致富能手等群体,放松创业环境,加大创业扶持力度,培育老年创新创业氛围;针对农村低龄老年人,结合美丽乡村和乡村振兴等项目,设立一定比例农村老年人就业岗位。同时,制定地方性法规保障老年就业人群收入、安全、健康等各项权益,加强超龄劳动者就业保障。

(二)构建适老为老服务体系,推动老年人共享数字红利

针对"60后老龄潮"引致的大量独居老年人问题,加大现代信息技术在养老领域的应用力度,助力科技为老服务。打造医养结合智慧服务平台,利用智能穿戴设备实时传输老年人健康数据,探索远程问诊机制。搭建居家养老服务供需对接平台,面向独居老年人提供家政保洁、水电维修、管道疏通等上门服务。安装一键紧急呼叫设备,开辟独居老年人紧急求助通道。

(三)完善养老配套支持措施,鼓励子女、父母就近或共同居住

引导社会重视隔代照料的物质和精神价值,释放育龄群体劳动潜力,缓解老年群体独居的精神压力。开展面向老年群体的社区育儿培训,提高老年人育教水平。强化住房支持政策,探索建设子女与父母融合居住的老年友好型社区。健全老年友好型社区住房申购或租赁制度,优先给予就近或同住家庭申购或租赁资格。完善水电气和物业等阶梯价格政策,给予就近或同住家庭政策优惠。

(四)抢抓老年健康窗口期,树立预防为主的大健康观

"60后婴儿潮"一代在未来10年仍处于老年疾病低发期,在"十四五"期间要允分转变"重医疗、轻预防"的传统医疗理念,人力推进健康知识普及和老年疾病预防工作,建立50岁以上人群的健康动态监测与评估体系。把握"健康中国"建设契机,以自主管理和社区管理为基本,以健康促进为目标,构建慢性病预防、疾病治疗、健康管理的紧密型健康服务体系。

第三篇　居家养老服务

报告一
湖北省居家养老服务发展现状及影响因素研究

石智雷　邵玺

在区域人口增减分化和老龄化程度不断加深的背景下,如何推动县域居家养老服务高质量发展是当前民生工作的重点。本报告基于第一期湖北百县老龄调查(2023)数据,分析了地区人口老龄化和养老资源配置如何影响居家养老服务的发展。研究发现,县域居家养老服务发展水平差距大,居住在经济发展高水平地区的老年人享受的服务类型是经济发展低水平地区老年人的1.83倍。地区老年人口占比上升对居家养老服务的发展有显著抑制作用,而地区需要帮助老年人占比增加,对服务发展有显著促进作用。地区人均GDP、医疗卫生资源以及获得的民政转移支付资金等养老资源的增加,会显著提升地区服务发展水平。进一步研究发现,在进入中度老龄化阶段、财政压力较小以及少儿抚养比较低的地区,地方政府会更加重视并将更多的资源用于居家养老服务的发展。研究结论对于我国在新的人口形势下推动县域居家养老服务高质量发展具有重要启示意义。

一、居家养老服务存在显著地区差异

我国的人口老龄化具有规模大、速度快和程度深的特点。《2022年度国家老龄事业发展公报》显示,2022年末,我国65岁及以上人口为20 978万人,占总人口比重14.9%,65岁及以上老年人口抚养比高达21.8%。与2012年相比,65岁及以上人口增加8201万人,占总人口比重增加5.5个百分点,抚养比增加9.1个百分点。我国政府十分重视居家养老服务的发展,"十三五"期间投入50亿元用于203个地区的居家和社区养老服务试点,2021年又利用中央专项彩票公益金开启了新一轮居家和社区基本养老服务提升试点。在政策文件上,仅2023年便发布《关于推进基本养老服务体系建设的意见》《居家和社区医养结合服务指南(试行)》《居家养老上门服务基本规范》《积极发展老年助餐服务行动方案》等文件,推动居家养老服务体系不断完善。然而,在中央高度重视、资金大量投入以及政策不断完善的背景下,我国居家养老服务的发展仍然存在明显的不平衡、不充分问题。为什么有些地区居家养老服务做得好,有些地区做得不好?哪些因素影响一个地区的居家养老服务发展?上述问题的答案对于理解居家养老服务发展的内在逻辑、推动居家养老服务区域均衡发展具有重要意义。

我国约有90%老年人选择居家养老,居家养老服务对象的人数超过2亿。目前,国内学界关于居家养老服务发展的研究存在不足,已有研究主要关注老年人的需求与服务的供需匹配。例如,王琼(2016)的研究发现,城市老年人至少有一项居家养老服务需求的比例达到45.58%,但实际服务利用率不足10%。曾起艳等(2022)对老年人居家养老需求和实际使用行为相悖离的原因进行了分析,认为收入、家庭养老资源、社区宣传和政府补贴等是重要影响因素。张新辉和李建新(2019)对居家社区养老服务供需匹配的空间分布情况进行考察,发现居家社区养老服务的总体缺口有所缩减,但地区之间、城乡之间的差距被进一步拉大,中西部地区、农村地区老年人对服务的需求更加强烈,并更难得到有效满足。上述文献对于优化居家养老服务供给形式、明确各地区存在的空间差异具有重要启示意义,但这并不足以解释为什么居家养老服务的发展存在明显的不平衡、不充分问题。

近年来,区域人口增减分化成为我国人口发展新趋势,这使得各地区的养老资源配置情况发生很大变化。首先,人口规模的分化导致社会养老资源发生变化。养老服务的发展具有一定滞后性,当社会养老资源不能根据地区人口状况快速调整时,人口规模的变化便会对人均社会养老资源的享有量造成影响。其次,人口年龄结构的分化导致家庭养老资源发生变化。人既是养老服务的对象,也是养老服务的资源,年龄结构的分化使各地区家庭规模发生不同程度的变化,老年人能够获得的家庭养老资源也随之改变。第三,劳动年龄人口的分化导致养老服务的经济基础发生变化。地区经济发展水平是居家养老服务发展的基础性要素,劳动年龄人口的变化会直接影响地区经济增长的效率和水平,进而影响整个地区的养老服务资源供给能力。在此背景下,从人口特征和养老资源配置的角度考察地区居家养老服务的影响因素,对于推动新人口形势下居家养老服务的高质量发展就显得尤为重要。

基于上述讨论,我们组织开展了第一期湖北百县老龄调查(2023),对湖北省103个县级行政单元的12 083名老年人进行访谈调查,获取了各区县居家养老服务的发展信息,结合多指标测度的人口老龄化和养老资源配置数据,在区域人口增减分化背景下考察了人口老龄化和养老资源配置对县域居家养老服务的影响。与已有文献相比,本报告的边际贡献体现在以下几个方面:第一,研究视角新颖。区域人口增减分化使地方政府应对老龄化挑战的难度进一步增加,与以往以老年人需求为视角的研究不同,本报告从人口和养老资源变动的视角出发,考察居家养老服务发展的影响因素,有利于明确新人口形势下居家养老服务的发展特征,为加强政府老龄社会治理能力提供参考。第二,研究尺度精细。县域涵盖城镇和乡村,是落实国家各项工作部署,推动城乡融合发展的基本单元。相比于大量省级或地市级研究,本报告将研究尺度细化到县级单元,能够更好地分析城乡地区公共资源配置过程,为政府应对乡村人口变化问题提供政策建议。第三,样本代表性强。以往居家养老服务研究多基于案例分析或小范围调查数据展开,存在较为明显的样本代表性问题。本报告使用湖北省全员人口数据库对一个代表性省份所有区县老年群体进行随机抽样,基于该数据的研究能够更加全面、准确地分析县域居家养老服务发展的影响因素。

二、居家养老服务的政策梳理和影响因素

(一)我国居家养老服务的相关政策梳理

我国居家养老服务起步较晚但发展迅速,自2008年起,10余年间经历了由概念提出到探索实践,再到体系初步建立的发展历程。2008年,《关于全面推进居家养老服务工作的意见》中首次明确提出居家养老服务是指政府和社会力量依托社区,为居家的老年人提供生活照料、家政服务、康复护理和精神慰藉等方面服务的一种服务形式。2011年《中国老龄事业发展"十二五"规划》确立居家养老服务在我国养老服务体系中的基础性地位,提出"建立以居家为基础、社区为依托、机构为支撑的养老服务体系"。2019年《国家积极应对人口老龄化中长期规划》将积极应

对人口老龄化上升为国家战略。随着一系列推动居家养老服务发展的具体政策陆续出台,我国的居家养老服务体系得到初步建立。

居家养老服务涵盖老年人生活照料、家政服务、康复护理和精神慰藉等多项服务,在我国养老资源不足、中低收入人口占比较大的背景下,各项服务的落实不是一蹴而就的,而是一个不断推进的过程。已有研究指出,对于居家养老服务这类重大公共政策,其政策目标的实现取决于多部门的合作与配套政策的供给。为更好地反映目前我国居家养老服务的发展阶段以及相关服务的政策推动情况,表3-1-1中着重梳理了国家各部委出台的相关配套政策。

表3-1-1 国家部委出台相关配套政策中的居家养老服务

服务类型	政策文件	主要内容
免费体检服务	2017年,国务院办公厅发布《关于制定和实施老年人照顾服务项目的意见》(国办发〔2017〕52号);2021年,国家发展和改革委员会等21部门发布《国家基本公共服务标准(2021年版)》	每年为辖区内65岁及以上常住居民免费提供1次生活方式和健康状况评估、体格检查、辅助检查和健康指导等服务
探访关爱服务	2017年,民政部等9部门发布《关于加强农村留守老年人关爱服务工作的意见》;2022年,民政部等10部门发布《关于开展特殊困难老年人探访关爱服务的指导意见》	到2023年底,基本建立特殊困难老年人探访关爱服务机制;到2024年底,探访关爱服务普遍有效开展;到2025年底,确保特殊困难老年人月探访率达到100%
家庭医生服务	2019年,国家卫生健康委员会等12部门发布《关于深入推进医养结合发展的若干意见》;2021年,国家卫生健康委员会等3部门发布《关于全面加强老年健康服务工作的通知》;2022年,国家卫生健康委员会等6部门发布《关于推进家庭医生签约服务高质量发展的指导意见》	加强家庭医生签约服务宣传推广,为老年人提供基本医疗卫生、健康管理、健康教育与咨询、预约和转诊、用药指导、中医"治未病"等服务。提高失能、高龄、残疾等特殊困难老年人家庭医生签约覆盖率,到2025年不低于80%

续表 3-1-1

服务类型	政策文件	主要内容
老年助餐服务	2023年，民政部等11部门发布《积极发展老年助餐服务行动方案》	到2025年底，已在全区域实施老年助餐服务政策的省份，进一步向城乡社区延伸服务，提质增效取得新进展；尚在局部区域实施老年助餐服务政策的省份，服务扩面增量实现新突破。全国城乡社区老年助餐服务覆盖率实现较大幅度提升，服务网络形成一定规模
适老化改造服务	2020年，民政部等9部门发布《关于加快实施老年人居家适老化改造工程的指导意见》	"十四五"期间，继续实施特殊困难老年人家庭适老化改造，有条件的地方可将改造对象范围扩大到城乡低保对象中的高龄、失能、残疾老年人家庭等

上述政策反映了现阶段政府在居家养老服务体系上的主要发展方向，本报告在实证研究中将对上述服务类型的发展情况进行重点考察，使研究结论更具现实意义。

(二)影响地区居家养老服务发展的因素

推动全体老年人享有均等化养老服务，拥有幸福美满晚年是人类社会的共同追求。居家养老服务作为实现这一目标的重要手段，其明显的地区发展差距问题受到学界广泛关注。已有研究发现，不论是瑞典、丹麦这类社会民主型福利国家，还是法国、意大利这类保守型福利国家，同一国家不同地区居家养老服务的发展均存在明显差距。例如，在丹麦，老年人平均每周享受家庭护理时间最长的市郡为13.6小时，最低的市郡仅有2.0小时；在意大利，居家养老服务覆盖率最高的行政区达到5.3%，覆盖率最低的行政区仅为0.3%；在日本，老年人长期护理费用政府支出最多的地区达到54.99万日元/人，最低的地区仅有13.31万日元/人(Jin et al.,2022)。

为什么同一国家不同地区居家养老服务的发展存在如此大的差异？已有研究主要从以下两个方面作出解释。

第一类文献认为地区老龄化水平是影响居家养老服务发展的重要原因。一方面，地方政府对居家养老服务的供给承担主要责任，老龄化水平上升会强化政府对老龄工作的重视程度，进而推动居家养老服务的发展。Jin 等(2022)对日本各市町人均长期护理费用支出差异的研究发现，人口老龄化对区域差异的解释程度超过八成，地区高龄老年人、不健康老年人占比的提高会显著增加地区人均长期护理费用的支出。Rostad 等(2020)进一步指出，地区老年人口占比的增加还会产生规模经济效应，降低家庭护理等养老服务项目成本，进而提高地区居家养老服务效率。另一方面，在养老服务资源有限的情况下，老年人口或特殊困难老年人数量的增加可能产生"拥挤效应"，导致每名老年人能够享受的养老服务资源减少。Rostgaard 等(2022)研究发现，北欧地区居家养老服务覆盖率随着人口老龄化水平的提高而降低，原因在于地方政府将有限的养老资源更多地分配给了弱势群体，导致助洁、助浴等针对一般老年人的居家养老服务被医疗护理等特殊服务所取代，地区养老服务覆盖率随之降低。也有研究从家庭视角考察人口老龄化对居家养老服务的影响。与配偶或子女同住意味着老年人能够获得来自家庭内部的非正式照料支持，但一个地区老年人获得非正式照料比例的增加究竟会促进还是抑制居家养老服务的发展，学界尚未达成统一看法。有学者认为，非正式照料比例的增加会阻碍居家养老服务的发展，原因在于接受来自家庭的非正式照料会降低老年人对居家养老服务的需求，这会减少地方养老服务的需求压力，从而抑制政府对正式照料服务的投入。但也有学者认为非正式照料并不一定总是阻碍地区居家养老服务的发展，当同住家庭成员为老年人子女时，同住子女能够帮助老年人完成正式照料服务的申请等工作，这将提高老年人对居家养老服务的实际需求，进而推动服务发展。

第二类文献关注地区养老资源对居家养老服务的影响。一般而言，地区养老资源的增加对居家养老服务发展有促进作用。Costa-Font(2010)考察了西班牙人均长期护理支出的影响因素，发现地区人均 GDP 对居家养老服务的发展起到了主要解释作用，地区人均 GDP 每增加 1%，地区人均长期护理支出提高 0.22%。Jensen 和 Lolle(2013)考察了丹麦不同市镇政府财政能力和居家养老服务供给之间的关系，发现人均征税额和地方税率的提高会显著增加地区老年人人均护理费用,而地方政府债务的提高则会显著降低地区老年人人均护理费用。此外,地方政府从上级政府获得的转移支付也能够增加地区养老资源,促进居家养老服务的发展。Oyun(2017)使用空间面板模型研究了美国各州获得联邦政府的转移支付对各州养老服务公共支出的影响,发现转移支付的增加能够提高地区老年人获得居家养老服务的概率。

除了对养老资源数量的讨论,养老资源的配置效率也受到学者们的关注。一类研究认为,养老服务市场化水平的提高能够优化养老资源的配置效率,对服务供给起到降本增效的作用,进而推动居家养老服务的发展。然而,居家养老作为一项重要民生工作,市场化也可能扩大地区间的发展差距。Feltenius(2023)考察了市场化水平对瑞典不同城市居家养老服务的影响,发现私人服务商为保证自身的盈利能力,仅在人口密度高、潜在客户多的大中型城市提供服务,这导致小城市老年人无法享受私人服务商提供的多样化、价格低廉的养老服务,拉大了不同地区居家养老服务的差距。

相比国外,国内关于居家养老服务地区发展差距的实证研究较少,以小样本或大尺度的研究为主。王振振等(2020)以北京、南京、咸阳3市为研究区域,从服务可及性的角度反映地区居家养老服务的发展状况,发现公共财政投入和老龄化问题的严重程度是造成区域差异的主要原因,公共财政投入的增加以及老龄化程度的加剧都能够推动居家养老服务的发展。马多多和封铁英(2020)基于两省五市的微观调查数据,用老年人主观公平感来衡量各地区居家养老服务发展水平,发现政策宣传度、健康状况、服务利用率、生活满意度以及亲友尊重度是影响老年人服务公平感的重要因素,政府在扩大居家养老服务供给规模的同时,还要提升服务的精细化和规范化水平,才能有效提升居家养老服务的公平性。

综合来看,国内外研究均关注到居家养老服务发展中存在的地区差距问题,并对差距产生的成因进行了讨论,但国内在该领域的研究存在明显不足。当前,我国社会的主要矛盾已经转变为"发展的不平衡、不充分"问题,居家养老服务作为政府民生工作的重点,地区发展差距问题尤其值得关注。与此同时,在少子化、老龄化和区域人口增减分化的人口发展新趋势下,老龄社会治理问题变得尤为重要和复杂。这要求学界亟须立足有代表性的数据,对我国居家养老服务的影响因素进行深入分析,为我国老龄事业的高质量发展提供理论和实证支撑。

三、居家养老服务影响因素的研究设计

(一)第一期湖北百县老龄调查(2023)

为了解我国县域居家养老服务的发展现状,中南财经政法大学人口与健康研究中心在2023年8月组织实施了第一期湖北百县老龄调查(2023)。该调查以湖北省为调查区域,有较强的全国代表性。首先,湖北省县域经济发展差距大,省内既有GDP超千亿的县区,也有GDP不足百亿的县区,这种经济结构能够很好地考察资源约束对地方政府推动居家养老服务发展的影响。其次,湖北省各区县所处的老龄化阶段有明显不同,省内有尚处于轻度老龄化且老龄化进程较慢的区县,也有人口持续流出叠加极低生育率的重度老龄化区县,这样的地区特征与全国老龄化格局相似,使得研究结论能够更好地指导我国日趋复杂的老龄工作。最后,湖北省地处我国中部,不仅兼容南北文化特色,也是东西部地区重要分界节点,省内还呈现出明显的民族多样化特征,是全国少数既有自治州又有自治县还有民族乡的省份之一,这种文化和民族特征能够很好地反映我国不同地区差异化的家庭观念和养老观念。

第一期湖北百县老龄调查(2023)的目标群体是截至2023年7月31日湖北省常住人口中年龄在65~75岁且居住在家中的老年群体[1]。调查采用分层、两阶段、等规模的随机抽样方法,避免了按规模大小成比例抽样方法所导致的部分地区样本量过少的情况,使调查结果能够很好地反映各个区县居家养老服务发展情况。调查分两步进行:第一步是确定初步抽样框,从湖北5800余万人的全员人口数据库中筛选目标群体,之后在湖北省125个区县[2]单元进行随机抽样,每个地区抽取

---

[1] 由于许多居家养老服务如老年人免费体检的年龄下限为65岁,因此将被访者最低年龄设置为65岁。考虑到高龄老年人拥有手机的较少,且接听电话时的理解能力和听力都存在不足,为保证调查对象能准确理解访谈问题,因此将被访者最大年龄设置为75岁。

[2] 湖北省125个区县中包含功能区,由于功能区人口老龄化和养老资源数据存在缺失,在定量分析时将功能区样本数据合并至所属县级行政单元之中。

1000个老年人样本作为初步抽样框;第二步在初步抽样框中进行随机调查,在每个地区的1000个样本中抽取100个样本进行电话调研,电话调研的优点是保证了样本的随机性,并且尽可能地降低拒访率。在剔除未居住在湖北省内的样本后,最终获取有效样本12 083个。此外,为确保调查质量,在调查活动开始前对调研员进行系统培训,在调查过程中要求对每份问卷进行录音记录,并安排质控员在后台对录音录屏和问卷内容进行质量控制和回答核对,确保了调查结果的准确性。

(二)变量设计

1. 因变量

本报告将居家养老服务可及性作为因变量,并以此反映地区居家养老服务发展水平。为合理考察现阶段我国县域地区居家养老服务的发展情况,通过对表3-1-1政策文件进行梳理,选取老年人免费体检和老年人探访关爱两项工作,代表地区基础性、兜底性居家养老服务的发展情况;选取家庭医生上门和社区老年食堂设置情况两项工作,代表地区满足老年群体更高层次需求的居家养老服务发展情况[①]。

具体而言,询问老年人过去一年是否享受免费体检、是否有政府工作人员探访关爱、是否有家庭医生提供上门服务,以及家附近是否有老年食堂4个问题,回答"是"的记1分,回答"否"的记0分,将4个问题的得分加和后得到老年人的居家养老服务可及性情况。值得注意的是,由于老年人的个人特征可能会影响其获得居家养老服务的概率,这导致调查结果在一定程度上反映了老年人个体特征对获取居家养老服务的影响,而非地区居家养老服务的发展情况。因此,我们还询问了老年人年龄、婚姻状况、户口性质、民族、受教育水平及同居家庭成员情况等信息,对老年人个人和家庭特征进行控制。

2. 自变量

根据前文的文献梳理和理论分析,从地区人口老龄化和养老资源配置两方面

---

① 由于现阶段家庭医生工作存在较为明显的"签而不约"问题,因此本报告使用家庭医生上门情况而非家庭医生签约情况反映该地区老年人家庭医生服务工作情况。

选取自变量。

首先是地区人口老龄化。地区人口变动对人口老龄化的影响不仅反映出地区人口年龄结构的变化,还反映老年人的家庭结构以及困难老年人的状况。本报告选取65岁及以上人口占比、65岁及以上独居老年人家庭户占比以及65岁及以上靠低保生活老年人占比3个指标。其中,65岁及以上人口占比是反映地区人口年龄结构的基础性指标;65岁及以上独居老年人家庭户占比反映了地区老年人口的居住模式,独居老年人家庭户占比的增加意味着该地区老年人能够从家庭内部获得的非正式照料支持减少,对地区居家养老服务会产生更高需求;65岁及以上靠低保生活老年人占比反映了地区老年人的生活和经济状况,该比重的提高意味地区有更多的老年人无法依靠自己或家庭的力量进行基本生活,政府需要提供更多的服务来维持老年人的基本生活。

其次是地区养老资源配置。养老资源配置情况反映了地区发展居家养老服务的能力与条件,基于前文的分析,选取地区人均GDP、每万人医疗床位数和人均民政资金转移支付额3个指标反映地区养老资源配置情况。其中,人均GDP反映了地区宏观经济运行状况,是地区经济活力、居民收入与生活水平的重要参照指标;每万人医疗床位数反映了地区医疗卫生等公共事业的发展情况;人均民政资金转移支付额反映地方政府在发展地方民生工作上得到的援助与支持。

3. 控制变量

为避免老年人个体或家庭特征对居家养老服务可及性的影响,本报告控制变量包括老年人年龄、婚姻状况、户口性质、民族、文化程度及居住状况等。

以上数据通过第一期湖北百县老龄调查(2023)数据、第七次全国人口普查湖北省数据、湖北省民政厅网站数据、湖北省各县区2021年国民经济和社会发展统计公报以及《中国县域统计年鉴2022》等资料获取。各变量具体的测度方式及描述性统计见表3-1-2。

表3-1-2 描述性统计

变量名称	变量说明	样本量	平均值	标准差	最大值	最小值
居家养老服务可及性	0~4表示过去一年老年人享受的服务类型数量	12 083	1.432	1.096	0	4

续表 3-1-2

变量名称	变量说明	样本量	平均值	标准差	最大值	最小值
65岁及以上人口占比	常住人口中65岁及以上人口占比	12 083	0.150	0.029	0.081	0.217
65岁及以上独居老年人家庭户占比	65岁及以上独居老年人家庭户数占老年人家庭总户数比重	12 083	0.213	0.040	0.140	0.340
65岁及以上靠低保生活老年人占比	65岁及以上靠低保生活老年人占老年人总数比重	12 083	0.043	0.033	0.002	0.166
人均GDP	连续变量,对数形式	12 083	2.027	0.495	1.087	3.108
每万人医疗床位数	连续变量,对数形式	12 083	4.247	0.245	3.749	5.064
人均民政资金转移支付额	连续变量,对数形式	12 083	5.075	0.774	3.295	6.235
年龄	连续变量	12 083	69.205	2.796	65	75
性别	1表示男性;0表示女性	12 083	0.573	0.495	0	1
婚姻状况	1表示已婚且配偶健在;0表示其他	12 083	0.879	0.327	0	1
户口性质	1表示非农户口;0表示农业户口	12 083	0.380	0.485	0	1
民族	1表示汉族;0表示其他	12 083	0.055	0.228	0	1
文化程度	0表示小学及以下;1表示初中;2表示高中及以上	12 083	0.768	0.718	0	2
居住状况	1表示独居;2表示与配偶同住;3表示与子女同住;4表示其他	12 003	2.251	0.762	1	4

(三)模型构建

由于本报告的被解释变量是定序变量,故构建如下有序 logistic 模型考察人口老龄化和养老资源配置对居家养老服务发展的影响:

$$\ln\left(\frac{p_{ij}}{1-p_{ij}}\right) = \beta_0 + \beta_1 \text{aging}_j + \beta_2 \text{res}_j + \beta_3 X_j + \beta_3 \text{Region} + \varepsilon \quad (i = 0,1,2,3,4)$$

(3-1-1)

式中,p_{ij} 为 j 地区的老年人 i 居家养老服务可及性取值为 0、1、2、3、4 的概率;aging_j 为 j 地区人口老龄化情况;res_j 为 j 地区养老资源配置情况;X_j 为控制变量;Region 为湖北省省内三大城市群的地区固定效应;ε 为残差项。

四、居家养老服务影响因素的实证结果

(一)湖北省县域人口增减分化及居家养老服务发展的空间特征

1. 县域人口增减分化的空间特征

如前所述,湖北省县域地区在经济发展格局、老龄化进程和民族文化上具有较强的全国代表性,因此对湖北省各区县的人口变化情况进行分析。根据第六次和第七次全国人口普查数据,湖北省 2020 年县域常住人口数为 5 775.26 万人,较 2010 年增加 51.49 万人,如图 3-1-1 所示,有 40 个县区出现了人口正增长,63 个县区出现了人口负增长,各地区人口增加分化现象明显。湖北省县域人口变动呈现以下几个特点。

第一,人口净增加主要出现在市辖区,人口净减少主要出现在县。湖北省 39 个市辖区中,有 29 个市辖区实现了人口净增长,占比高达 74.36%,而与之形成对比的是,63 个县(包括县级市、省直管县)中,只有 11 个实现了人口净增长,占比仅为 17.46%。第二,实现人口净增长的县普遍具有较强的生育意愿。由图 3-1-1 可知,人口净增长的县主要分布在鄂东的黄冈、黄石、咸宁以及鄂西的恩施州,这些地区在第六次全国人口普查时便具有较高的生育水平,且近年来的生育意愿也处

于全省前列,这说明较高的生育水平在一定程度上弥补了人口外流的影响。第三,超大城市的人口净增加主要出现在远郊区。2020年末武汉市常住人口数超过1200万,属于超大人口城市,但其内部的人口变动也出现明显的分化趋势。2010年至2020年间,武汉市7个主城区仅有2个地区实现了人口净增长,而6个远郊区均实现了人口净增长。

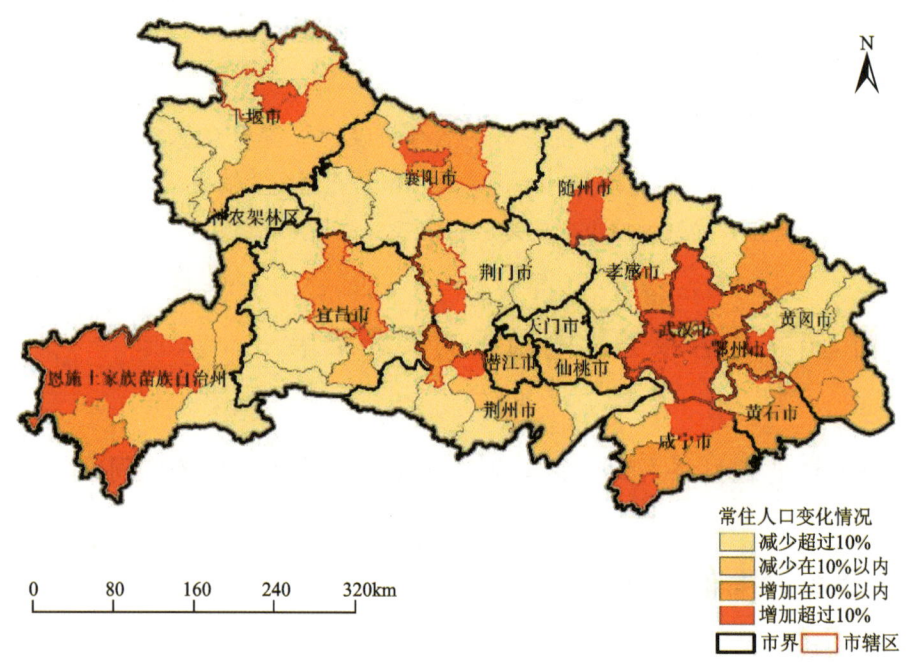

图 3-1-1 湖北省 2010—2020 年县域常住人口增减变化情况

数据来源:第六次、第七次全国人口普查数据。

2.县域居家养老服务发展的空间特征

对湖北省县域居家养老服务的发展现状进行初步分析,对于老年人免费体检、老年人探访关爱、家庭医生上门和社区老年食堂4项居家养老服务,湖北省65~75岁老年人过去一年平均享受了其中1.432项服务,这反映出县域地区居家养老服务的发展整体处于较低水平。之后,计算各区县老年人享受居家养老服务数量的平均值,用以反映地区居家养老服务发展水平,图3-1-2展示了县域居家养老服务的空间分布特征。

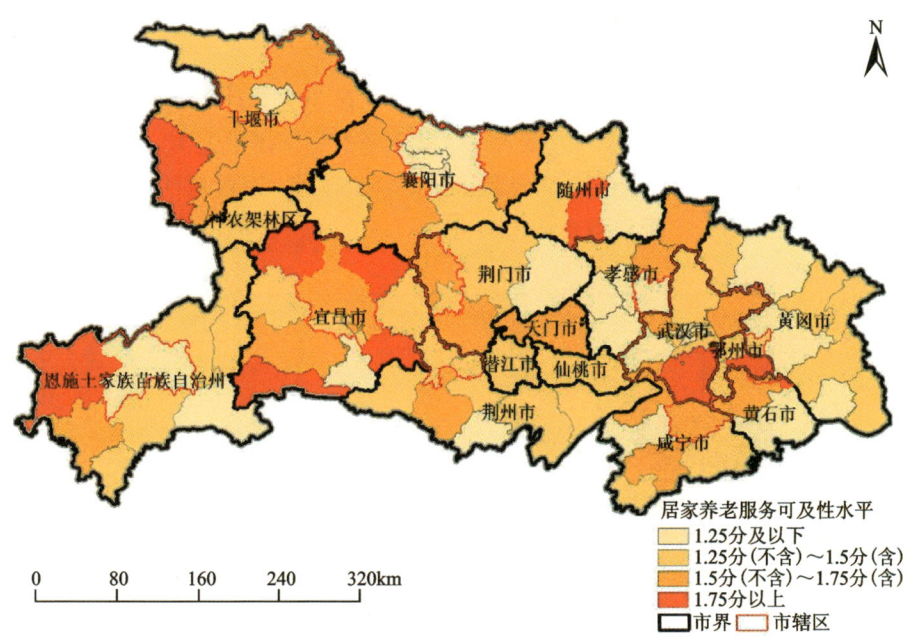

图 3-1-2　湖北省县域居家养老服务发展的空间分布特征

数据来源：第一期湖北百县老龄调查（2023）数据。

由图 3-1-2 可知，湖北省县域居家养老服务发展存在以下特征：其一，各区县居家养老服务发展水平差距大，经济发展靠前的 10 个区县平均得分为 1.92 分，靠后的 10 个区县平均得分仅为 1.05 分。这意味着经济发展高水平地区老年人每年享受的居家养老服务项目经济发展较低水平地区的老年人多出近 1 项。其二，即便是同一地级市下辖的区县，居家养老服务发展也存在明显的不平衡问题。武汉市、宜昌市、十堰市、黄石市等地级市下辖的区县中，既有得分在 1.75 分以上的高水平区县，也有得分在 1.25 分及以下的低水平区县。这说明尽管省和地级市政府能够对地区居家养老服务的发展提出要求、做出指导，但县域地区作为国家政策执行的基本单元对地区居家养老服务的发展起到决定作用。这也意味着相关研究只有细化到县区层面，才能准确捕捉居家养老服务的影响因素，从而为我国老龄事业的高质量发展提供研究支撑。

更进一步地，图 3-1-3 用箱状图的形式展示了 4 类居家养老服务在不同地区的发展情况。箱状图的上下两条边缘线表示各地区居家养老服务可及性的最大值和最小值，箱体上下两边代表上下四分位数，箱体内部横线代表中位数，上下边缘线外的散点代表异常值。整体来看,老年人免费体检是可及性最高的服务类型,超过1/2区县的可及性在70%以上,其次是家庭医生上门服务和老年人探访关爱服务,社区老年食堂的可及性最低,超过3/4区县可及性在20%以下。同时,4类居家养老服务均表现出明显的地区发展差距问题,以老年人免费体检为例,可及性排名前10位的区县中,有87%的老年人享受到了免费体检服务,而最低的10个区县中,仅有52.2%的老年人享受到免费体检服务。

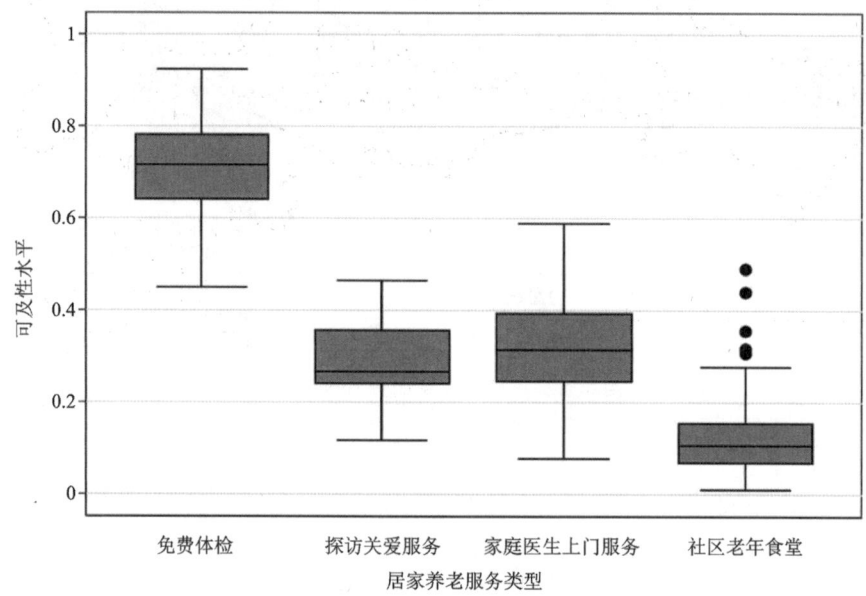

图 3-1-3　湖北省不同类型居家养老服务可及性箱状图

数据来源:第一期湖北百县老龄调查(2023)数据。

(二)人口老龄化、养老资源配置对居家养老服务的影响

表3-1-3包含了3组居家养老服务影响因素的分析模型,其中模型1是本研究的基准模型,被解释变量是4类居家养老服务的总可及性,模型2和模型3将居家养老服务分为了需要财政投入和不需要财政投入。地方政府在公共服务供给中占据主导作用,财政资金压力是影响政府公共服务供给的重要因素,将居家养老服务细分为是否需要财政资金投入,能够更好地分析地方政府推动居家养老服务发展时的策略选择。根据各类居家养老服务的资金来源情况,本报告将是否享受免费体检和家附近

是否有老年食堂两项服务作为财政投入类居家养老服务,将是否有政府工作人员探访关爱和是否有家庭医生提供上门服务作为非财政投入类居家养老服务。

首先考察基准模型的结果。表3-1-3模型1显示,人口老龄化的3个指标对居家养老服务发展均有显著影响,但影响方向不同。其中,65岁及以上人口占比的增加会显著降低居家养老服务的可及性水平,65岁及以上独居老年人家庭户占比和65岁及以上靠低保生活老年人占比的增加则会显著促进居家养老服务的可及性水平。这说明老龄化压力不一定都能转化为地区居家养老服务发展的动力,只有亟须政府帮助的老年人比重增加才会提高地区居家养老服务可及性水平,如独居老年人和靠低保生活的老年人;地区老年群体绝对数量的增加会造成有限的养老服务资源稀释,降低地区居家养老服务的可及性。

对于地区养老资源配置,人均GDP、每万人医疗床位数和人均民政资金转移支付额的增加对地区居家养老服务可及性均表现出显著的促进作用。这说明地区养老服务资源是影响居家养老服务可及性的重要因素,不论是整体经济增长,医疗卫生资源,抑或是从上级获得的资金支持,都能够推动地区居家养老服务的发展。

对于控制变量,年龄增加、拥有农业户口、与家庭成员同住都能显著提高服务可及性水平,老年人的性别、婚姻状况、民族以及受教育水平对服务可及性没有显著影响。

表3-1-3 居家养老服务的影响因素分析

		模型1 居家养老服务	模型2 财政投入类 居家养老服务	模型3 非财政投入类 居家养老服务
地区人口 老龄化	65岁及以上人口占比	−1.911*** (0.702)	−3.635*** (0.833)	−0.128 (0.798)
	65岁及以上独居 老年人家庭户占比	2.084*** (0.540)	0.965 (0.615)	2.570*** (0.570)
	65岁及以上靠低保 生活老年人占比	3.194*** (0.896)	1.457 (0.964)	3.376*** (0.960)
地区养老 资源配置	人均GDP	0.401*** (0.054)	0.405*** (0.062)	0.325*** (0.060)
	每万人医疗床位数	0.342*** (0.074)	0.301*** (0.091)	0.319*** (0.077)
	人均民政资金 转移支付额	0.204*** (0.040)	0.215*** (0.048)	0.176*** (0.043)

续表 3-1-3

		模型 1 居家养老服务	模型 2 财政投入类居家养老服务	模型 3 非财政投入类居家养老服务
控制变量	年龄	0.046*** (0.006)	0.046*** (0.007)	0.038*** (0.007)
	性别（1 表示男性）	−0.032 (0.034)	−0.116*** (0.039)	0.052 (0.037)
	婚姻状况（1 表示已婚配偶健在）	0.077 (0.053)	0.118** (0.060)	0.036 (0.057)
	户口性质（1 表示非农户口）	−0.180*** (0.040)	0.168*** (0.048)	−0.408*** (0.044)
	民族（1 表示汉族）	0.055 (0.078)	−0.097 (0.085)	0.167** (0.082)
	文化程度（1 表示初中；2 表示高中及以上）	0.039 (0.026)	0.053* (0.031)	0.020 (0.029)
	居住状况（独居）			
	与配偶同住	0.150*** (0.049)	0.157*** (0.056)	0.107** (0.054)
	与子女同住	0.215*** (0.051)	0.157*** (0.058)	0.224*** (0.056)
	与其他人同住	0.175* (0.101)	0.071 (0.109)	0.202* (0.108)
地区固定效应		已控制	已控制	已控制
样本量		12 003	12 003	12 003

注：***、**、*分别代表在 1%、5%、10% 的置信水平下显著，括号内为稳健标准误。

进一步考察人口老龄化和养老资源配置对不同财政投入需求居家养老服务的影响。对于财政投入类居家养老服务，表 3-1-3 模型 2 显示，65 岁及以上人口占比的增加会显著降低居家养老服务的可及性,而65岁及以上独居老年人家庭户占比和65岁及以上靠低保生活老年人占比的增加对居家养老服务可及性不再具有显著影响。相比之下,人均GDP、每万人医疗床位数以及人均民政资金转移支付额的增加仍会对居家养老服务可及性产生显著正向影响。对于非财政投入类居家养老服务,表3-1-3模型3显示,地区老年群体规模的增加对居家养老服务可及性仍有抑制作用,但影响不再显著。除此以外,其他人口老龄化和养老资源配置变量对地区居家养老服务可及性均有显著促进作用。

总的来说,人口老龄化和养老资源配置对地区居家养老服务可及性均有影响,但二者的影响形式有很大区别。养老资源的增加提升了地区公共服务供给能力,对财政投入类和非财政投入类居家养老服务可及性均有促进作用;人口老龄化程度的加深会提高政府对养老服务的重视程度,但在财政资金的约束下,仅有非财政投入类居家养老服务得到了发展。

(三)异质性分析

1. 老龄化阶段的异质性

基准结果证明人口老龄化压力会影响地区居家养老服务的可及性,但受到本地人口转变和人口迁移流动的影响,我国不同地区所处的老龄化阶段有很大的差异,这导致各地区面临的老龄化压力不同,地方政府对人口老龄化的重视程度也有所不同。为此,本报告将各区县划分为老龄化程度高水平地区(65岁及以上人口占比大于或等于14%)和老龄化程度低水平地区(65岁及以上人口占比小于14%)进行分组比较。

表3-1-4模型1和模型2的结果显示,人口老龄化和养老资源配置主要推动了老龄化程度高水平地区的居家养老服务的发展,对老龄化程度低水平地区影响相对较小。具体而言,在老龄化程度高水平地区,不仅65岁及以上独居老年人家庭户占比、65岁及以上靠低保生活老年人占比、人均GDP、每万人医疗床位数和人均民政资金转移支付额的增加会显著提升地区居家养老服务可及性水平,65岁以上人口占比的增加也对地区居家养老服务可及性有显著促进作用。相比之下,在老龄化程度低水平地区,65岁及以上人口占比的增加对地区居家养老服务可及性表现出显著负向影响,65岁及以上独居老年人家庭户占比以及每万人医疗床位数对地区居家养老服务可及性的促进作用也不再显著。上述结果说明,只有当地区老

龄化问题变得严峻,即进入老龄化高水平以后,老龄化的压力才会转化为政府的老龄工作动力,推动地方政府调动各类资源强化居家养老服务的发展。

表 3-1-4 异质性分析

		模型1	模型2	模型3	模型4	模型5	模型6
		地区老龄化程度		地区财政纵向失衡情况		地区少儿抚养比	
		高水平	低水平	严重	不严重	高水平	低水平
人口老龄化	65岁及以上人口占比	3.475*** (1.260)	−5.583*** (2.084)	−1.167 (1.466)	−6.118*** (1.057)	−2.212 (1.537)	−3.379*** (1.051)
	65岁及以上独居老年人家庭户占比	2.331*** (0.611)	0.551 (1.474)	−0.007 (0.890)	3.567*** (1.020)	−0.652 (0.993)	5.157*** (1.151)
	65岁及以上靠低保生活老年人占比	2.079** (0.962)	13.451*** (4.742)	5.409*** (1.747)	4.748* (2.826)	4.993*** (1.480)	10.417*** (2.346)
养老资源配置	人均GDP	0.289*** (0.062)	0.816*** (0.170)	0.499*** (0.137)	0.356*** (0.133)	0.526*** (0.110)	0.477*** (0.094)
	每万人医疗床位数	0.528*** (0.089)	0.111 (0.145)	0.035 (0.171)	0.684*** (0.124)	0.186 (0.158)	0.090 (0.191)
	人均民政资金转移支付额	0.189*** (0.051)	0.199** (0.093)	−0.116 (0.156)	0.257*** (0.068)	0.065 (0.153)	0.420*** (0.091)
控制变量	年龄	0.046*** (0.007)	0.042*** (0.012)	0.039*** (0.010)	0.049*** (0.010)	0.047*** (0.010)	0.033*** (0.010)
	性别(1=男性)	−0.029 (0.041)	−0.059 (0.062)	0.092* (0.054)	−0.194*** (0.054)	−0.011 (0.054)	−0.085 (0.053)
	已婚(1=已婚配偶健在)	0.086 (0.064)	0.050 (0.095)	−0.037 (0.084)	0.076 (0.086)	0.015 (0.082)	0.020 (0.090)
	户口性质(1=非农户口)	−0.216*** (0.048)	−0.100 (0.074)	−0.347*** (0.068)	−0.050 (0.067)	−0.263*** (0.064)	−0.029 (0.063)
	民族(1=汉族)	−0.013 (0.085)	0.038 (0.233)	0.008 (0.089)	0.138 (0.310)	−0.073 (0.123)	0.271* (0.150)

续表 3-1-4

		模型 1	模型 2	模型 3	模型 4	模型 5	模型 6
		地区老龄化程度		地区财政纵向失衡情况		地区少儿抚养比	
		高水平	低水平	严重	不严重	高水平	低水平
控制变量	文化程度（1=初中;2=高中及以上）	0.015 (0.032)	0.108** (0.048)	0.031 (0.043)	0.061 (0.042)	0.075* (0.042)	0.006 (0.042)
	居住状况（独居）						
	与配偶同住	0.097* (0.059)	0.280*** (0.088)	0.181** (0.076)	0.109 (0.079)	0.197*** (0.074)	0.086 (0.080)
	与子女同住	0.263*** (0.062)	0.121 (0.091)	0.289*** (0.080)	0.124 (0.083)	0.282*** (0.078)	0.116 (0.083)
	与其他人同住	0.132 (0.120)	0.268 (0.186)	0.377*** (0.142)	0.021 (0.209)	0.229 (0.142)	0.090 (0.187)
地区固定效应		已控制	已控制	已控制	已控制	已控制	已控制
N		8351	3652	4819	4727	4861	4757

注：***、**、*分别代表在1%、5%、10%的置信水平下显著，括号内为稳健标准误。

2. 财政压力的异质性

作为一项地区公共服务，地区居家养老服务发展与政府财政能力高度相关。已有研究指出，在财政压力不断提高的情况下，地方政府倾向于将财政资金用于经济性项目的支出中，进而减少公共服务的供给。因此，本报告计算了各区县的财政纵向失衡度，将失衡度排名前40%的地区作为财政纵向失衡严重的地区，将排名后40%的地区作为财政纵向失衡不严重的地区，进行分组回归分析。

表3-1-4模型3和模型4的结果显示，在财政纵向失衡严重的地区，只有65岁及以上靠低保生活老年人占比和人均GDP两个变量对居家养老服务可及性产生显著促进作用。反观财政纵向失衡不严重的地区，除了65岁及以上人口占比对居家养老服务供给有显著抑制作用，人口老龄化和养老资源配置其他维度的指标对

地区居家养老服务可及性均有显著促进作用。可能的原因是财政纵向失衡意味着地区财政能力与支出责任严重不匹配,面对诸多待支出的项目,地方主职领导更倾向于将资源用于与政绩考核相关性强的项目,而居家养老服务的发展情况并不是地方主职领导的政绩考核内容,其在财政失衡严重地区受到的重视以及得到的资源也相对较少。

3. 公共服务资源竞争的异质性

居家养老并非政府公共服务支出的唯一领域,地方政府需要将有限的资源在托育、教育、公共文化服务以及老龄服务等诸多领域中进行权衡。一般而言,其他领域公共服务资源需求的增加可能会对居家养老服务资源造成挤压,进而抑制居家养老服务的发展。现阶段,"一老一小"是政府和社会关心的重点民生领域,地区少年儿童占比的提高会对托育、教育、医疗等诸多公共事业的发展提出更高要求,从而与老龄事业发展形成一定的竞争关系。因此,根据少儿抚养比情况将各区县分为少儿抚养比高水平地区(少儿抚养比排名在前40%)和少儿抚养比低水平地区(少儿抚养比排名在后40%),进行分组回归分析。

表3-1-4模型5和模型6的结果显示,在少儿抚养比高水平地区,仅有65岁及以上靠低保生活老年人占比以及地区人均GDP的增加对居家养老服务可及性有显著促进作用,其他变量对服务可及性的影响不再显著。在少儿抚养比低水平地区,不仅65岁及以上靠低保生活老年人占比以及地区人均GDP的增加对服务可及性有显著促进作用,65岁及以上独居老年人家庭户占比和人均民政资金转移支付额的增加也将对居家养老服务可及性产生显著促进作用。上述结果说明,居家养老服务的发展面临其他公共事业的竞争,在少儿抚养比低水平的地区,政府会将更多的资源用于居家养老服务的发展。

五、结论与讨论

在少子化、老龄化和区域人口增减分化的人口发展新趋势下,推动居家养老服务实现高质量发展变得更加迫切和复杂。我国区域发展特质显著,不同地区的人口特征和养老资源配置情况存在天然差别。近年来,区域人口变动使各地区在人口规模、人口年龄结构和劳动年龄人口上出现分化,这种人口的分化极可能导致养老资源的空间配置进一步失衡,加剧老龄社会的治理难度。

本研究基于湖北省103个县级行政单元12 083名老年人的访谈数据,详细测度了县域地区居家养老服务的发展水平,结合第七次全国人口普查中的湖北省人口老龄化数据和各县区经济发展数据,考察了县域地区人口老龄化和养老资源配置对居家养老服务发展的影响,以期为我国老龄事业高质量发展提供支撑。主要研究结论如下。

首先,不同地区居家养老服务可及性有较大差距,居住在经济发展高水平地区老年人享受的居家养老服务类型是经济发展低水平地区老年人的1.83倍[①]。地区人口老龄化和养老资源配置情况对居家养老服务可及性有显著影响。在人口老龄化方面,65岁及以上人口占比的增加会稀释地区养老服务资源,对服务可及性造成阻碍;需要帮助的老年人即独居老年人和靠低保生活老年人占比的提高,会加强政府对老龄工作的重视程度,提高居家养老服务可及性。在养老资源配置方面,人均GDP、每万人医疗床位数以及从上级获得的民政资金转移支付额的增加对居家养老服务可及性均有显著促进作用。

其次,将居家养老服务细分为财政投入类服务和非财政投入类服务的研究发现,人口老龄化压力主要提升了地区非财政投入类居家养老服务的可及性,对财政投入类居家养老服务可及性反而表现出抑制作用。相比之下,地区养老资源的增加放松了地方政府面临的资源约束,对财政投入类和非财政投入类居家养老服务的可及性均有促进作用。

最后,异质性分析结果表明,地区所处的人口老龄化阶段会影响地方政府对居家养老服务的重视程度,地区进入中度老龄化社会后,地方政府会将老龄化压力和地区养老资源转化为发展动力,增强居家养老服务可及性。地区财政压力和少儿抚养比的增加会制约居家养老服务的发展,在财政纵向失衡严重或少儿抚养比高的地区,仅有65岁及以上靠低保生活老年人占比和人均GDP对居家养老服务可及性有显著提升。

推动居家养老服务实现均衡合理的发展是让老年群体安享幸福晚年的必然要求,也是国家应对老龄化挑战的重要手段。但在区域人口增减分化的大背景下,这一目标的实现变得更加困难和复杂。本报告研究结论具有以下政策启示:一方面,

---

① 高发展水平地区和低发展水平地区分别指地区平均可及性排名在前10名和后10名的区县,前10名区县平均可及性为1.92分,后10名区县平均可及性为1.05分,1.83倍的结果由两数相除得到。

地区老龄化水平是影响居家养老服务发展的重要因素,由于当前老龄工作未被纳入地方主职领导的政绩考核范围,政府对于老龄工作的开展是被动的,只有地区老龄化程度不断加深,老龄社会治理问题变得严峻,地方政府才会重视并加强服务发展。因此,要将老龄工作纳入地区领导干部的政绩考核之中,推动地方政府重视老龄化对经济社会发展带来的各种影响,形成居家养老服务发展的内生动力。另一方面,地区养老资源配置情况是政府发展居家养老服务的基础,县级政府要优化财政支出结构,将更多的支出向医疗、养老等公共服务领域倾斜,增强老年群体获得感;中央和省级政府要厘清与县级政府之间的财政关系,优化转移支付制度设计,加大对发展落后市县的公共服务转移支付力度,着力实现基本公共服务均等化目标。

报告二
武汉市社区居家养老服务体系建设的实践与思考

石智雷　刘二鹏

以社区为依托的居家养老服务供给是对传统家庭养老方式的改革与创新,已经成为解决养老服务问题的必然选择。课题组走访湖北省武汉市6个社区,通过问卷调查和个体访谈的形式,发现当前社区居家养老服务存在工作机制有待厘清、兜底性服务"一刀切"、普惠型服务覆盖有限、社区服务资源零散、机构发展动力不足、智慧养老接受度低这6个方面的问题。分析社区居家养老服务存在问题的原因,借鉴北京市、南京市、广州市三地的实践经验,提出加强组织领导,完善工作机制;聚焦重点人群,强化兜底保障;拓展人群覆盖,发展普惠养老;整合零散资源,增强社区功能;规范市场行为,促进机构发展;提升数智赋能,创新智慧养老六大对策建议。

一、发展社区居家养老服务的必要性

(一)人口老龄化进程加快

人口老龄化是社会发展的重要趋势,也是今后较长一段时期我国的基本国情。第七次全国人口普查数据显示,我国60岁及以上人口为26 402万人,占总人口的18.70%,其中,65岁及以上人口为19 064万人,占总人口的13.50%。与第六次全国人口普查数据相比,60岁及以上人口比重上升5.44个百分点,人口老龄化程度进一步加深且速度加快。

武汉市作为国家中心城市、长江经济带核心城市,其人口要素是实现中部崛起和推动长江经济带高质量发展的重要推动力。国际上一般有这样的认识:一个国家60岁及以上人口占全部人口的比重超过10%,这个国家进入到老龄化社会,60岁及以上人口占全部人口的比重在10%~20%之间属于轻度老龄化,60岁及以上人口占全部人口的比重在20%~30%之间为中度老龄化,60岁及以上人口占全部人口的比重超过30%为重度老龄化。2000年武汉市60岁及以上老年人占比仅为6.99%。2010年,武汉市60岁及以上老年人为124.1万人,占比为12.69%,进入轻度老龄化阶段。到2020年,武汉市60岁及以上老年人上升至212.44万人,占比为17.23%,略低于同期全国的18.7%。据预测,武汉市60岁及以上老年人在2030年将达到310.95万人,占比将上升至24.39%。在今后较长一段时间,人口老龄化成为武汉市社会发展的基本市情。如何有效应对人口老龄化的发展趋势和问题挑战,构建孝老、敬老、尊老、养老的社会环境,推动养老事业和产业高质量发展是武汉市"十四五"时期的重要任务。

(二)推动养老服务体系建设的必要性

2019年中共中央、国务院印发了《国家积极应对人口老龄化中长期规划》,确立了"积极应对、共建共享、量力适度、创新开放"的基本原则。党的十九届五中全会进一步明确,我国实施积极应对人口老龄化国家战略。习近平总书记强调,有效应对我国人口老龄化,事关国家发展全局,事关亿万百姓福祉。积极应对人口老龄化是党中央科学研判人口老龄化新态势,深刻分析我国经济社会发展新形势,审时度势做出的重大战略部署,具有里程碑和划时代意义。

把积极老龄观、健康老龄化理念融入经济社会发展全过程,构建与人口老龄化进程相适应的养老服务体系,推进养老服务高质量发展,是推动老龄社会治理体系和治理能力现代化的重要途径,也是全面建设社会主义现代化强国的必然要求。"十四五"规划明确提出"推动养老事业和养老产业协同发展,健全基本养老服务体系,大力发展普惠型养老服务,支持家庭承担养老功能,构建居家、社区、机构相协调,医养、康养相结合的养老服务体系",为未来一段时期养老服务发展指明了方向。

推动养老服务体系建设,机遇与挑战并存。一方面,人口老龄化催生银发经济,庞大的老龄人口对养老服务的巨大需求,有利于助推养老服务和产品市场供给侧结构性改革。养老产业具有节能降耗、污染小、技术知识密集等特点,是推动国民经济提质增效的重要支柱,有利于形成经济增长的新业态和新动能,助推国内大循环、国内国际双循环的新发展格局。老年人力资源具备较大的开发潜力,积极发挥老年人的生产性价值有利于激发"长寿红利",促进老年人社会参与,彰显其社会价值。另一方面,未富先老、未备先老、少子化已经成为我国人口老龄化的重要表征,养老需求的急剧增加对养老服务供给数量和质量带来了更大挑战。家庭结构呈现小型化、老龄化、高龄化、空巢化"四化叠加"新态势,这种"4-2-1"式的小型化家庭结构不够稳定,将给社会养老造成一定压力。老年人口随着年龄增长,具有患病率高、患慢性病多、多病共存等特点,老年人因疾病导致的经济负担大幅增加。因此,着力推动养老服务体系建设不但是贯彻落实积极应对人口老龄化国家战略的必然要求,而且事关我国数亿老年人幸福安康和亿万家庭和谐美满。

(三)发展社区居家养老服务的重要性

社区居家养老服务是指由社区和社会帮助家庭成员为在家里居住的老年人提供生活照料、医疗护理、文化娱乐、精神慰藉等服务的一种社会化养老服务形式,具有服务主体多元化、服务对象公众化、服务方式多样化、服务队伍专业化等特点。以社区为依托的社区居家养老服务是对传统家庭养老方式的改革与创新,已经成为解决养老服务问题的必然选择。有关部门认为,社区居家养老是推进养老服务工作的重心,具有基础地位,可以覆盖全国老年人口中75%的低龄和健康老年人。

社区居家养老服务是整个养老服务体系的核心,主要体现在以下3个方面:第一,符合我国国情,是广大老年人首选的养老方式。社区居家养老适合绝大多数家庭和老年人,符合中国孝道文化和"养老不离家"的传统观念,老年人可以在日常生活中不受时间和地理环境的束缚,在家安度晚年,在社区获得专业性服务,这也是全国老龄工作委员会办公室一直推崇的养老模式。第二,服务形式多样,能充分发挥各类资源的功能作用。社区居家养老服务可以看作是各类社会支持资源向社区的延伸,老年人可以到社区日间照料中心自主享受服务,还可以请服务人员上门提供服务。社区是老年人主要的活动空间,餐饮服务、日常购物、医疗保健、休闲娱乐等资源都可以汇聚到社区这一平台,不仅可以节约集中建设养老机构的公共开支,还能整合各类资源,提高资源利用率。第三,衍生出的养老产业链稳定且可持续。社区居家养老可以增加对健康、医疗、适老化改造等产业的需求,进一步拓展和延伸养老产业链,促进养老服务市场的可持续发展。因此,发展社区居家养老服务是破解我国日趋尖锐的养老服务难题,切实提高广大老年人生活质量的重要出路;是弘扬中华民族尊老敬老优良传统,尊重老年人情感和心理需求的人性化选择;是促进家庭和谐、社区和谐和代际和谐,推动社会主义和谐社会建设的重要举措;也是新时代加快发展服务业,促进经济增长,推进共同富裕进程的重要途径。

基于此,本研究从当前老年人养老服务需求结构、供给结构等方面深入分析社区居家养老服务的实际情况和面临的问题困境,借鉴典型地区社区居家养老服务实践经验,提出相应的优化路径和解决对策,以期为推动武汉市养老服务高质量发展提供决策参考。

二、武汉市社区居家养老服务现状与问题

2023年5月17日至19日,武汉市民政局委托中南财经政法大学健康老龄研究院调研走访了武汉市武昌区首义街道江零社区、洪山区洪山街道成宝社区、江岸区塔子湖街道君安社区、东西湖区吴家山街道杏园社区、新洲区阳逻街武矶头社区、青山区钢花村街南苑社区、江夏区纸坊街道照耀村和狮子山村,并开展武汉市老年人生活状况及社区居家养老服务需求调查,对60岁及以上老年人开展问卷调查,对社区居家养老服务管理人员、机构负责人、失能失智等特殊老年人家庭照料者开展个人访谈。通过问卷调查和入户访谈,获得第一手数据资料,深入了解武汉市社区居家养老服务工作开展情况、老年人养老服务需求和供给现状、存在的问题和堵点。

课题组在调研走访过程中发现武汉市深入贯彻落实积极应对人口老龄化国家战略,围绕"老有所养、老有所依"的民生保障目标,着力在"顶层设计、设施布局、服务效能、要素支撑"等方面抓推进、抓落实,具有武汉特色的"城乡统筹、底线兜牢、普惠均等"基本养老服务体系初步形成。近年来,武汉市持续开展社区居家养老服务改革,主要在以下3个方面取得显著进步:第一,加强政府引导,明晰社区居家养老服务内容。规划养老服务任务目标的指引方向,编制并实施了《武汉市公共服务"十四五"规划》《武汉市养老服务体系建设"十四五"规划》等。优化养老服务政策,强化保障基础,出台了关于推进养老服务高质量发展的一系列政策文件30余份。第二,优化设施布局,扩大社区居家养老服务覆盖面。制定《武汉市养老设施空间布局规划(2021—2035)》,完善养老服务空间规划布局。全市1452个城市社区建成各类社区养老服务机构1534个,推动"15分钟养老服务圈"加速形成。第三,增

加服务效能,满足老年人基本养老服务需求。贴合需求,精准实施养老服务项目600万余人次。服务入户,开展老年人能力综合评估,提供居家养老上门服务达1.4万人次,实施居家适老化改造4035户。

(一)武汉市老年人的基本生活特征

此次调查的老年人女性占比为54.58%,以汉族为主。老年人的文化程度主要在初中及以下,没上过学的占比为18.75%,小学学历的占比为24.58%,初中学历的占比为24.58%。已婚老年人占比为75.42%,23.33%的老年人丧偶。退休前在事业单位工作的老年人占比为19.47%,在企业上班的老年人占比为34.33%,35.19%的老年人务农。

健康状况方面,40.83%的老年人健康状况一般,37.5%的老年人健康状况较好,有17.5%的老年人不健康。67.5%的老年人患有慢性病,主要以高血压、糖尿病、心脏病、风湿病这4类疾病为主。88.33%的老年人生活能够自理,10%的老年人生活需要他人照料。

生活状况方面,72.5%的老年人与伴侣居住,20%的老年人独居。有30.83%的老年人希望与子女一起居住,有53.33%的老年人认为和老伴两人居住更好。老年人月平均收入在1000~2000元的占比为23.75%,2000~3000元的占比为29.17%,3000元以上的占比为33.33%。老年人的日常支出主要集中在日常生活用品、看病吃药和购买水果零食。

总体而言,67.08%的老年人对生活感到满意,24.17%的老年人认为生活质量一般,8.75%的老年人对生活感到不满意。老年人们最担心的养老问题集中在失去生活自理能力(20.83%)、没钱看病(20.83%)和生病了无人照顾(18.33%)。

(二)武汉市老年人养老服务需求现状

1. 老年人生活照料的需求特征

老年人对生活照料服务的需求较大。在各类生活照料服务中,老年人最需要的是老年食堂/送餐服务,占比达到42.92%;其次是上门做家务,占比达到23.33%;再次是上门理发、助浴,占比达到18.75%。具体情况如图3-2-1所示。

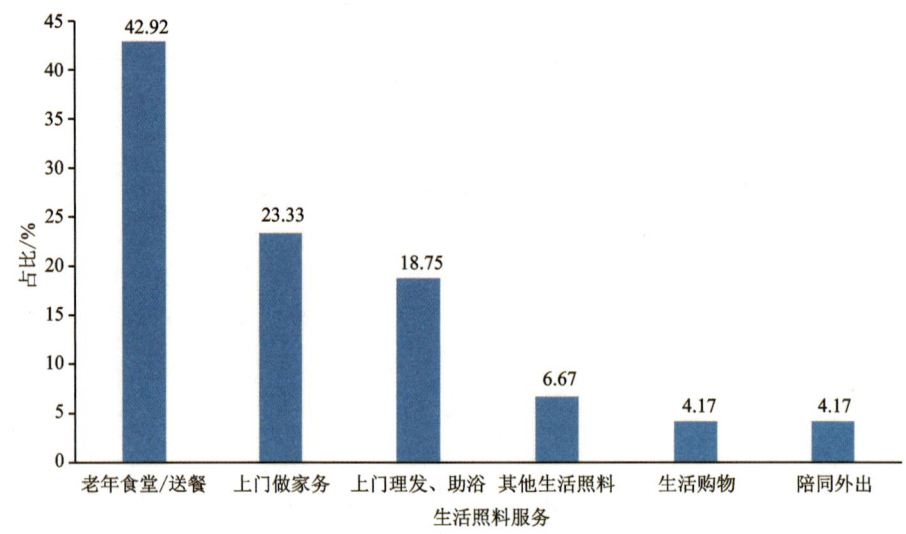

图 3-2-1　武汉市老年人最需要的生活照料服务占比分布图

数据来源:2023 年武汉市老年人生活状况及社区居家养老服务需求调查。

2. 老年人医疗保健的需求特征

在各类医疗保健服务中,老年人最需要的是社区医院,占比达到 57.92%;其次是家庭签约医生,占比达到 19.58%;健康咨询的占比达到 10.83%。具体情况如图 3-2-2 所示。

3. 老年人文体娱乐的需求特征

在各类文体娱乐服务中,老年人最需要的是娱乐活动,占比达到 55.83%;其次是老年健身队,占比达到 20.00%;老年志愿活动只达到 4.16%。具体情况如图 3-2-3 所示。

4. 老年人服务设施的需求特征

老年人对养老服务设施的需求强烈。在各类养老服务设施需求中,老年人最需要的是老年活动室,占比达到 41.67%;其次是老年食堂,占比达到 19.58%;再次是健身场地,占比达到 15.42%;对养老机构的需求相对较低,占比只有 7.08%。具体情况如图 3-2-4 所示。

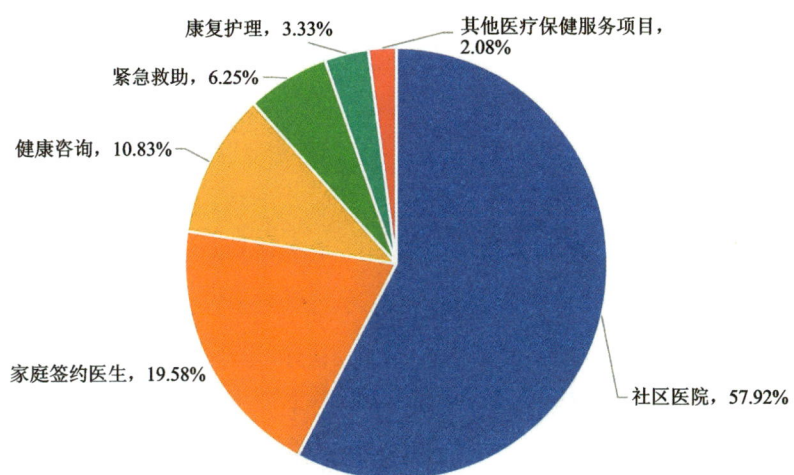

图 3-2-2　武汉市老年人最需要的医疗保健服务占比分布图

数据来源：2023年武汉市老年人生活状况及社区居家养老服务需求调查。

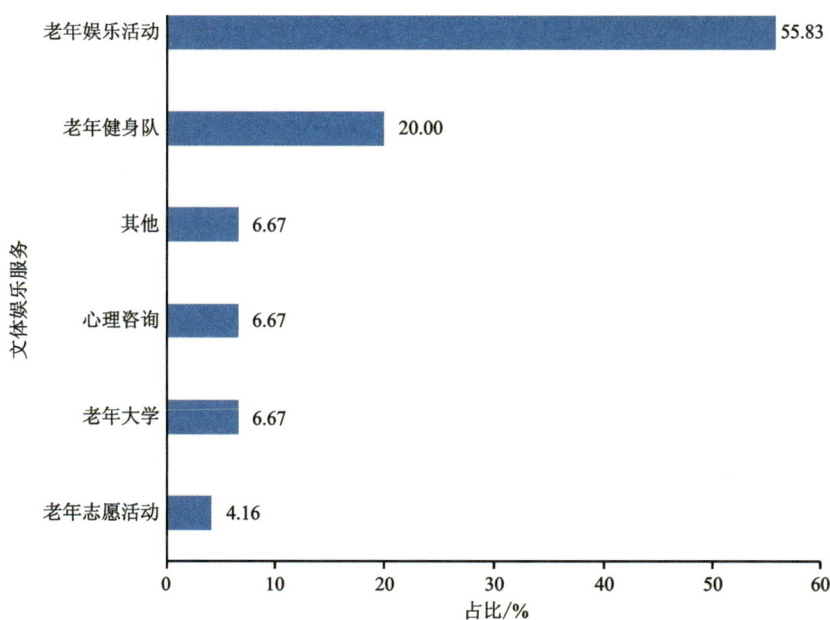

图 3-2-3　武汉市老年人最需要的文体娱乐服务占比分布图

数据来源：2023年武汉市老年人生活状况及社区居家养老服务需求调查。

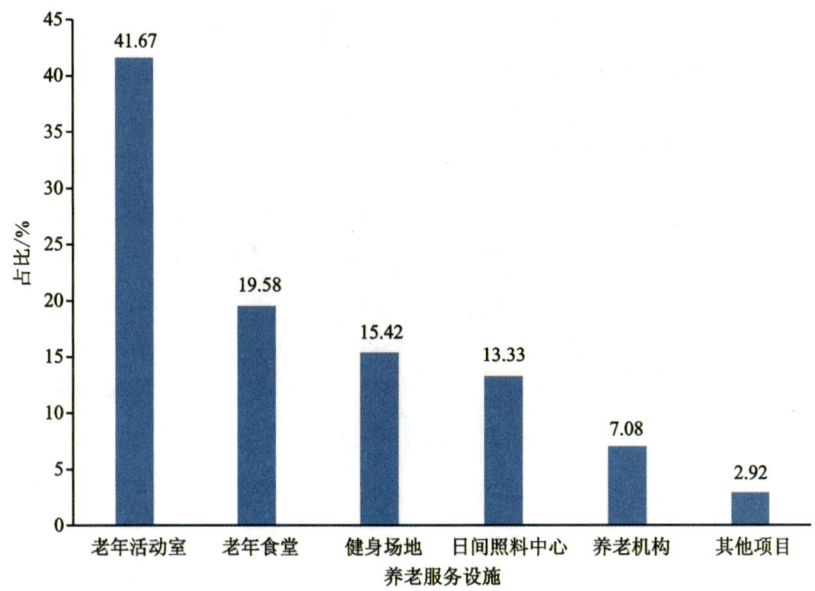

图 3-2-4　武汉市老年人最需要的养老服务设施占比分布图

数据来源：2023年武汉市老年人生活状况及社区居家养老服务需求调查。

5.老年人智慧养老的需求特征

老年人对智慧养老服务有关政策了解程度不高，一点不了解和不太了解的老年人占比分别是38.75%和35.83%，了解一些的占比为21.25%，比较了解的占比为4.17%。对于最需要设置的智慧养老服务，占比在前3位的分别是家电维修呼叫、家政服务呼叫、护理上门呼叫。老年人对智慧养老服务的担心主要有：不会使用、操作不便捷、服务不及时和信息不安全，其中不会使用的占比达到47.08%。老年人对智慧养老服务收费的接受程度不高，不太愿意接受的老年人占比为37.50%，一点不愿意接受的老年人占比为18.33%，接受程度一般的老年人占比为20.00%，愿意接受的老年人占比只有21.25%。具体情况如图3-2-5所示。

(三)武汉市老年人养老服务供给现状

1.生活照料服务供给情况

在生活照料服务供给方面，整体水平偏低。社区提供上门做家务的占比达到

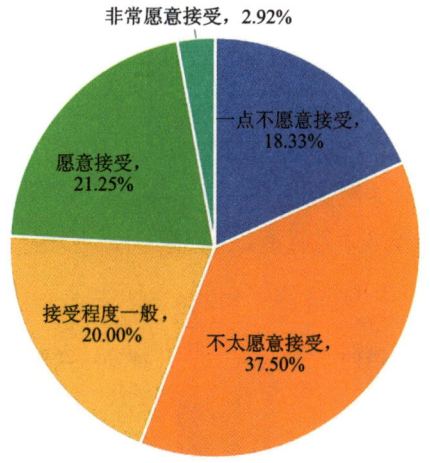

图 3-2-5　武汉市老年人对智慧养老服务收费的接受度占比分布图

数据来源:2023年武汉市老年人生活状况及社区居家养老服务需求调查。

28.33%,老年食堂/送餐的占比达到42.08%,上门理发/助浴的占比达到43.75%,生活购物的占比达到17.5%,陪同外出的占比达到10.83%。具体情况如图3-2-6所示。

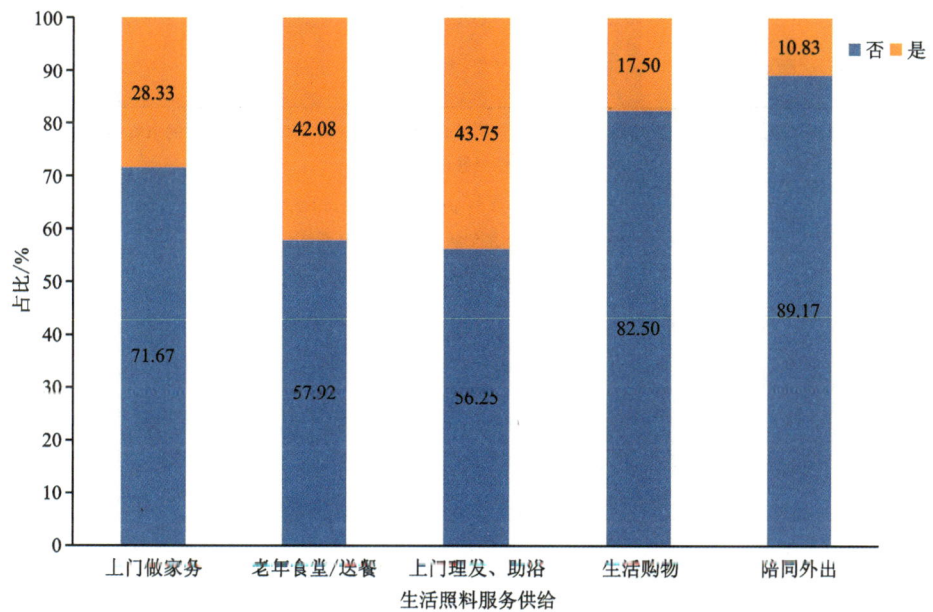

图 3-2-6　武汉市生活照料服务供给占比分布图

数据来源:2023年武汉市老年人生活状况及社区居家养老服务需求调查。

2. 医疗保健服务供给情况

在医疗保健服务供给方面,整体水平不高。其中社区医院的建设情况最好,社区有医院的占比达到85.83%;提供健康咨询的占比达到46.67%;提供紧急救助的占比达到25.83%;家庭签约医生的占比达到25.00%;提供康复护理的占比达到21.67%。具体情况如图3-2-7所示。

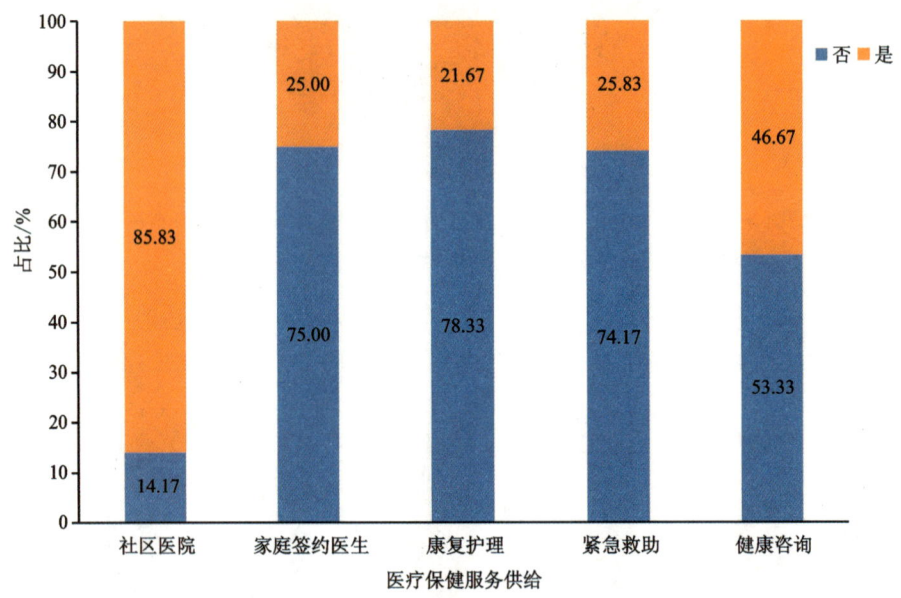

图3-2-7 武汉市医疗保健服务供给占比分布图

数据来源:2023年武汉市老年人生活状况及社区居家养老服务需求调查。

3. 文体娱乐服务供给情况

在文体娱乐服务供给方面,整体水平一般,主要集中在老年娱乐活动和老年健身队方面。其中,社区提供老年娱乐活动的占比达到了75.83%,有老年健身队的占比达到了54.58%,提供老年大学的占比达到了38.33%,老年志愿活动的占比达到了34.17%,心理咨询的占比达到了25.00%;具体情况如图3-2-8所示。

4. 养老服务设施供给情况

在养老服务设施供给方面,整体情况良好。社区提供老年活动室的占比达78.33%,健身场地的占比达61.25%,日间照料中心的占比达48.33%,老年食堂的占比达 44.17%,养老机构的占比达 15.00%。具体情况如图 3-2-9 所示。

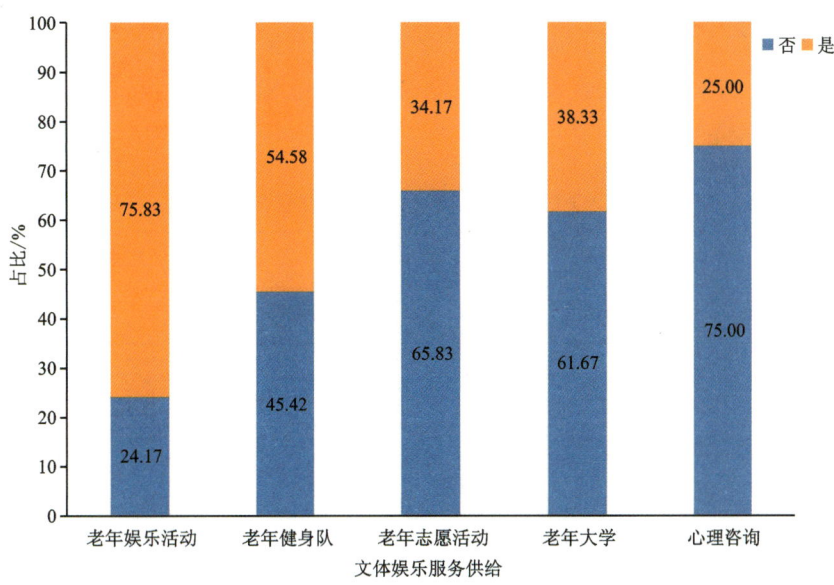

图 3-2-8　武汉市文体娱乐服务供给占比分布图

数据来源:2023 年武汉市老年人生活状况及社区居家养老服务需求调查。

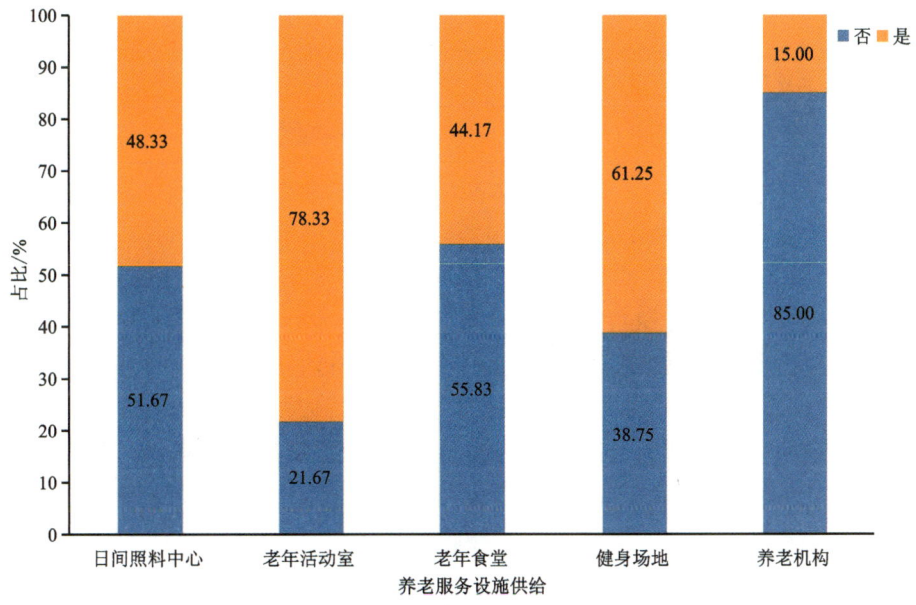

图 3-2-9　武汉市养老服务设施供给占比分布图

数据来源:2023 年武汉市老年人生活状况及社区居家养老服务需求调查。

5. 智慧养老服务供给情况

在智慧养老服务供给方面,家电维修呼叫、家政服务呼叫、护理上门呼叫位居前3,均超过15%,但是社区没有提供任何智慧养老服务的占比达到了47.50%。具体情况如表3-2-1所示。

表 3-2-1　武汉市智慧养老服务供给频数表

选项	频数/次	占比/%
家电维修呼叫	66	27.50
家政服务呼叫	67	27.92
护理上门呼叫	42	17.50
网上超市代购服务	10	4.17
紧急热线服务	19	7.92
社区医生在线问诊	45	18.75
线上法律咨询	5	2.08
老年交友服务	12	5.00
在线课程教育	1	0.42
没有任何智慧养老服务	114	47.50

注:本题项为多选题,最多选取3项,故只计算每1项选取人数在总人数中的占比。
数据来源:2023年武汉市老年人生活状况及社区居家养老服务需求调查。

(四)武汉市社区居家养老服务存在的问题

通过调查发现老年人普遍对生活状况感到满意,最担心的养老问题集中在失去自理能力、没钱看病和生病无人照顾。在需求方面,老年人最需要的生活照料服务是老年食堂/送餐,最需要的医疗保健服务是社区医院,最需要的文体娱乐服务是老年日常娱乐活动。对比养老服务供给现状,结合社区居家养老服务工作开展情况,主要存在以下6个方面的问题。

1. 工作机制有待厘清,部门之间难协调

社区居家养老服务是一项巨大的社会性系统工程,在调研过程中发现相关职能部门难以协调推进,工作机制有待厘清。其一,社区居家养老服务牵涉多个部门,需进一步改革。目前社区居家养老服务主要由民政部门牵头,涉及卫生健康委员会、财政局、精神文明建设指导委员会办公室、消防局等部门,实际工作中是民政部门主导,但各部门大多从自身利益出发,相互掣肘,协调沟通不顺畅。其二,各部门在社区居家养老服务中工作职责不明晰,缺乏合力。例如医疗保健服务推进上的突出问题在于医疗资源和养老服务的有机结合,而医疗资源由卫生健康委员会掌握,民政部门在推动医疗保健资源进入养老机构和日间照料服务中心的过程中,由于医疗资源紧张等因素,难以得到卫生健康委员会的支持,推进过程"举步维艰"。其三,养老服务政策有待明晰,相关工作缺乏规范指引。街道和社区工作人员反映社区居家养老服务尚未形成统一的政策安排,在实际中由于任务调整、职能转化导致养老工作缺乏政策引导和统一管理,降低了工作效率。

2. 服务对象有待明确,基本服务需完善

基本养老服务是社区居家养老服务的重要建设内容,其保障对象既要面向全体老年人,又要优先保障特殊困难、残疾、失能失智等特殊老年群体。当前基本养老服务有待进一步完善,服务对象还需明确。其一,基本养老服务对象不够精准。对失能失智等特殊老年人的基本养老服务缺乏具体的细则指导,对有特殊需求的老年人定义不清晰,服务对象的范围划分需更加清晰。其二,孤寡独居老年人的精神慰藉服务有待加强。20.83%的空巢老年人反映"一天都说不上一句话,日常生活没人来看望"。69.17%的老年人对精神慰藉的需求度较高。子女长期不在身边、没人照顾的独居老年人最担心突发意外,害怕生病住院,亟须落实老年人巡访关爱制度。其三,失能老年人家庭照料负担过重。一人失能,全家失衡。失能老年人家庭照料者不仅面临着沉重的照料负担,还要饱受心理上的压力,有的家庭甚至背负巨大的医疗费用支出,需要全社会的关爱与扶持。80%以上的照料者反映照料工作繁重和心理压力大是最大的困难。

3. 设施资源分布零散,亟须整合与开发

社区养老服务设施的分布大致与居民点分布契合,但是适老化建设和日常管理有待加强。其一,社区养老服务设施均等性、可及性和邻近性存在较大区域差异。49.72%的老年人反映社区养老服务设施分布不合理,可及性不强,24.58%的老年人指出养老服务设施质量参差不齐,忽略了老年人的特征和需求。其二,部分社区养老服务设施年久失修,适老化程度低,安全隐患大。19.58%的老年人反映社区养老服务设施设备陈旧,17.08%的老年人指出养老服务设施缺乏管理。部分小区连基本的厕所扶手、走廊扶手都没有,对养老服务设施不满意的老年人占比达到了12.08%。其三,社区资源开发利用不足,资源闲置和供不应求的矛盾突出。一些社区老年人活动场所有限,文体娱乐器械设施较为单一。特别是有些农村社区,部分服务设施布满灰尘,开发利用程度低。工作人员反映养老服务设施共建、共享机制运作难度大,虽然社区居民的接受度较高,但是辖区单位由于管理、经费等问题,对外开放的积极性不高。

4. 服务内容供需错配,缺乏分层与分类

老年人的养老服务需求具有较强的异质性,表现为需求内容是多元的、需求次序是层级的、需求结构是动态的。但当前社区居家养老服务供给存在以下 3 个问题:其一,内容上未能涵盖老年人的生活照料、精神慰藉、文化娱乐、失能失智护理等多元需求。尤其是对失能失智老年人、残疾老年人的护理或家庭帮扶措施缺乏,医养融合型的服务不足。57.08%的老年人认为社区最需要增加的服务是医疗保健;30.88%的老年人认为文体娱乐需求没有得到满足。其二,层次上未能实现基础型、发展型、参与型、消费享受型等分层供给。其后果就是养老服务资源供给的结构性失衡,利用效率较低。9.17%的老年人认为老年食堂/送餐这一生活照料服务没有从实际需求出发,对其表示不满意;53.33%的老年人表示健康咨询这一医疗保健服务普及率低、供给不足。第三,结构上忽视了由健康状况变化所带来的养老服务需求结构的变化,尚未建立动态调整机制。一个明显的例子是,在高龄化的背景下,失能失智老年人在逐渐增加,但对失能失智老年人的照料服务供给以及对家庭照料的帮扶措施严重不足。

5. 机构发展动力不足,社会参与程度低

养老服务的顺利推进需要政府主导,更离不开多元主体参与,当前社区居家养老服务建设过程中政府、市场和社会的良性互动需要进一步加强。其一,对养老机构的扶持力度有待提升。养老服务业投资大、周期长,仍处于初期发展阶段,亟须政府给予引导扶持。部分农村社区养老机构负责人表示运营存在困难,在企业积极开拓市场的同时也需要有关部门加大用地、税收补贴等支持。其二,社会参与养老服务程度低。当前存在一个认识误区:将社会组织和社会工作者看成养老服务的直接提供者,忽略了社会组织在老年人组织化、引导老年人需求表达、团结互助、资源链接等方面的作用,造成社会力量在养老服务发展中的严重不足。比如国有企业参与到养老服务产业发展中的动力不强,尚缺乏一定的引导和规范机制推动其履行社会责任。其三,社区老年人互助资源尚未有效挖掘。有61.25%的老年人认为当前志愿活动并没有切实推动,30.75%的老年人表示在身体条件允许的情况下愿意参加志愿活动。在调研中发现,志愿服务自发自愿的氛围不浓,老年人互助热情不高,社区志愿者大多数是离退休人员,服务队伍不稳定。

6.特色养老服务接受度低,市场规模小

在推动社区居家养老服务提质增效的过程中,武汉市医养结合、智慧养老等特色服务发展迅速,但群众接受度低,养老产业市场有待拓展。其一,社会主体对医养结合、智慧养老的概念理解存在偏差。相关部门和开发商对于养老问题、健康问题的多元性、复杂性、流变性、城乡和年龄差异缺乏清晰的认知,大量的医疗技术应用,科技产品研发并未从老年人的实际需求出发,服务价格过高,服务使用率低。其二,老年群体智能化操作能力不强,对智慧养老接受程度低。老年人对信息技术缺乏信任与了解,缺乏主动学习的动机,对智慧产品与服务的信息安全、服务质量安全等方面存疑。老年人对智能产品的存疑主要集中在不会使用和操作不便捷,占比达到47.08%和42.5%。其三,养老产业链条尚未形成,市场化程度低。养老服务投资大,老年群体消费能力有限,资本回收期较长、风险高,养老产业发展动力不足,特别是康养、智慧养老产业人才缺乏,从业人员专业技能和综合素养有待提升,这进一步阻碍了养老产业的高质量发展。

三、典型地区社区居家养老服务实践经验

在社区居家养老服务供给模式的探索中,各地根据老年人特征和社会经济状况,制定了相应的居家养老服务供给模式,其中较为典型的有北京市"嵌入式"社区居家养老服务、南京市"一站式"社区居家养老服务、广州市"3+X"社区居家养老

服务。这些城市的实践经验对武汉市社区居家养老服务建设具有积极的借鉴意义。

（一）北京市"嵌入式"社区居家养老服务

北京市是全国最先进入老龄化社会的大城市之一，老龄人口总量和老龄化速度均位于全国前列。截至2021年底，北京市60岁及以上常住人口为441.6万人，占常住总人口的20.18%。为应对人口老龄化带来的巨大挑战，北京市政府提出要积极打造"四级三边"养老服务格局，"四级"是指市级指导、区级统筹、街乡落实、社区参与的四级责任主体，"三边"则是指要为老年人提供周边、身边和床边的养老照顾服务。北京市作为首都城市和重要的经济中心，有着独特的地理位置和良好的养老产业发展环境，在探索社区"嵌入式"养老服务的同时结合各城区人口和用地情况，最终采用社区养老服务驿站作为提供社区"嵌入式"养老服务的现实载体，自2016年开始社区养老服务驿站试点建设，并迅速在全市范围内推广。

北京市社区养老服务驿站的特色主要体现在以下3个方面：第一，以"15分钟服务圈"为中心进行科学布局。社区养老服务驿站设置，主要参考地区人口密度、老年人口分布状况、服务需求、服务半径等因素，并综合日间照料中心分布情况。在街道办事处、乡镇政府的统筹协调下，社区养老服务驿站与街道（乡镇）日间照料中心建立协作关系，实现与照料中心的功能分级和有效衔接。第二，以连锁运营为主要运营模式。社区养老服务驿站分为连锁运营、单体运营、联盟运营和PPP运营4种运营方式。北京市目前70%的驿站采用连锁运营的方式，单体运营次之，联盟运营和PPP运营较少。具有法人资质、实力雄厚的品牌社会组织或企业，对区级行政区域内多家驿站实行连锁式运营，进一步推动社区养老服务驿站连锁化和品牌化。第三，实行"服务越多、补助越多"的运营资助。北京市主要从服务流量补贴、托养流量补贴、连锁运营补贴、运维支持4个方面，明确了社区养老服务驿站运营扶持措施，进一步督促和引导驿站以老年人需求为导向，积极主动为老年人提供服务，避免驿站不积极主动开展业务而依靠运营补贴勉强生存的行为，有效减少了设施资源的浪费。

北京市在开展"嵌入式"社区养老服务模式过程中主要有两个方面的经验值得借鉴：一方面，立足连锁化运营。社区养老服务驿站的运营机构通过不断扩张、合并其他组织的方式实现连锁化运营，积极培育成熟的养老品牌，快速扩大服务规模,强化自身的抗风险能力。整合并激活社会养老服务资源,促进养老服务市场化。另一方面,强化社区互动。社区养老服务驿站积极参与社区建设,激发社区内老年人的活力,努力融入社区以实现驿站良性运作。驿站嵌入在社区内,辐射范围较广,提供养老服务能力较强。北京市鼓励养老服务驿站参与社区党建活动,在开展党建活动中将社区养老创意服务、健康养老服务充分融合,将驿站养老服务拓展到老年人生活的方方面面。

(二)南京市"一站式"社区居家养老服务

南京市是全国较早进入人口老龄化的城市,截至2021年,南京市60岁及以上常住老年人口182.46万人,占常住总人口的19.36%。南京市社会养老体系建设一直走在全国前列,自2014年以来,南京市相继被批准为"全国养老服务业综合改革试点城市""中央财政支持居家和社区养老服务改革试点城市""全国医养结合试点城市"。从2012年开始,南京市就以老年人能力评估为突破口,开展居家和社区养老服务的一系列改革试点工作,形成了"一站式"社区居家养老服务体系。

南京市重点将看病、就餐、康复等服务"一站式"配齐,提供"家门口"的社区居家养老服务。塑强服务样板,完善街道居家养老服务中心、中心厨房、日间照料中心、综合护理中心等八大服务功能板块,最大化满足老年人护理、膳食、医疗、社交等基本需求。温馨人文关怀,通过政府购买服务的方式提供"喘息服务",免费向居家重度失能老年人提供一定时间的照护服务,为家属分担长期照料老年人的辛劳;鼓励有能力的低龄老年人为高龄老年人提供力所能及的帮助,运行"时间银行"服务,实现互助养老;雇佣街道贫困人员、残疾人等开展"暖心服务",为老年人提供助餐、助洁等便捷服务,解决养老中心人力资源不足问题,促进低收入人群就业。热心指导帮助,筛选网格员、老党员、积极分子及养老组织中的护理员成立"银发顾问"小组,为辖区老年人提供养老多元化咨询和交流服务;为重点空巢独居老年人安排专属顾问,实现养老服务供需精准有效对接。

南京市社区居家养老服务具有三大特色:第一,形成了一套完整的政策支撑体系。2013年以来,南京市陆续出台40多个社区居家养老服务的文件,其中市政府文件8个,部门联合发文和市民政局文件30多个。总体上看,南京市社区居家养老工作的"基本设施、队伍建设、安全保障、监管体系"等重要节点已经建立了严密的政策保障体系。第二,社会广泛参与,扩大了社区居家养老服务的供给主体。通过无偿提供场地,南京市在全国率先提出社区40%以上用房无偿用于养老服务,新建小区配建养老用房无偿提供给养老机构使用,降低了养老服务成本。通过行政主管部门联动、行业协会互动、政策引导推动,促进家政企业、餐饮企业、物业公司、房地产公司、保险公司等从事养老产业,壮大养老市场。第三,需求牵引,问题导向,不断推进供需对接。为了响应居家失能老年人的护理需求,南京市建设了100多个医护型居家综合护理中心;为了减少老年人意外事故的发生,开展了老年人家庭适老化改造服务;为了减轻家庭照料者压力,推出"喘息服务",为居家重度失能老年人每年免费提供15天的"全托"服务。

(三)广州市"3＋X"社区居家养老服务

2020年广州市户籍人口中60岁及以上人口占比已达18.27%,65岁及以上人口占比达13.01%,接近中度老龄化。在积极应对人口老龄化过程中,广州市社区居家养老服务模式于2009年在各街道全面铺开,共建设社区居家养老服务部105个,实现了全市范围的覆盖。历经10余年的前期摸索和逐步发展,广州市打造了一套完整的社区居家养老服务体系,形成了"3＋X"养老服务模式。"3"是指社区居家养老服务提供3项基本服务:助餐配餐服务、医养融合服务、家政服务,"X"是鼓励各区、街(镇)根据辖区实际选择若干项目试点。

在建设社区居家养老服务过程中,广州市主要以"政府主导、社会参与"为原则,整合现有助残助老公共服务资源,实现购买服务(政府)、有偿服务(市场)和公益服务(志愿组织)的紧密衔接。助餐配餐服务是广州市社区居家养老服务办得最成功的一项。广州市各区党委政府大力推进本辖区内"大配餐"项目,市发展和改革委员会、民政局、药品监督局、财政局、人力资源和社会保障局等部门各尽其责、协同作战,共同推动"大配餐"顺利开展。各区党委、政府主要领导亲自过问,区分管领导亲自抓落实,通过召开常务会议、现场会、推进会,深入街(镇)、社区、助餐点现场督导;建立按月统计通报制度,实行三级联动协查督办,把社区居家养老服务作为街(镇)工作绩效考核指标。广州市还以"大配餐"为突破口,整合社区养老资源,完善社区居家养老一体化服务体系。助餐配餐服务项目立足于现有社区养老服务公共设施,吸引老年人到公共设施点就餐,并获取文体娱乐、保健康复治疗等养老服务。街道办推进社区医养结合、提升社工服务能力、链接志愿力量提供多样化助老服务,扩大适度普惠型居家养老服务覆盖面。针对不能自理的老年人,"长者饭堂"通过志愿者、义工送餐上门,了解老年人居家困难并提供解决途径,上门探访、精神慰藉、家政服务和医疗保健一次性完成,以一带多,实现社区居家养老服务一体化上门服务。

广州市的社区居家养老模式有两方面的经验值得借鉴:一方面,反映了政府主导、以行政手段推动社区居家养老服务资源整合的必要性,广州市党委和政府推行、市民政局负责统筹、街道办和社区进行协同配合的三级组织架构有效理顺了社区居家养老服务的工作机制。另一方面,广州市"3+X"模式彰显了资源整合、多元协同对于社区居家养老服务的重要作用,把家庭综合服务中心、"星光老年之家"、长者日间照料中心、长者活动中心等公共养老设施合并为长者家园(长者综合服务中心),以"长者饭堂"为载体,综合实施康复护理、上门探访等服务内容,成功地把"碎片化"的养老助老资源整合为一站式服务。

四、完善社区居家养老服务体系的对策建议

习近平总书记在党的二十大报告中提出"实施积极应对人口老龄化国家战略,发展养老事业和养老产业,优化孤寡老年人服务,推动实现全体老年人享有基本养老服务。"这一重大部署,为我国养老服务发展明确了方向,提供了根本遵循。中国式现代化是人口规模巨大的现代化,在老龄化趋势进一步加深的背景下,要客观审视养老服务面临的现状、问题与挑战,着力推动社区居家养老服务体系建设,切实提供老有所养、老有所依必需的普惠性、基础性、兜底性服务,使人民群众获得感、幸福感、安全感更加充实、更有保障、更可持续。在深入贯彻党的二十大精神、认真学习习近平总书记有关养老工作的指示下,根据当前武汉市老年人养老服务需求与供给特征,分析社区居家养老服务建设现状与问题,借鉴相关省市的实践经验,提出如下对策建议。

(一)加强党的领导,推动养老职能机构改革

社区居家养老服务涵盖范围广、牵涉部门多,要切实改变"多头领导"的弊端,就必须加强组织领导,推进相关机构改革,优化部门职能。一是社区居家养老服务应由各级党委领导、政府主导。按"大老龄工作"思路,健全"党委领导、政府主导、

部门协同、社会参与"的工作机制,强化各级养老服务主管部门的职责,统筹解决跨领域、跨部门的重大问题,实现全方位统筹和全市一盘棋。从广州市的实践经验来看,各级党委组织领导、全方统筹、压实责任是社区养老服务发展的前提和基础。二是转变政府职能,优化部门职责体系和组织结构。深化养老服务的大部制改革,进一步整合民政、卫生健康、财政、土地等相关部门职能,通过统一规划、统一标准、统一平台、畅通信息、通力协作、利益平衡等方式,加强对社区居家养老服务的综合管理与监督。三是推进养老机构、职能、权限、程序、责任法定化,提高工作效率。尽快制定和完善社区居家养老服务建设的政策法规体系,厘清工作机制,确保社区居家养老服务政策明晰、权责分明、机制顺畅、监管到位。

(二)明确服务对象,构建基本养老服务体系

推动实现全体老年人享有基本养老服务是社区居家养老服务体系建设的重要任务,事关我国数亿老年人幸福安康和亿万家庭和谐美满。一是建立基本养老服务对象精准识别机制。依托养老服务综合平台,推动老年人身份识别、待遇享受、服务递送等方面资源整合和信息公开,逐步建立养老服务对象精准识别和动态管理机制。例如南京市对各类老年人享受相关服务作出明确规定,实现了"前端有评估、中端有比对、后期有追踪"的管理效果。二是重点关注和保障特殊困难老年人,兜住民生最底线。优先保障经济困难的失能失智、孤寡、残疾、高龄、计划生育特殊家庭、退役军人老年人等群体的基本养老服务需求,做到精准到人、分类施策。例如南京市明确每一类老年群体特别是特殊困难群体的社区居家养老服务补贴政策,做到政策细化和精准。三是扩大人群覆盖面,大力发展普惠型养老服务。扩大普惠型养老服务覆盖面,结合经济社会发展情况对普惠型养老服务内容和价格进行动态调整,使所有符合条件的老年人能够获得方便可及、价格可负担、质量有保障的基本养老服务。

(三)加强设施建设,优化服务设施开发利用

养老服务设施是满足老年人养老服务需求的重要基础,是社区居家养老服务发展的重要载体和硬件支撑。一是突出规划引领,优化养老服务设施空间布局和建设标准。强化养老服务相关规划与城乡规划、土地利用总体规划等的衔接,围绕

老年人生活居住圈和养老需求进行服务设施布局布点。例如北京市在建设社区养老服务驿站的过程中充分考虑老年人需求、区位交通等因素,通过新建、改建、扩建等多种方式,实现社区驿站全覆盖。二是继续推进社区适老化改造,加强设施日常管理。在重点保证特殊困难群体适老化改造的基础上,逐步扩大社区基本公共服务设施(如斜坡、楼梯、厕所等)适老化改造,兼顾个性化、差异化的特需型适老化改造。同时,对年久失修的养老设施进行定期排查和维护,消除安全隐患。三是充分利用社区闲置资源,提升服务获取可及性。例如北京推行"租赁置换"模式,鼓励社会企业与老旧小区有外迁意愿的业主签订长期房屋租赁协议,通过租赁置换使其获得租金或新的住所,企业对腾出的房屋进行改造运营。

(四)完善服务内容,坚持供给需求适配原则

以老年人服务需求为出发点,推进功能完备和结构优化的养老服务是社区居家养老服务提质增效、走向成熟的关键设计和重要举措。其一,聚焦老年人"急难愁盼"的基本养老服务需求。调研发现老年人对生活照料中的养老助餐和助洁助浴需求较高,可以借鉴广州市经验,以"长者饭堂"为载体,充分倾听老年人养老需求,综合提供康复护理、上门探访等服务。其二,建立老年人需求评估和动态调整机制,分层分类供给养老服务。完善老年人综合能力评估标准体系,科学确定老年人服务需求和照护等级,建立老年人需求动态管理数据库,及时调整养老服务资源供给。其三,探索建立长期照护保障制度。对需要长期照护的失能失智老年人家庭提供免费或低偿的"喘息服务",支持为居家老年人提供上门医疗卫生服务,探索建立失能失智老年人长期照护服务制度。例如南京市推出"喘息服务"惠及居家重度失能老年人,政府购买服务让失能老年人短期"休假",让家人"喘口气"。

(五)促进社会参与,激发养老服务市场活力

养老服务市场的发展不仅需要政府主导,更需要企业和社会组织参与,进一步强化多元主体合作机制,提高养老服务业发展动力。一是加大对养老机构的扶持力度。完善养老机构建设、运营补贴制度,补贴重点向护理型床位倾斜,完善对护理型、连锁型民办养老机构的土地、税费、金融等各项优惠扶持政策。例如南京市通过无偿提供场地为企业带来用地优惠,在全国率先提出社区40%以上用房无偿

用于养老服务,新建小区配建养老用房无偿提供给养老组织使用。二是推动国有企业参与合作养老项目。通过加强与央企、国企专业养老服务机构合作,探索标准化、集约化、品牌化、数字化管理新模式,加强产业链、资金链、人才链建设。例如广州支持国有企业采取独资、合资、合作、出租等方式利用现有资源兴办养老服务机构。三是充分利用社会组织的公益力量。扩大社区志愿者队伍,鼓励结对帮扶,通过电话问候、上门看望等灵活多样的形式巡访困难老年人。积极开发利用低龄健康老年人力资源,发展互助养老服务。例如北京市通过"义工银行"政策,发展老年人志愿者,有效缓解了服务人员短缺的困境。

(六)发挥武汉市优势,做大做强特色养老服务

武汉市经济总量位居全国城市前10,科教优势明显,医疗资源丰富集中,人工智能产业基础厚重,要借助发展优势,进一步彰显武汉市养老服务体系建设的特色和亮点。一是推进社区医养融合、智慧养老建设。支持有条件的基层医疗卫生服务中心建设医、养、康、护一体化的医养融合康复中心,重点为失能、慢性病等老年人提供以疾病诊治、安宁疗护为主,兼顾日常生活照料的医养结合服务。继续推广"武汉养老"APP,与公安、卫生健康、人力资源和社会保障等部门实现数据共享,建立全市老年人基础信息、养老服务设施等信息数据库。二是依托城市圈完善养老服务圈。全方位优化养老服务有效供给,搭建社区养老综合服务平台,统筹各类服务资源,着力打造社区"15分钟养老服务圈",让老年人就近就便享受养老服务。三是繁荣壮大养老产业。加大力度发展智慧养老、老年照护、中医药健康等重点养老产业。继续加强多层次养老服务人才培养,探索建立学历教育、非学历教育、继续教育、实习实训"四位一体"的养老从业人员教育和培养体系,完善养老护理人才激励政策,为养老产业发展壮大提供人才支撑。

报告三
湖北省农村养老服务体系建设存在的问题及对策

杨国超　石智雷　俞俊利　魏爽

　　湖北省养老问题的重点和难点在农村,农村日益增长的养老服务需求与当前供给不足的矛盾十分突出,具体表现为现有养老服务对象有侧重但养老的现实需求面很广、农村医疗供给严重不足而医疗需求巨大、老年人物质供给相对充实而精神生活十分匮乏、养老成本高昂而养老资金的供给缺口较大、养老工作复杂多变但组织管理落后。本报告围绕湖北省农村养老服务体系建设存在的主要问题,从扩大农村养老服务对象、加快农村养老体系改革、增加农村养老资金支持、支持养老产业稳健发展等多个方面提出政策建议,以期为湖北省农村养老工作高质量发展提供助力。

　　习近平总书记十分关心、关爱老年人健康幸福晚年生活,强调要积极应对人口老龄化,构建养老、孝老、敬老政策体系和社会环境,推进医养结合,加快老龄事业和产业发展。老有所养、病有所医是亿万家庭关切的"家事",也是习近平总书记挂念的"国事"。第七次全国人口普查数据显示,我国60岁及以上老年人口占比高达18.70%,比2010年上升5.44个百分点。在全国人口老龄化速度不断加快的背景下,湖北省老龄化程度也在不断加深。2020年,湖北全省60岁及以上常住老年人口为1 179.5万人,占常住人口比重20.42%,与上一个10年相比增加了6.49个百分点,较全国也高出1.72个百分点。湖北已提前进入中度老龄化社会,并且人口老龄化程度仍在加重,增长速度较全国高出1.05个百分点,社会老龄化问题十分严峻。

　　在社会老龄化程度整体加深的背景下,农村老龄化问题更加突出。2020年我国农村60岁及以上老年人口占农村总人口的23.81%,比城市高出8个百分点,老龄化"城乡倒置"现象十分严重。而且,随着人口从乡镇向城市流动的速度加快,大城市对人口的虹吸效应进一步加剧了农村的老龄化问题。因此,我国养老问题的重点和难点在农村,湖北省养老问题的重点和难点也在农村。

一、湖北省农村养老面临的问题

湖北省"十四五"规划纲要明确要求"健全基本养老服务体系,大力发展普惠型养老服务"。湖北省各级政府各部门在养老服务方面的投入力度也在不断加大,但农村日益增长的养老服务需求与当前供给不足的矛盾仍十分突出,具体表现为现有养老服务对象有侧重但养老的现实需求面很广、农村医疗供给严重不足而医疗需求巨大、老年人物质供给相对充实而精神生活十分匮乏、养老成本高昂而养老资金的供给缺口较大、养老工作复杂多变但组织管理落后。如何满足亿万老年人日益增长的美好生活需要,是构建农村养老服务体系的切入点和立足点,更是积极应对人口老龄化问题的出发点和落脚点。

(一)养老服务的服务对象与养老服务的实际需求之间的矛盾

目前,湖北省农村养老服务对象存在严重的结构性偏差问题。现行养老政策服务的养老对象侧重"特殊困难供养"老年人,农村福利院入住人群只能是农村无劳动能力、无生活来源、无法定赡养人或抚养人的"特殊困难供养"对象。然而,农村老年群体庞大,符合"特殊困难供养"条件的老年人群只占农村老年人口的极小部分,仍有大部分低保、高龄、空巢、留守、计划生育特殊家庭等养老刚需群体尚未被纳入养老服务保障范围,政府在养老服务方面的基础性、兜底性作用未能得到充分发挥。

(二)养老医疗的供给不足与养老医疗的巨大需求之间的矛盾

2021年,湖北省内下设22 961个村卫生室,而村卫生室配备执业(助理)医师仅5309名,部分村庄还存在"赤脚医生"、无执照行医等现象,村级医疗人力资源严重匮乏。同时,农村医疗基础设施建设和公共服务资源配置相对落后,村卫生室不设病床且房屋简陋,业务用房面积小,完全达不到国家独立"三室"(诊疗室、治疗室、观察室)的要求。然而,2021年湖北省村卫生室总诊疗人次数达到 68 136 101 人次,农村医疗需求庞大。此外,老年人普遍患有慢性疾病,治疗周期长、费用高,导致的死亡人数占总死亡人数的 86%。因此,农村医疗卫生资源相对匮乏,农村老年人的养老负担十分沉重,有病难医、有病不医的现象十分普遍。

(三)物质供给逐渐到位与精神需求难以满足之间的矛盾

现阶段,湖北省内农村地区的养老建设资金主要用于基础设施等"硬件"建设上,而用于满足农村养老年人群精神需求的"软件"支持未能与之协同发展。随着农村剩余劳动力的转移,"拆分式"农村家庭结构逐渐突出,农村老年人留守、空巢、独居等现象屡见不鲜。一方面,随着农村养老群体的日渐庞大,空巢老年人因与子女长期分居两地,缺少情感沟通,导致精神空虚问题逐渐成为普遍现象;另一方面,由于农村社会养老服务组织的发育不充分,老年人活动范围有限,缺少必要社交,心理慰藉难以得到满足,由此引发的精神抑郁等心理健康问题需要引起关注。

(四)养老成本高昂与养老资金短缺之间的矛盾

当前,湖北省农村老年人普遍面临较大的健康风险,患基础性慢性疾病的人口数量较多,对医疗人员的能力要求更高,这都导致农村养老的医疗成本负担沉重。另外,农村老年人及其家庭养老服务消费能力偏低,自身无法完全承担养老服务的成本;农村养老服务的资金来源渠道有限,主要由中央和地方的公共财政支出,以及彩票公益金收入等,远不能弥补现有的农村养老资金的需求。2021年,湖北省省财政专项安排 2000 万元,支持 200 个农村互助照料中心提档升级项目建设。2022年,湖北省财政专项补助资金 1 亿元,支持 80 个街道(乡镇)养老服务综合体和 200 个农村互助照料中心提档升级项目建设。但是,分配到每个项目上的资金远远不能满足项目的实际需要。

(五)养老工作的复杂性与养老工作的组织管理不完善之间的矛盾

农村养老工作是一项重大且复杂的民生工程,不仅需要各级各部门统筹部署,协调人员、资金和服务等多种要素,还要做好精细化管理。当前,虽然湖北省与养老相关的组织大量存在,但缺乏有序有效的组织管理,导致其组织功能尚未充分发挥。村党支部委员会和村民委员会(村两委)以及工会、共青团、妇女联合会、残疾人联合会等群团组织、老年协会虽然对当地村民的动员能力较强,但缺乏专业化的技能和运营经验;农民合作社虽然可以给农民带来可观的经济收益,但对社员的养老服务保障关注较少;民间互助组织数量多,但动员能力不足,服务能力有限。总体来看,养老工作的组织呈现"多而散"的状态,组织功能未充分发挥。

二、加强湖北农村养老服务体系建设的对策研究

(一)扩大农村养老服务的服务对象,实现基本养老服务兜底保障作用,满足多层次的农村养老需求

清晰、科学地界定农村养老服务对象,是健全农村养老服务体系、开展农村养老服务的重要前提。首先,通过建立特殊困难老年人基本养老服务清单制度,将特殊困难老年人群保障范围扩展到失能、失智、低保、高龄、空巢、留守、计划生育特殊家庭等老年群体,扩大农村养老服务惠及面,合理引导农村养老服务发展,充分发挥政府养老服务兜底保障作用。其次,通过养老服务外包进行管理制度创新,提高农村养老机构床位的利用率,把养老院建成区域性的养老服务机构,让有需求的老年人应住尽住、应养尽养,推动养老服务从兜底保障向公共服务供给转变。

(二)医养结合满足农村老年人医疗护理和养老双重需求

由乡镇协调资源,以村为单位,统筹推进医养结合。持续推进"一村一名大学生村医"计划的同时,通过农村老年医养中心和村卫生室协同建设,将农村养老服务工作与农村医疗卫生体系完善工作相结合;通过将乡镇福利院建在乡镇卫生院附近,最大化养老机构与基层医疗机构的资源协同作用;通过"互联网+智慧医疗",推动医疗卫生资源共享,对接城市优质医疗资源,为农村老年人慢性病日常服务提供保障。真正实现老年人"老有所养,病有所医",通过资源整合、数字赋能满足农村老年人养老和医疗护理双重需求。

(三)加快农村养老体系改革,提高农村养老服务水平

物质生活的丰富也能带动老年人精神生活的丰盈,有效满足老年人多样化、多层次养老服务需求,进而提高老年人及其子女的获得感、幸福感、安全感。首先,加快养老服务由"温饱"向"幸福"转变。一方面,细化农村养老机构的服务内容,督促老年人按时洗澡,居室定期保洁,在改善养老院卫生条件的同时,转变老年人精神风貌,增强其幸福感;另一方面,加强健康养老保障机制,提升医疗护理和心理疏导等的服务水平,让"老有所养"更有温度。其次,实现养老服务从"封闭"向"开放"转变。单一生活模式下,与子女情感沟通的缺失导致农村老年人口大都处于封闭状态,通过将老年人社区有效嵌入农村,建立"志愿者陪伴+同龄人互助"的双向沟通模式,开展必要的社交活动,呵护农村老年人口的心理健康,让"老有所乐"落到实处。

(四)多渠道筹资,增加农村养老资金支持

建立农村养老多元经费筹集机制,按照"政府补一点、社会捐一点、集体给一点、老年人出一点"的原则,通过政府引导动员多方进行资金互助。在用地政策上给予积极支持,在用地指标上给予全力保障,鼓励利用集体建设用地兴办养老服务设施,督促落实城乡民办养老机构各项扶持补贴政策。同时,全面放开养老服务市场,完善土地、税费、信贷、补贴等方面的政策,积极鼓励和支持社会力量参与城乡养老服务业。按照公办养老机构公益属性,通过采取公建民营、民建公助、委托管理等方式,支持社会力量兴办养老机构,营造良好发展环境,解决养老服务业融资困难。

(五)构建"四位一体"的组织架构,加强养老组织建设

为解决养老工作组织管理不完善的问题,应大力推进"党建+农村互助养老服务"的工作机制,采取"村党支部+老年协会+志愿者、社工+专业运营机构"的"四位一体"综合服务运营模式。首先要加强党的领导,充分发挥农村基层党组织对互助养老工作的领导作用;其次,成立老年人协会,让老年人充分自治;第三,依靠志

愿者、社工等公益力量在农村养老服务方面的中流砥柱作用,用中华传统文化浸润养老服务体系的建设;第四,聘请专业运营机构指导开展志愿者服务、公益服务、养老服务、医疗服务等,充分发挥市场机制在农村养老中的核心价值。通过"四位一体"的综合服务运营模式可以逐渐形成一套农村老年人"以老助老、抱团养老"和"老有所养、病有所医"的良性循环运作机制。

(六)有为政府和有效市场相结合,支持养老产业稳健发展

一是完善养老服务机构登记备案制度,引入社会资本,提升专业化水平。通过税费减免、土地优惠等政策支持,积极引导各方面主体参与,促进养老服务提质扩容。二是"公建民营",扩大普惠养老服务覆盖面。将政府拥有所有权或使用权的养老服务设施委托社会力量运营,政府通过收取租金的方式回收建设成本,由社会力量负责市场化运营,通过"公建民营"实现高质量社会化养老服务。三是引入竞争机制,充分激发市场活力。通过对不同地区养老服务机构的综合表现进行动态定期质量评价,实现政府市场双向发力,激活养老产业发展新动能,实现养老产业降本增效的可持续发展目标。

(七)调整农村福利院建设布局,实现城乡特殊困难对象按精神障碍、失能、半失能、自理能力分类集中供养

湖北省内各市的县级层面至少建设一所满足县域失能特殊困难人员集中供养需求的专业化护理服务机构,合理布局若干区域性特殊困难供养服务中心,实现区域调整。对地理位置偏远、基础设施差、入住率低的农村福利院实行撤并,就近妥善安排到床位有空余、设施完善的农村福利院。各乡镇统一将农村福利院的精神障碍人员集中供养到市精神病福利院;建设失能、半失能养老院实现对失能老年人的全市集中照护,努力提升集中供养的特殊困难对象老年生活质量。同时统筹全省民政福利机构设备设施、人员力量,满足农村留守、独居、高龄、失能、半失能、残疾、精神障碍老年人等机构养老需求。

(八)盘活资源,推进普惠型养老社区建设

通过提档升级等方式整合闲置社会资源,推进农村互助养老中心和县乡镇养

老社区建设,有效增加供给总量。充分挖掘闲置资源,回收利用农村闲置的房屋、宅基地,改建为农村互助养老中心,完善基层养老设施建设;将县城滞销地产和闲置公租房整合改造为普惠型养老社区等养老服务设施;通过建设补贴、运营补贴等资金支持和税费减免等政策扶持,鼓励当地社会资本盘活存量房屋用于养老服务行业发展。增加服务供给,以提高农村老年人获得养老服务的便捷性和归属感,解决养老机构用地问题的同时盘活闲置地产资源。

(九)最大限度发挥农村人力资源,降低养老服务成本

低龄健康(准)老年人、妇女等群体为互助养老开展提供了人力资源支撑,通过最大限度发挥农村人力资源的作用,可有效解决农村养老服务成本高昂的问题。一是充分发挥妇女组织的力量,在妇女组织体系完整、功能完善的地区,可以直接依托妇女组织开展互助服务。二是充分利用农村熟人社会的特殊环境,积极发扬邻里互助精神,组建"老年人自助小组+低龄老年人帮扶队+青年志愿者"的"老中青"相结合的农村互助式养老队伍。三是充分探索发挥低龄健康老年人数量巨大、社会参与意识不断增强的优势,鼓励、支持低龄健康老年人为高龄和失能失智老年人提供力所能及的志愿服务,弥补养老护理人员缺口,降低养老服务成本。

报告四
以智能平台助推湖北省社区
居家养老服务发展

石智雷　王璋

随着人口老龄化快速发展,养老服务体系建设日益重要且紧迫,需要解决好养老服务需求巨大和供给不足之间的矛盾。充分发挥智能平台"信息整合""资源整合"功能,以智能平台建设社会养老共同体,推动多元主体的高效协同和有机衔接,有利于集成全社会养老资源,形成权责分工明确、信息共享互通、服务有序衔接的养老服务供给网络。

老年人只需在智能设备上按一个键或说一句话,社区志愿者便会上门为其提供吃、住、行等方面的帮助;穿戴式设备实时监测老年人心率、血压等体征数据,自动预警健康异常,提醒家庭医生及时服务;智能屏幕连接老年大学线上课堂,老年人足不出户便可享受优质教学资源;等等。例如,武汉市江汉里社区高龄老年人家中,小小的智能设备,联结着社区、医院、老年大学等相关机构,对接丰富的养老服务资源。信息化平台凭借其便捷、高效、智能的优势,整合多方力量,汇聚成一股居家养老服务的强大合力。

习近平总书记在党的二十大报告中指出:"实施积极应对人口老龄化国家战略,发展养老事业和养老产业,优化孤寡老年人服务,推动实现全体老年人享有基本养老服务。"党的十八大以来,我国加强老龄工作顶层设计,不断创新养老服务工作模式,为构建老龄友好型社会奠定坚实的基础。但当前养老服务中,仍存在不同主体服务资源挤兑和闲置并存的矛盾;养老服务庞大需求和供给不足的矛盾;老年人物质保障日益完善和精神需求难以满足的矛盾;数字时代信息爆炸和老年人数字鸿沟的矛盾等,严重制约着老龄事业高质量发展。

打造社会养老共同体,是破解当前养老服务难题,顺应老年群体对美好生活向往和需要的必由之路。社会养老共同体是围绕老年生活多层次、个性化需求,集成全社会养老主体与资源,形成权责分工明确、信息共享互通、服务有序衔接、运转高效顺畅的养老服务供给网络。建设社会养老共同体并不是多元主体在空间意义上的聚合,或是多种服务的简单堆砌和叠加,而是通过对数据信息、服务资源、服务渠道和服务流程的深度整合,推动养老服务"全链条"改造,实现不同主体的一体化运行和整体化发展。打造社会养老共同体,关键在整合。当前,信息技术和智能平台的发展,为社会养老共同体建设提供了良好契机。

充分发挥智能平台"信息整合"功能,打通社会养老共同体建设中的信息屏障。一方面,将多元养老服务嵌入到智能平台,提供"一键式"菜单化定制服务,实现养老服务供需快速对接。如开发拟人化操控系统,链接影像娱乐、老年大学课程等线上资源,丰富老年人精神生活;基于穿戴式设备识别异常的健康数据,提供家庭医生在线或上门诊疗服务。另一方面,为老年家庭提供最易于使用的适老化智能服务终端。"让智能技术懂老年人,无须老年人懂智能技术",通过语音识别、简单的点触操作建立起适宜于老年人的人机交互模式,实现老年用户操作"零门槛"。

充分发挥智能平台"资源整合"功能,纠正社会养老共同体建设中的资源错配。一方面,通过深度融合线上、线下服务渠道,实现不同主体间养老资源共享、分工责任明晰、服务流程优化,全面提升养老服务体系的运行效率与服务效能。另一方面,采用政府主导或市场运营的方式,在街道、社区层面建设养老服务中心,负责数字平台运营管理,纵向对政府行政部门,横向连接区域内养老院、卫生服务中心、老年大学等相关机构,按需调配家庭医生、护工、志愿者、灵活劳动者等资源为辖区内老年家庭服务。

基于智能平台的社会养老共同体,有助于实现社会养老与家庭养老的融合发展。尽管当前养老模式呈现多元化发展态势,但家庭始终是我国养老的绝对主体。以开放式智能养老平台建设为契机,整合社会资源嵌入万千老年家庭中,强化家庭赡养功能,实现养老服务的高效共享共用,促进社会养老和家庭养老的协调融合。形成以老年家庭为中心,全社会共同参与的大养老服务格局,走出一条中国式智慧养老新路径。

基于智能平台的社会养老共同体,是贯彻以人民为中心发展思想,推动新时代老龄事业高质量发展的必然要求。人口老龄化是全社会共同面临的挑战,要着力形成"人人有责、人人尽责、人人共享"的发展理念,凝聚社会合力共同应对"银发浪潮"。而智能平台便利性、实时性、智慧性的功能属性,为推动多元主体的高效协同和有机衔接提供了契机,借力智能平台,打造社会养老共同体,满足老年人多层次、个性化养老需求,让老年人拥有乐享生命的高品质生活。

第四篇　养老服务保障

报告一
湖北省基本养老服务清单制度存在的问题及对策

刘二鹏　梁航

推进基本养老服务清单制度建设是贯彻落实积极应对人口老龄化国家战略、促进老年人共同富裕的重要举措。当前湖北省基本养老服务制度有待完善、服务能力有待加强、运行机制有待健全，亟须制定完善的基本养老服务清单，明确基本养老服务的内涵和外延，提高基本养老服务供给效率和使用效率。立足湖北省基本养老服务实施现状，借鉴典型省份基本养老服务清单制度建设的实践经验，从总体要求、基本原则、主体内容、保障机制等方面，对推进湖北省基本养老服务清单制度建设提出相关对策建议。

党的二十大报告指出："实施积极应对人口老龄化国家战略，发展养老事业和养老产业，优化孤寡老年人服务，推动实现全体老年人享有基本养老服务。"2023年5月，中共中央办公厅、国务院办公厅印发了《关于推进基本养老服务体系建设的意见》，并制定了国家层面的基本养老服务清单。基本养老服务清单制度是对养老服务的类型、对象、内容、模式、责任等进行明晰，为基本养老服务提供一个可视化平台和完整性框架。建立基本养老服务清单制度是湖北省贯彻落实党的二十大精神的重要体现，也是对"到2035年全体老年人享有基本养老服务"目标的积极回应。

"十三五"以来，湖北省基本养老服务体系不断健全，养老服务设施不断完善，养老服务改革试点不断深化，养老服务质量不断提升。但基本养老服务仍存在内涵不清、外延不明、制度边界模糊、主体权责失度等问题。制定和完善基本养老服务清单制度，明确基本养老服务的概念内涵和主体职责，将基本养老服务的内容和标准向社会公开，是湖北省贯彻落实积极应对人口老龄化战略的重要体现，更是有效促进经济社会高质量发展、扎实推进全体人民共同富裕的重要举措。

国家层面关于基本养老服务发展导向的时间脉络如图4-1-1所示。

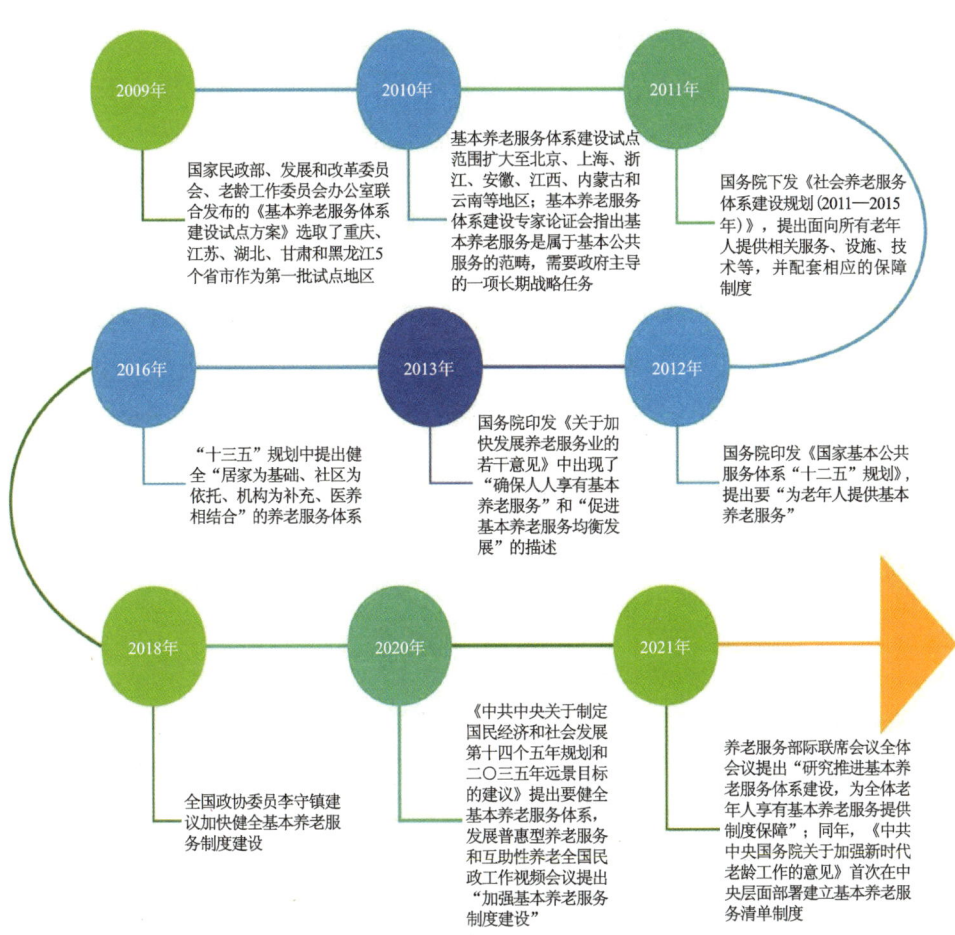

图4-1-1 国家层面关于基本养老服务发展导向的时间脉络图

一、湖北省基本养老服务体系现状与存在的问题

第七次全国人口普查公报显示,湖北省60岁以上老年人口为1179.50万人,占总人口的20.42%,老龄化程度居中部六省首位,高于全国平均值。"十三五"以来,在湖北省委省政府的高度重视和坚强领导下,湖北省基本养老服务政策不断健全,基本养老服务设施逐步完善,老年人福利制度全面覆盖,养老机构服务质量稳步提升,老年人的获得感和幸福感持续增强。全省城乡社区居家养老服务设施覆盖率分别达到97%和67%以上,全省每千名老年人拥有床位35张,养老机构护理型床位占比达到36.3%。湖北省基本养老服务在取得显著成绩的同时还存在短板,基本养老服务制度有待完善、服务能力有待增强、服务质量有待提升,具体体现在以下方面。

(一)基本养老服务制度有待完善

缺乏明晰的政策框架。湖北省基本养老服务制度仍然存在内涵不清、外延不明、制度边界模糊、主体权责失度等问题。已有政策对养老服务的规定主要是方向性、领域性的条文,对基本养老服务相关的权责关系、权利义务关系规定不明晰,难以有效调整各主体在养老服务领域的关系。民政、卫生健康委员会、医疗保险、住房和城乡建设等有关部门颁布的养老服务规范性政策文件虽多,但比较零散,涉及内容不聚焦、不系统,缺乏操作性、精准性,实施效果不佳。

程序性保障机制较为匮乏。一方面,养老服务相关职能部门权责界限不清晰,甚至出现部门之间相互推诿的现象。例如相关部门在医养结合服务的执行过程中没有相互协调、统筹推进,导致权责不清、难以有效开展工作。又如卫生健康委员会和民政部门在老年人基本能力评估方面缺乏有效的沟通与合作,导致其进展缓慢。另一方面,湖北省部分地方的养老服务政策施行未纳入绩效考核范围,定期检查、监督和评估力度不够。基本养老服务政策实施缺乏强制力与约束力,导致养老服务事业发展缓慢,严重滞后于当地的经济发展水平。

(二)基本养老服务能力有待加强

服务供给能力不足。养老服务设施规划、布局和建设等相关制度存在问题。实践中养老床位缺口较大与利用率低并存。截至2021年底,湖北省农村地区社区综合服务设施覆盖率只有74.4%。养老服务设施尚需连点成线、连线成网,居家、社区、机构的融合发展不够,医养结合的形式相对松散。信息平台管理、线上线下互通与信息网络安全有关政策跟不上技术发展,不少养老服务机构与服务供应商尚未接入信息平台,线上、线下互联互通不够。

服务供给质量不高。尽管湖北省加强了对老年人生活照料方面的服务供给,但是对老年人的精神关爱和情感慰藉等服务供给尚不充足,缺乏较为专业的医疗保健指导和健康管理,文体娱乐、法律咨询等服务还有待完善。目前养老服务从业人员多来自农村和城市失业下岗人员,不少是中老年妇女,文化素质普遍不高,服务人员技能水平低,影响了老年人的生活质量和幸福感。

服务发展不均衡。农村养老服务发展明显滞后于城市,养老服务市场活力未充分激发,与人民群众对高质量养老服务的期待有较大差距。课题组走访黄冈市、咸宁市发现,农村地区养老服务起步晚、底子薄、投入少、欠账多,基本养老服务体系建设尚处于起步阶段,养老服务标准偏低,养老服务设施建设进展缓慢,养老服务供给种类少、质量偏低,这是当前湖北省基本养老服务建设最明显的短板。

(三)基本养老服务机制运行不畅

动员机制有待健全。一些地方对社会力量投资办养老机构的有关补贴政策、优惠政策虽好,但由于养老服务前期投入大、盈利周期长,社会力量投入养老服务信心不足,顾虑较多,积极性不高。特别是在农村地区需要社区养老服务与建设运营补助的村庄中,往往因为村集体资金短缺未得到"雪中送炭",养老服务发展缓慢。养老"时间银行"有关制度尚未完善,规模小、网点少、异地"存取"难、未来支取风险大,限制了志愿者数量的增加和结构优化。

协同机制有待改进。当前湖北省基本养老服务多元协同供给制度尚未完备。一方面,家庭养老压力沉重,但社会对家庭养老"赋能"不足。独生子女政策影响下家庭结构日趋少子化、核心化,但是相关部门对失能、失智、计划生育家庭等特殊老年人的帮扶力度小。另一方面,社会力量协同参与养老服务自主性低。社会组织数量少、规模小、能力弱,在参与养老服务的生产递送过程中带有很强的行政导向,灵活性和自主性较低,导致社会组织、慈善个人、企业三者之间的协同联动水平低。

监管机制尚需完善。养老服务机构自我监管与失信惩戒有关制度有待改善,《养老服务市场失信联合惩戒对象名单管理办法(试行)》对诈骗老年人财物的养老服务机构的处罚力度不严、威慑不足。相关部门对养老机构的监管信息公开程度不高,很多老年人和家属难以了解养老机构的真实情况,信息不对称,消费者对市场化养老服务接受程度低。调研走访发现,养老服务监管涉及民政、卫生健康、公安、消防等多个部门,部门之间职责分散、信息孤岛现象严重,监管效率低下。

二、典型省份基本养老服务清单制度概况

在国家养老服务政策指导下,全国各地开展了基本养老服务清单的探索与实践。据不完全统计,截至2023年4月,全国31个省级行政区(不含港澳台)中,有北京、上海、山东、江苏、安徽、贵州、甘肃7个省级行政单位出台了基本养老服务清单制度。这些省份在实施基本养老服务清单的过程中,主要有兜底性和兜底性+普惠性两种模式。

(一)基本养老服务清单制度的模式特点

以兜底性为主的基本养老服务清单。这是指将有限的养老资源聚焦于特殊群体或紧急基本养老服务项目,其服务项目的构成是基础性的,只保障老年人最基本的服务需求,其核心落脚点是"保基本"和"兜底线"。兜底性养老服务聚焦老年人的失能照护、生命安全等基本需要,服务对象面向全体老年人,但重点仍是优先保障特殊困难老年人的需要。如北京市明确将城乡特殊困难老年人纳入本市基本养老服务的重点对象;山东省将特殊困难老年人和困难老年人两大类人群作为基本养老服务清单的主要对象。

兜底性+普惠性的基本养老服务清单。这是指在兜底性基本养老服务的基础之上,适当增加面向广大老年人的普惠性服务,是由政府引导的、集合社会力量供给服务的模式。如江苏省强调"兜住底线、确保基本、普惠均等",在设置特殊资助对象的同时,面向全体老年人提供服务。江苏省基本养老服务清单共有30项内

容,其中13项是面向全体老年人的普惠项目,明确了老年人享有的基本公共服务内容,体现了均等化的导向;另外17项是面向特殊老年人的保障项目,体现了对特殊老年群体的关爱扶助。

(二)基本养老服务清单制度的内容差异

服务对象的差异。这7个省份的兜底性服务对象为特殊老年群体,包括失能、失智、留守、"三无"、特殊困难、计划生育家庭老年人和优抚老年群体;而普惠性服务的对象是符合年龄要求的全体老年人。当然也有个别地区依据年龄分层为老年人提供差异化养老服务,如广州为80岁及以上老年人设立了长寿保险金。江苏省还对流浪乞讨老年人进行了养老服务规定,要求民政部门对其进行社会救助。从服务对象的类别上看,许多地方也对养老服务机构、养老从业人员、照顾特殊老年人的家属出台了优惠和补贴政策。

服务项目的差异。基本养老服务的内容可以分为兜底性和普惠性两类。兜底性养老服务针对的是特殊困难老年人,提供基本生活保障、起居照料、家庭适老化改造、巡访关爱等服务。如北京市规定为特殊困难老年人提供驿站巡视探访、生活照料、助衣助洁等服务。普惠性服务主要针对的是全体老年人、有需要的家属以及养老机构工作人员,提供养老服务补贴、文化娱乐、照顾培训(补助)、健康管理、法律援助、机构税费减免等服务或政策优惠。如安徽为全体老年人提供养老服务向导、景区优惠、健康管理、家庭照护培训等服务。

服务方式的差异。养老服务的方式主要分为居家、社区和机构3种。由于对基本养老服务的概念认定不同,各地对三大模式中基本内容、保障水平、重点工作的规定存在差异。如江苏、山东等地主要是针对居家养老服务展开,服务内容包括困难老年人家庭适老化改造,失能、失智老年人家庭成员养老护理技能培训等。大部分省份对社区和机构养老服务更多是通过政策优待、经济补贴等方式予以支持。如北京、甘肃等地通过经济补贴鼓励民办养老机构等社会力量参与到基本养老服务的供给中。

(三)各省份基本养老服务清单制度实践存在的不足

基本养老服务难以整体推进。一是各省份将各类养老服务零散地分布在相关的政策制度之中。有的省份将现有的养老服务全部归为基本养老服务,没有明确分类。有的省份养老服务项目在责任主体和申请流程上并没有规定清晰,在一定程度上造成了制度混乱和管理困难。二是各省份在制定基本养老服务清单过程中没有充分考虑本省各地市的平均经济发展水平。对于经济欠发达和人口老龄化程度较高的城市而言,基本养老服务政策的落实有一定的困难,不利于基本养老服务制度的有序施行和整体推进。

基本养老服务出现异质化倾向。各地对于基本养老服务中的"基本"二字缺乏准确认识,导致在基本养老服务清单制度实践中存在指向不清、边界不明的问题。"基本"需要满足3个条件:第一,"基本"应当体现制度建设的目的性,即能够保障老年人享有体面且有尊严的生活;第二,"基本"应当保障老年人的权益,能够促进社会公平;第三,"基本"应当体现制度的发展性,能够促进制度的可持续。当前仅有少数地区如北京、江苏等明确了基本养老服务的内涵和责任边界。

基本养老服务的对象不够精准。有些省份对特殊老年人定义不清晰,服务对象的范围划分有待进一步完善。部分老年人在对标基本养老服务清单项目时,难以找到与自身实际情况相匹配的、有针对性的基本养老服务。当前仅有北京、江苏、上海等少数地区先对老年人进行基本能力综合评估,再根据评估结果分类施策,对每一类老年人所享有的基本养老服务进行详细规定和说明。但是大部分省份的基本养老服务清单尚未精准划分老年群体,内容较为宏观,容易造成服务对象不清晰、权利义务不对等问题出现。

三、推进基本养老服务清单制度建设的建议

深入学习和贯彻党的二十大精神,根据《国务院关于印发"十四五"国家老龄事业发展和养老服务体系规划的通知》《湖北省国民经济和社会发展第十四个五年规划和二〇三五年远景目标纲要》《湖北省人民政府办公厅关于印发湖北省养老服务体系建设"十四五"规划的通知》等文件要求,结合湖北省经济社会发展和老龄化实际情况,借鉴典型省份实践经验,对推动湖北省基本养老服务清单制度建设提出以下建议。

(一)确立基本养老服务清单制度的总体要求

以习近平新时代中国特色社会主义思想为指导,深入学习和贯彻党的二十大精神,落实党中央国务院和省委省政府关于养老服务体系建设的决策部署,抓住窗

口机遇期,以深化养老服务供给侧结构性改革为主线,把积极老龄化、健康老龄化理念融入经济社会发展全过程,全面提升湖北省养老服务水平。"十四五"时期,重点聚焦老年人家庭和个人难以应对的失能失智、残疾、无人照顾等困难时的基本养老服务需求,加快建成覆盖全体老年人、权责清晰、保障适度、可持续的基本养老服务体系,不断增强老年人的获得感、幸福感、安全感。

(二)制定基本养老服务清单制度的基本原则

在基本养老服务中,需方是全体老年人及其家庭,尤其是失能失智、特殊困难、家庭照护能力不足等特殊老年群体。供方则要强调政府的主导责任,明确政府在基本养老服务中的地位和职责。湖北省基本养老服务清单的建立需遵循如下原则:

(1)迫切性原则。基本养老服务清单要聚焦老年人最迫切、最需要解决的问题。老年人的养老服务需求具有多层次、多样化的特征,服务清单不能将老年人各类需求全部纳入,而应当聚焦于老年人"急难愁盼"的养老服务需求。

(2)基础性原则。建立基本养老服务清单,要以财政压力和社会负担作为重要的出发点,必须与经济发展相协调。"保基本"绝不能狭隘地理解为保生存、保最低或保底线,而是应当从政府必须保障的、必须承担责任的方向去理解,做到尽力而为、量力而行。

(3)可持续原则。一是资金的可持续,基本养老服务清单应基于严格的测算结果确定服务标准,既要控制费用的过快增长,又要满足老年人基本养老服务需求。二是制度的可持续,清单制度要保证其效力的持续发挥,切实提高老年人在养老服务方面的获得感。三是服务的可持续,清单制度要着眼未来,保障服务体系运行的可持续性。

(4)系统性原则。各级地方政府应当对照省级基本养老服务清单制定本地区基本养老服务清单和实施方案,覆盖范围和实现程度不得低于省级清单的基本要求,实现各地区、各层级基本养老服务清单制度制定和施行的有机统一。要立足各地实际,整合各类资源,优化养老设施空间布局,统筹城乡基本养老服务事业发展。

(5)协作性原则。充分发挥湖北省区位优势,以长江经济带、长江中游城市群、武汉都市圈、汉江流域城市群、"襄十随神"城市群等建设为契机,积极探索开展区域性基本养老服务体系建设协作联动,在全国率先打造区域养老服务协调发展新样板。

(三)明确基本养老服务清单制度的主体内容

基本养老服务的对象。基本养老服务的保障对象既要面向全体老年人,又要优先保障特殊困难、残疾、失能失智等特殊老年群体。按照困难程度和等级,基本养老服务大致可以分为兜底保障、困难帮扶、特殊保障和一般服务4类,以此确定基本养老服务供给的顺序。兜底保障群体指"三无"老年人和特殊困难老年人;困难帮扶群体指无法得到有效照护的失能失智、高龄老年人;特殊保障群体指计划生育特殊家庭老年人、残疾老年人、优抚家庭老年人以及家庭成员无法独立提供生活照料的老年人;一般服务群体主要是指上述3类群体以外的老年人。

基本养老服务的项目。基本养老服务应当具有专一性和独特性等特征,有别于一般性公共服务。基本养老服务清单主要包含困难老年人保障、普惠优待服务、家庭养老服务、养老服务设施建设运营、养老服务人才队伍建设5个模块。基本养老服务清单内容应是"兜底+普惠",既包含兜底性项目,又包含适度普惠性项目,涵盖生活照料、老龄津贴、需求评估、健康管理、优待服务、文化教育、法律援助、项目奖补、设施配建等内容。

基本养老服务的标准。科学、统一的需求评估标准是合理提供基本养老服务项目的基础,也是基本养老服务清单制度可持续发展的前提。应当尽快建立指标清晰、符合省情、实用便捷、全省统一的老年人需求评估标准,为确定基本养老服务对象和服务项目提供依据。在科学的需求评估后,要进行调研走访、反复讨论制定符合湖北省经济发展水平的基本养老服务标准,并根据实施效果、问题反馈、社会经济发展等情况进行动态调整。

(四)提高基本养老服务清单制度的供给能力

强化公办养老服务机构建设。合理确定养老服务设施种类、数量、规模以及布局,形成结构科学、功能完备、布局合理的基本养老服务设施网络。建立公办养老机构入住管理制度,明确老年人入住条件和排序规则,强化公办及公建民营养老服务机构的兜底保障作用。制定全省统一、困难失能优先、公开透明的公办养老服务机构、设施评估轮候办法,分类分层为基本养老服务对象提供无偿或低偿托养服务。科学测算公办养老机构实际的需求供给比,综合统筹公办养老机构保障对象的最低床位比例（包括养护型床位），合理配置养老服务资源。

完善基本养老服务价格形成机制。公办养老机构收住特殊困难老年人的费用与政府定价的差额部分由财政部门按照人均不超过当年政府供养人员供养标准予以补足。政府委托运营的养老服务设施、享受政府资助等优惠的普惠型民办养老服务设施由民政部门综合认定，并按照协议进行价格管理。推进"城企联动"普惠养老专项行动，按照"政府支持、社会运营、合理定价"原则，约定普惠型养老服务内容，建立随物价指数等因素动态调整的价格机制，扩大普惠型养老服务有效供给。

强化实施社区和家庭适老化改造。推进老年宜居社区创建，加强与老年人日常生活密切相关的公共设施无障碍改造，支持已建成的老旧小区设施补短板行动，对于各地新建城区、新建居住区要按标准和要求配套建设基本养老服务设施。持续推进居家适老化改造工程，采取政府补贴等方式，对高龄、失能、残疾等特殊困难老年人家庭实施居家适老化改造。坚持"一户一策"原则，在本地改造资金标准范围内，量身定制合适的改造方案。

深入推进医养康养服务结合发展。落实老年人健康管理服务，实行家庭医生签约制度，定期为辖区内老年人开展包含生活方式和健康状况评估、体格检查、辅助检查和健康指导等健康服务，为65岁及以上老年人建立电子健康档案。推进社区医养结合能力提升行动，依托社区卫生服务机构、乡镇卫生院等平台，重点为失能失智老年人提供集中或者上门医疗保健服务。按照方便就近、互惠互利的原则，推进医疗机构、养老机构临近规划布局，支持养老机构内设医疗机构或与医疗机构建立双向转诊合作机制。

（五）强化基本养老服务清单制度的保障机制

加强基本养老服务组织领导建设。发挥党"总揽全局、协调各方"的领导核心作用，坚持党政主要负责人对本地基本养老服务建设负总责，各级党委和政府要将基本养老服务体系建设纳入当地经济发展规划和重要议事日程。养老服务部门联席会议要充分发挥牵头协调作用，健全"党委领导、政府主导、部门负责、社会参与"的工作机制，加强市、县、乡三级工作衔接。将基本养老服务政策落实情况纳入政府年度绩效考核范围，对养老服务体系建设成效明显的地区给予政策激励。

加大基本养老服务财政扶持力度。通过购买服务方式分别给予经济困难的高龄、失能等老年人提供经济补贴和照护服务。建立养老服务机构奖补制度，对新建、改造或租赁建设的养老机构给予一次性建设补助。建立养老服务机构从业人员补贴制度,给在本地养老服务机构签约并从事养老护理、医疗、康复、社工等岗位工作人员发放岗位津贴。建立机构运营补贴标准动态调整机制,对连锁运营、规模化发展的养老服务企业实施各类补贴政策和奖励措施。

强化基本养老服务人员培训和保障。健全养老服务从业人员权益保障、职业培训、考核定级、特殊岗位津贴等政策,增强养老行业吸引力。建立校企(机构)养老服务人才双向培养机制,将养老护理员培训纳入职业技能提升行动,开展职业技能等级评定,打通职业晋升渠道。对于工作经验丰富、业务能力强的养老服务人员要采取激励措施,通过奖金补贴、带薪休假、宣传表彰等方式吸引更多专业人才加入养老服务产业中。要逐步提高养老服务工作人员的工资标准,根据"按岗取酬"和"多劳多得"的原则,稳定养老服务人才队伍。

构建基本养老服务综合监管机制。加强对基本养老服务机构的监管,养老服务监督部门应落实监管责任,明确各职能部门的监管范围、对象和职责。健全各部门协调配合机制,实现违法线索互联、监管标准互通、处理结果互认。加强对基本养老服务人员的监管,采取定期检查和不定期抽查相结合的监管方式,加大对不合规行为的监督和处罚力度,及时督促其整改。加强对养老服务实施效果的监管,建立健全基本养老服务评价体系,制定基本规范和评价标准,提升基本养老服务质量。

报告二
湖北省老年人能力综合评估制度存在的问题及对策

刘二鹏　梁航

为合理配置养老服务资源、促进养老服务供给与需求精准对接,亟须建立并完善老年人能力综合评估制度。湖北省老年人能力综合评估工作应当重点落实制定老年人能力综合评估标准、核算评估费用成本、搭建评估信息系统、组建评估队伍、完善评估监督流程等任务。为进一步完善和落实湖北省老年人能力综合评估工作,提高评估工作效率、提升评估质量,要进行评估政策系统化设计、加强评估专业人才队伍建设、破除"信息孤岛"促进评估数据共享、完善第三方评估监督体系。

党的二十大报告指出:"实施积极应对人口老龄化国家战略""推动实现全体老年人享有基本养老服务"。建立老年人能力综合评估制度是贯彻落实中央办公厅、国务院办公厅《关于推进基本养老服务体系建设的意见》的重要举措,是完善养老服务体系建设的一项基础性制度建设,也是合理分配养老服务资源的基本依据。"十四五"时期,湖北省人口老龄化纵深发展,面临失能老年人规模不断扩大、养老服务需求多样复杂、家庭自给功能显著弱化、老龄事业财政支出持续增长的严峻趋势,迫切需要在国家《老年人能力评估规范》(GB/T 42195—2022)的基础上,完善湖北省老年人能力综合评估制度,为合理配置养老服务资源、更好满足老年人照料需求奠定基础,进一步促进湖北省养老服务高质量发展。

一、建立老年人能力综合评估制度的重要意义

老年人能力评估是指对具有照护需求且符合规定条件的老年人,按照统一的评估标准,依申请对老年人的生理、心理和社会状态进行评估并确定评估等级,从而准确把握老年人的失能程度和照护需求。

开展老年人能力评估工作,是湖北省贯彻落实积极应对人口老龄化国家战略、《中华人民共和国老年人权益保障法》相关规定、促进老龄事业高质量发展的重要举措,对政府、养老机构和家庭具有重要意义。第一,科学真实的评估结果是制定养老法规政策、争取财政经费、合理发放养老补贴、落实各项老年服务和优待措施的主要依据,有利于促进养老服务需求和供给的精准对接。第二,促进养老服务机构制定合理的照护服务计划,为老年人提供个性化、差异化的养老服务,为处理与老年人及其家属因服务项目引起的收费纠纷等问题提供依据。第三,让家属和护理人员明确知悉老年人的能力等级,对老年人实施"早干预"的健康预防和照护计划。

建立老年人能力综合评估制度,能够充分整合资源、节省评估成本、实现数据信息共享互认,实现"三统一"。一是统一评估标准,清晰界定评估对象范围。现存的民政、卫生健康委员会、医疗保险等多部门的评估标准、申请流程、评估结果等将变为"1+1+N"评估模式(1套统一标准、1次科学评估、多个部门结果互认),根本性解决多次申请、多部门评估、多次付费的资源浪费问题。二是统一评估系统,科学使用评估结果。由专业的评估机构来开展老年人能力评估,实行全过程信息化管理,确保评估结果可查询、可追溯。三是统一评估衔接,变数据快跑为群众少跑。打破部门政策壁垒、地域层级壁垒,实现老年人能力评估结果在有关部门之间互通互认,切实减轻群众负担。

二、建立老年人能力综合评估制度的重点任务

《中共中央 国务院关于加强新时代老龄工作的意见》要求:"2022年年底前,建立老年人能力综合评估制度,评估结果在全国范围内实现跨部门互认。"目前湖

北省已在武汉市和宜昌市率先设置老年人能力综合评估工作试点。在全省老年人能力综合评估制度建设的过程中,要重点做好以下5个方面的工作。

(一)制定老年人能力综合评估统一标准

老年人能力评估既有国家标准,也有地方标准。2013年,我国民政部颁布了《老年人能力评估》(MZ/T 039—2013)国家标准,要求从自理功能、运动功能、认知与心理功能、感知觉与社会参与4个维度对老年人进行能力评估。部分省市在国家标准的基础上制定了符合本地实际的地方标准,如北京市《老年人能力综合评估规范》(DB11/T 1754—2020)、上海市《老年照护统一需求评估标准》(DB31/T 1201—2019)、广州市《老年人照顾需求等级评估规范》(DB44/T 2231—2020),这些地方标准各具特色。湖北省应参考国家最新发布的《老年人能力评估规范》(GB/T 42195—2022),根据需求人数、评估力量、结果应用等实际情况,制定适合湖北省实际的评估标准。标准的确定关系着老年人需求数量、评估成本,进一步影响到财政投入绩效、养老服务资源规划,要提前预判、慎重选择。

(二)核算老年人能力综合评估费用成本

关于老年人能力综合评估的费用承担,湖北省宜采取财政兜底(城乡特殊困难老年人)和个人承担(普通老年人)的方式。如北京市,城乡特殊困难、低保、低收入和计划生育特殊家庭老年人所需评估费用,以及政府主动发起的抽查评估费用,由老年人经常居住地的区财政负担,其他老年人的评估费用由个人自主承担。目前湖北省有失能、半失能老年人180万人,城乡特殊困难老年人25万人。如果以60元/人次为评估费用标准,对全省失能、半失能老年人进行能力评估大约需要花费1.08亿元,其中需要公共财政为城乡特殊困难老年人兜底的财政支出为1500万元。

(三)搭建老年人能力综合评估信息系统

老年人评估数据涉及采集、存储、管理、应用等过程,需建设统一的评估信息系统,但各地市独立开发评估信息系统成本较高。当前,湖北省采取省级集中开发、市县级分散使用的方式较为可行,既有利于数据管理维护,又有利于节约成本,实现移动互联化、平台统一化、管理分层化。老年人能力综合信息系统开发要注重与现有公安户籍、残疾人联合会评级、医疗保险、低保救助等信息系统的衔接，还要做好数据安全工作，平衡信息公开与隐私保护的关系。

（四）统筹组建老年人能力综合评估队伍

人力资源和社会保障部颁布实施的《老年人能力评估师》(2023年版)国家职业标准(职业编码:4-14-02-05)，明确了评估师是为有需求的老年人提供日常生活活动能力、认知能力、精神状态等健康状况测量与评估的专业人员，并明确了其技能知识要求和职业化发展方向。当前其他省市主要采取自行评估、委托评估、部门合作评估等方式，如广州市家庭经济核对和养老服务指导中心负责评估管理业务，各区民政部门委托社会组织开展具体评估业务，评估人员以社工、医生、护理人员等为主。在组建评估队伍时，湖北省应明确规定评估队伍范围和评估机构资质，加强评估队伍的培训教育，提升业务能力和职业道德，确保老年人能力综合评估的质量。

（五）建立老年人能力综合评估规范流程

老年人能力综合评估工作的顺利开展，从政策制定、宣传推广，到申请提交、现场评估，再到结果认定、记录保存，有时还需重新评估、复评复议，涉及一套完整流程。政策宣传方面，采取广播电视、报纸网络、社区宣传等多种渠道，使老年人广泛知晓。评估执行方面，要充分关注老年人失能失智实际情况，对于无法前往评估地点的老年人，可安排上门评估。结果确认方面，需得到老年人或家属认可，若有疑义，可以进行复评。流程设计需简洁高效，资料档案要完整可查，不断推进老年人能力综合评估规范有序发展(图4-2-1)。

三、湖北省老年人能力评估工作中存在的不足

近年来湖北省高度重视老年人能力评估工作，加强顶层政策设计，出台了《湖北省公办养老机构入住评估管理暂行办法》《关于建立完善老年健康服务体系的实

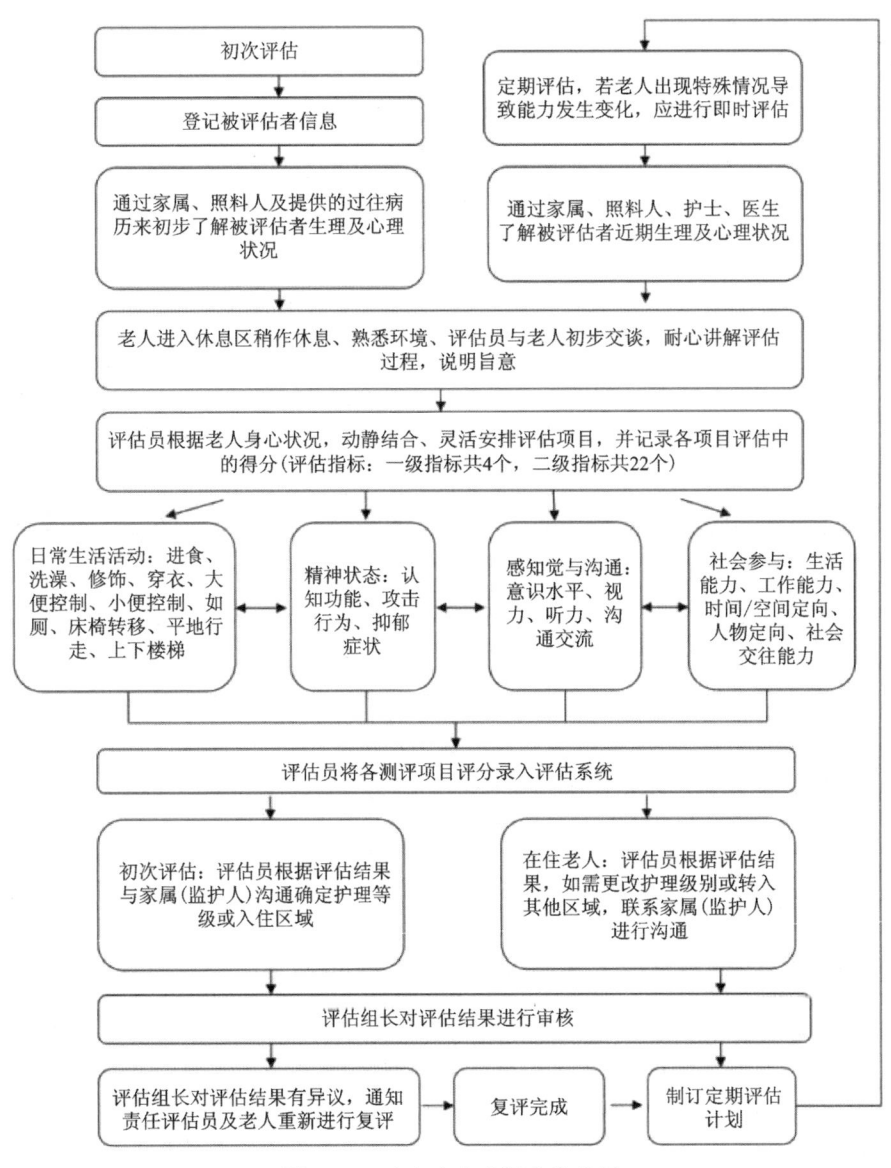

图4-2-1 老年人能力评估流程图

施意见》等政策文件,指导养老和医疗机构规范开展老年护理需求评估工作;发挥标准引领作用,2017年出台首个省级养老地方标准《养老机构服务质量规范》(DB 42/T 1246—2017),对机构养老服务评估内容作出明确规定;规范评估队伍建设,2021年在宜昌市举办了3期老年人能力综合评估培训班,共培训评估人员300余人;推动地方创新实践,武汉市民政局出台了《武汉市养老服务对象评估办法(试行)》(武民政〔2018〕15号),定期举办老年人能力评估培训班,宜昌市在宜昌市社会福利院设立老年人能力评估室,为入住老年人开展入住评估、即时评估和阶段评估。

尽管湖北省老年人能力评估工作成效显著,基本达到了预期目标,但也存在以下几个方面的问题。

(一)评估组织体系缺乏整体和长远规划

从管理部门看,人力资源和社会保障、医疗保险部门参与不够,限制了评估结果利用的广度和深度。老年人能力综合评估要求有关部门相互协调,如果部门之间没有尽到相应的责任和义务,势必会限制对评估结果利用的广度和深度,评估结果的权威性也会遭到质疑。从评估实施看,受理部门和评估机构资质规定还不够明确。如《宜昌城区老年人综合能力评估实施方案(试行)》中规定"向户籍所在地的街道(乡镇)受理窗口提出申请",这一规定并没有指明"受理窗口"的具体范围和名称,对评估覆盖对象的界定也缺乏明确的标准,究竟是"户籍人口"还是"常住人口"等硬性条件尚未规定清晰。这会使评估对象选择的弹性过大,不利于统一标准,也难免会造成实施过程中出现只重眼前忽略长远、空白与交叉共存的现象。

(二)评估机构的专业性稳定性亟待加强

一方面,专业性评估机构匮乏,评估能力有待提升。从中标"武汉市老年人能力评估机构"的37家单位来看,有社会福利院、老年病医院、养老助残服务中心、健康科技公司等类型,尚缺乏"老年健康评估中心"的专业评估机构。这些"兼业型"评估机构,要在短时间完成量大复杂的评估任务,执行力明显不足。另一方面,老年人能力评估人才缺口大,没有形成稳定的人才梯队。老年人能力评估师是老龄化社会下催生的新职业,目前全省持有"老年能力评估师证"的专职评估师不足

1000人,大多是养老机构从业人员担任的兼职评估师,这很难与持续性、精细化的评估工作要求相匹配、相适应。

(三)政府、评估机构和公众之间信息不对称

政府、评估机构和公众之间信息不对称主要表现在3个方面:第一,公众对政府各项评估服务政策缺乏了解。老年人评估工作缺乏广泛宣传,一些公众认为政府将评估服务外包出去是与企业、社会组织共同牟取私利的行为,进而在评估过程中不配合第三方评估工作,甚至产生抵触情绪。第二,公众对评估机构和评估过程尚不明晰。在老年人能力评估过程中,缺少信息公开环节,使得公众对于评估标准、评估主体、评估流程等许多关键信息掌握不足,影响了公众参与评估的积极性。第三,评估机构和政府之间缺乏交流。老年人能力评估行业在湖北省发展时间不长,许多工作还处于探索阶段。部分评估机构为了拿到政府评估项目,常常虚报员工数量、伪造相关资质、夸大自身能力,这都会对后续评估数据质量产生负面影响。

(四)监督第三方评估机构的机制尚不健全

在老年人能力综合评估过程中,第三方机构具有政府赋予的评估权力,容易滋生腐败和权力滥用,亟须健全针对第三方评估机构的监督体系。就外部监督来看,社会公众和新闻媒体对第三方评估的监督作用还没有很好发挥。单纯依靠政府对第三方评估机构进行监管难免存在一定的不足。就内部监督来看,基本是缺位的。一方面,作为利益主体,评估机构本身缺乏自我监督的动力;另一方面,目前养老服务机构是老年人能力评估的主体,这些机构既评估老年人能力又提供养老服务,集"裁判与运动员于一身",很容易出现提高老年人评估照护等级的"自利"行为。

四、推进老年人能力综合评估制度建设的建议

为进一步完善和落实湖北省老年人能力综合评估工作,提高评估工作效率、提升评估质量,建议从以下4个方面推进老年人能力综合评估制度建设。

（一）系统设计评估政策体系

进一步做好湖北省老年人综合评估工作，需要系统化设计评估政策系统，完善多部门参与机制，将评估的各项工作明确化。一是为什么评估？要使老年人能力综合评估充分发挥作用，就要明确评估之后的用途问题，这就需要把老年人能力评估重点与普惠型养老服务、医养结合服务、精准兜底服务衔接起来。二是依据是什么？目前国内老年人能力综合评估主要参照《中华人民共和国老年人权益保障法》和《老年人能力评估规范》（GB/T 42195—2022），湖北省可根据实际情况制定《湖北省老年人能力综合评估工作实施办法》，确保老年人能力综合评估工作有章可循。三是由谁来评估？基于评估结果的使用范围，重点需要民政、卫生健康委员会、人力资源和社会保障、医疗保险这4个部门相互配合与协调，进一步明确各部门职责，充分发挥各自优势，增强评估结果的权威性。四是评估怎么做？流程细化，自主申请和主动调查相结合，老年人能力评估和评估质量考核分开。充分发挥街道、居委会、卫生服务站在老年人能力综合评估申请、调查、监督中的作用。

（二）强化评估专业队伍建设

第一，明确评估机构和评估人员的资质和能力，确保评估团队的专业性。评估结果是养老服务资源分配的重要依据，必须具备专业性和权威性。老年人能力综合评估人员必须接受系统化培训，做到持证上岗。第二，加快评估人才培养步伐，通过多种方式提高评估人员的专业技能水平。从业务部门、职业院校、养老机构等选聘专业素养高、实践能力强的专家学者，为评估队伍开展系统化的上岗培训，并完善评估考评的准入机制和惩戒机制。第三，评估机构要采用新工具、新方法，不断更新评估技术手段。在移动互联网时代，信息更新速度越来越快，必须加强现代科技的运用，掌握大数据技术，推进评估工作的专业化和高效化。

（三）推动评估信息公开共享

信息公开是评估得以有效推进的重要支撑，解决信息不对称问题就必须打破"信息孤岛"。第一，采取多样化方式宣传老年人能力综合评估工作。宣传方式既包括电视广播、报刊、宣传页等传统媒介,也要广泛使用微信群、公众号、政务微博等网络方式进行信息推送。第二,及时公开老年人能力综合评估结果。建立公开、公平和透明的评估工作流程,完善公众参与、舆论监督机制,使得评估结果获得大众信任,增强权威性。第三,搭建老年人能力综合评估信息数据平台。制定数据管理规范,将数据归口管理,汇聚到统一的评估信息数据平台,便于数据查询共享;保持评估数据的动态性和连续性,提高数据的利用价值。

(四)完善评估机构监督体系

要建立完善对评估机构监督体系,需要全面发挥政府部门、评估机构、公众等各个主体的作用。一是切实发挥政府对评估机构的监督职能。相关部门应秉持"谁受理,谁监督"的原则,避免第三方评估机构的实际操作偏离既定目标。强化财政和审计部门的监督力度,确保老年人能力评估的资金使用到位、专款专用。二是评估机构自身要严格管理、行业自律。可以在评估机构内部设立监督岗位,配备监督人员,引导和监督工作人员认真按照政府要求对老年人开展能力评估。三是积极发挥公众的监督作用。通过多种渠道及时准确公开老年人能力评估结果,及时回应群众的质疑,让公众参与到老年人能力综合评估监督工作中,提高公众参与评估监督的积极性。

报告三
湖北省农村经济困难家庭失智老年人集中照护研究

刘二鹏 孟佳 梁航 张亦驰

农村失智老年人照护难题是养老服务事业发展中的突出短板和民生痛点,亟须高度关注、着力解决。推进农村经济困难家庭失智老年人集中照护是减轻家庭成员压力、摆脱贫困恶性循环、维护社会和谐稳定的有效举措。基于失智老年人病症多样、病程漫长、照护负担沉重,专业照护缺失带来重大风险隐患,湖北省应以推进县域精神病福利院规划建设为抓手,精准识别监测农村经济困难家庭失智老年人,加强专业护理人员队伍建设。

一、湖北省失智老年人现状及照护挑战

湖北省人口老龄化呈现基数大、占比高、增速快的特点。第七次全国人口普查数据显示,截至 2020 年,湖北全省 60 岁及以上人口规模为 1 179.50 万,占常住人口比例为 20.42%,高于全国 18.70% 的平均水平,比 2010 年增加了 6.49 个百分点,老龄化程度在中部六省中排名第一。随着人口老龄化进入快速增长期,失能、失智、慢性病等老年群体进一步增加。《柳叶刀》及哈佛大学研究指出,2020 年我国 60 岁以上老年人患失智症概率达 6%,85 岁及以上老年人患失智症概率达 50%,由此可推测湖北省 60 岁及以上失智老年人已超过 70 万人,规模庞大的失智老年人群体将加重家庭照料负担,也对全省社会养老服务供给提出新的挑战。

老年人失智症又称痴呆症或阿尔茨海默症,是伴随年龄增长不可避免的老年病症之一,其病症多样、病程漫长、照护负担沉重。大多数患者表现出行为精神异常症状,如易怒、暴躁、谵妄、幻觉等。老年失智症具有极强的不可逆性,病因复杂,

目前尚无有效的根治方案。失智症病程时间长、进展很慢,从最早的病理改变到出现临床症状,往往需要15~20年,出现症状后病程还会持续2~12年,失智症患者家庭通常面临几十年的照护历程。因此,失智老年人照护不仅需要高额的治疗和护理费用,还需要照护者倾注无限的精力和时间,是一项漫长且沉重的照护工作。

在未富先老、未备先老的背景下,湖北省失智老年人照护体系存在较大短板,特别是农村经济困难家庭(低保对象、特殊困难人员、防止返贫监测对象、低保边缘家庭成员、刚性支出困难家庭成员等)照护能力薄弱,往往是"一人失智,全家失衡"。目前,全省共有24万农村特殊困难老年人,占城乡特殊困难老年人总数的96%。这一规模庞大的农村特殊困难老年人中,失能、失智、"三无"等弱势老年群体占比高,随着农村劳动人口外流,家庭呈规模小型化、居住离散化、赡养功能弱化趋势,这一群体的养老保障问题日益突出,冲击社会民生的最底层,亟须引起全社会的广泛关注和妥善解决。推进农村经济困难家庭失智老年人集中照护,不但是保障老年人基本生活权益、减轻家庭成员照护压力的有效手段,而且是防止农村经济困难家庭陷入贫困恶性循环、维护社会和谐稳定的重要举措。

二、推进农村经济困难家庭失智老年人集中照护的必要性

湖北省深入贯彻落实党的二十大精神和习近平总书记关于民生工作的重要指示精神,以人民群众急难愁盼问题为切入点,加强基础性、普惠性、兜底性民生建设。2023年11月26日,《湖北省人民政府办公厅印发关于进一步保障和改善民生若干措施的通知》(鄂政办发〔2023〕41号)提出完善多层次养老服务体系,进一步明确:到2025年,每个市(州)建有1所失智老年人养护院或失智老年人专区,县(市、区)至少建有1所失能特殊困难供养机构。在推进建设县域失能特殊困难供养机构的同时,以县域为基本单元统筹推进农村经济困难家庭失智老年人集中照护同样具有必要性和紧迫性,主要体现在以下3个方面。

(一)老年失智病症特殊且照护难度大

一是失智老年人病程漫长,照护周期长。失智症患者从患病到死亡通常持续数十年的漫长过程,随着时间的推移,病情从初期影响认知逐步发展到干扰患者独

立生活，后期病情加剧，患者几乎生活不能自理，褥疮、血栓、大小便失禁、心血管疾病等各种并发症伴随出现。二是老年失智症常伴随行为异常，照护强度大。失智老年人不仅有认知衰退迹象，还经常出现无故徘徊、夜间惊醒、大喊大叫，甚至打人伤人等症状，在病情发作时需要多名人员采取强制措施才能控制。三是失智老年人需要得到全方位的照护和支持，照护范围广。对失智老年人的照料不仅包括生活起居、医疗保健，还包括对其日常行为、社会互动进行监管，以及必要的心理慰藉和药物干预。调研发现，全省农村经济困难家庭的照料条件有限，有的家庭出于安全考虑只能将失智老年人"锁困"于房屋内，严重降低了老年人的生活质量。

（二）农村失智老年人照护缺失将造成重大风险

对失智老年人而言，缺乏专业照护将加速健康状况的恶化和死亡进程。失智老年人需要专业且连续性的照料，而农村经济困难家庭普遍缺乏对失智老年人科学的药物治疗和心理干预，老年人的病情难以得到有效控制。对失智老年人家庭而言，照护老年人面临着巨大的经济、身体和情感负担。民政部下属的中民社会救助研究院发布的《中国走失人口白皮书（2020）》显示，在每年走失的近百万老年人中，失智老年人占比接近70%。因照料失智老年人占用了劳动力，农村经济困难家庭难以摆脱贫困恶性循环。照护失智老年人的多为子女或老伴，繁重的照护工作使其长期处于亚健康状态。照护者既要应对老年人情绪波动、认知退化和行为应激反应，还要时刻预防老年人走失，精神高度紧张焦虑。对失智老年人所在村居而言，专业照护缺失会对居民正常生活造成干扰、构成隐患。失智老年人行为失控可能引发火灾等安全隐患，部分失智老年人日夜颠倒、行为荒诞，影响邻里正常生活，对村居安定和谐带来潜在风险。

（三）推进失智老年人集中照护是健全县域基本养老服务体系的重要任务

失智老年人照护难度大、成本高，被视为养老事业中最难的板块，面对这块"烫手的山芋"，民营养老院大都想接却又不敢接。以县域为基本单元统筹推进农村经济困难家庭失智老年人集中照护是强化特殊人群兜底保障、健全县域基本养老服务体系的重要举措，具有两大优势。一是集中照护失智老年人能够集约利用有效资源，提高养老服务效率。县域具有较为充分的医养康复资源，将失智老年人在县域范围内进行集中护理可以减少因农村分散服务所导致的资源重复性投入,降低养老设施投入和护理人员成本,便于统一管理。二是县域范围内集中照护失智老年人有利于优化政府兜底线、保稳定的职能。县级行政区划具有完备的行政权限职能,具体包括自主决策权、政策转化权、财政等资源整合权和行政规制权4个要素。将失智老年人集中照护能够防止底层事件突发,减少社会不稳定因素,体现政府对老年弱势群体的责任担当和社会关怀。

三、推进农村经济困难家庭失智老年人集中照护的对策

推进农村经济困难家庭失智老年人集中照护是强化失智老年人长期照护和兜底保障的有效举措,确保经济困难人群生命有保障、生存有尊严、生活有希望,更有利于经济困难家庭脱贫困、稳就业、促收入。具体提出以下3个方面的对策建议。

(一)加快推进县域精神病福利院建设

为提升失智老年人照护能力,有效满足失智老年人长期护理需求,应以县域为单位建立集中照护机构,即每个县建立至少一所精神病福利院。一是加强顶层设计和职能定位。严格确立县级精神病福利院的职能定位,明确保障对象,厘清政府兜底范围,对于财政供养的农村失智老年人要优先安排入住,对于其他经济困难家庭的失智老年人要重点考虑安排入住,做到规范有序,逐次推进。二是因地制宜探索运行模式。精神病福利院不仅要有"养"的功能,对"医"也有更高要求,可根据本地医疗和养护资源确定运营模式,如县级直管模式、共建民营模式、民政代管模式等。例如阳新县以"公建民营"方式率先在全省建立县域精神病福利院,已集中照护全县失智老年人180余人。三是搭建失智老年人专业化服务平台。通过重点开展失智行为个性化照护、残存机能康复训练、基础疾病处理、心理干预与精神慰藉等服务,延缓失智老年人病情发展速度,为农村经济困难家庭搭建一个集中托养、长期照护、心理矫正、疾病治疗的服务平台。例如谷城县努力拓展智慧化养老平台建设,集中全县失能失智老年人,通过数字化智慧赋能,优化医养结合服务,惠及全县280多位失能失智、特殊困难老年人。

(二)精准识别、监测农村经济困难失智老年人

对农村经济困难家庭的失智老年人进行精准识别和动态监测是开展集中照护的前提。一方面,全面开展农村失智老年人筛查评估工作。民政部门应会同卫生健康、疾控部门,根据《老年人能力评估规范》(GB/T 42195—2022)对农村失智老年人进行能力评估,区分轻度、中度和重度征兆的失智老年人。准确掌握农村失智老年人群体的数量规模、经济来源、家庭结构、健康状况、照料情况等基本信息,逐步建立县域农村失智老年人基础信息库。另一方面,对农村经济困难家庭进行动态监测。建立完善全县经济困难人群基础数据库,加强经济困难人口动态监测,发挥部门间"大数据比对"作用,开展跨部门信息比对,实时监测经济困难风险。发挥基层工作人员"铁脚板摸排"作用,进村入户摸排,线上线下相结合,及时、主动发现经济困难的失智老年人家庭。按照农村家庭的困难程度和困难类型,对失智老年人的集中照护安排形成"梯次缓坡",充分发挥政府的兜底保障职能。同时,在筛选和监测过程中,要强化宣传引导,注重方式方法,尊重集中照护意愿。如继续借助湖北省红十字会开展的"失智老年人关爱项目",链接服务资源,进一步优化农村失智老年人监测服务。

(三)加强失智老年人专业护理人员队伍建设

一是优化护理人员培养模式,培养"一专多能"服务人才。在"1+X"人才培养制度的指导下,在县域中等职业学校开设养老服务专业中职班,将失智照护列为养老服务知识教学的重要内容,结合老年照护等级证书职业标准和失智照护现实需求,深化复合型技能人才培养模式。例如咸宁市湖北新产业技师学院定期开展"1+X"失智老年人照护职业技能培训班,优化失智老年人照护职业技能等级证书(初级)的考核内容及考核方式,着力打造新时代康养护理技能人才。二是加强在职护理人员的持续教育和定期培训。对护理人员实行"三定"(定员管理、定向培养、定能分级)管理,定期组织开展岗前培训、技能提升培训、年底技能考核,对服务质量严格把关。定期举办养老护理员技能大赛、养老服务机构负责人培训班,开展评选活动,提升护理员专业技能和职业荣耀感。三是组织护理人员进行多学科学习与交流。失智老年人照料的内容多、专业性强,这需要护理人员多与医生、社工、康复师等进行专业交流与合作。还要定期组织护理人员学习心理健康知识、参与压力管理研讨会,帮助其有效应对在照护过程中可能遇到的情感和心理压力。

第五篇 医养结合

报告一
湖北省居家和社区医养结合服务的现状、问题及对策

刘二鹏　梁航　王博宇　孟佳

根据《居家和社区医养结合服务指南（试行）》和《2023年湖北省老年健康与医养结合服务项目实施方案》，课题组在收集和整理第一期湖北百县老龄调查（2023）数据的基础上，实地走访京山市、谷城县、公安县三地，分析全省居家和社区医养结合服务模式运行现状和发展困境，发现存在管理部门职责不明、医养市场发展滞后、医养结合服务内容缺乏层次化和多样性、专业护理人员严重短缺等问题。针对上述问题，湖北省应通过优化管理部门职能、激发医养市场活力、搭建信息共享平台、优化护理人才培养机制等手段推动医养结合服务高质量发展。

湖北省老年人口群体规模大、增长速度快，数据显示，2022年底全省60岁及以上老年人口为1302万人，占总人口的22.28%，人口老龄化程度居中部六省首位。随着人口老龄化程度的加深，高龄、患有慢性疾病、失能、失智老年人数量将进一步增加。全国第七次人口普查数据指出，湖北省不健康或不能自理的老年人占全省老年人的13.8%，意味着全省不健康老年人达到162.77万。由于年龄增长和身体机能退化，老年人未病先防、缓解疼痛、康复护理等服务将成为刚需。推进医养结合是积极应对人口老龄化、改善老年人"长寿但不健康"的生活状态、满足老年人健康和养老服务需求的重要举措。

近年来，湖北省认真贯彻落实"健康中国2030"战略，2023年9月印发《2023年湖北省老年健康与医养结合服务项目实施方案》，为推动全省健康和医养结合服务提供指导。2023年11月，国家卫生健康委员会等部门发布了《居家和社区医养结合服务指南（试行）》，对居家和社区医养结合服务内容和要求做出明确规范。目前全省对医养结合服务模式的实践探索尚处于起步阶段，部分县市对医养结合的认识和实践还存在偏差，服务主要瞄准失能、贫困、健康状况较差的老年人或入住各

类养老机构的老年人,忽视了大部分社区或居家老年人在身边、周边和床边的医养服务需求。基于此,课题组在收集和整理第一期湖北百县老龄调查(2023)数据的基础上,实地走访京山、谷城、公安三地,分析全省居家和社区医养结合服务模式运行现状和发展困境,提出有针对性的对策建议。

一、居家和社区医养结合服务模式的比较优势

(一)适应老年人在地养老观念和现实需求

一方面,居家和社区医养结合服务符合健康老龄化倡导的因地制宜养老的理念。发展居家和社区医养结合服务,能够促进老年人就近、及时获取生活照料、医疗保健、康复护理等日常服务,减少或推迟进入医院、养老院、护理院等专业机构的时间,减少住院天数,节约医护成本。另一方面,居家和社区医养结合服务能够满足老年人精神养老需求。让老年人继续留在原社区或家庭中,在整个老龄化过程中保持与家人、邻居、朋友的联系,有利于增强老年人社会参与,满足其在安全、尊重、情感、人际交往等方面的需求,提高自我认同感和自主性。

(二)依托社区平台为居民提供一站式服务

一方面,社区是连接供需双方的桥梁和纽带,在医养结合服务体系中发挥着整合与枢纽的作用。居家和社区医养结合服务模式具有优化传统养老服务方式、融合养老医疗服务内容、下沉医疗养老资源等优势,符合当前养老服务供给侧结构性改革的方向。另一方面,居家和社区医养结合服务模式能够有效解决医疗和养老服务资源分散难题。以社区为平台,能够有效整合社区日间照料中心、社区卫生服务站、护理机构等功能,将分散在街道(乡镇)的医养资源集聚到社区,避免日间无人照看老年人的情况,为社区居民提供多层次、综合化、一站式的医养服务。

(三)激发多元主体合作参与医养服务动力

一方面,以社区为基本单元推进医养结合服务有利于构建利益共同体。作为

服务居民的"最后一公里",社区不仅是政府部门、市场机构、社会组织提供服务的第一站,还是群众反映微需求、提供金点子的议事场,各类主体利益紧密相连,相互嵌入在体系结构和关系网络中。另一方面,社区是整合各方主体养老、医疗、健康等资源力量的基础单位。作为最小治理单元,社区能够提高医养结合供需适配效率、提高工作透明度、及时反馈工作效果,特别是在"熟人社会"的农村社区,以信任互惠、互助合作为要素的社会资本能够规范主体行为,促进多元主体的协同治理。

社区居家医养结合服务主要内容如图 5-1-1 所示。

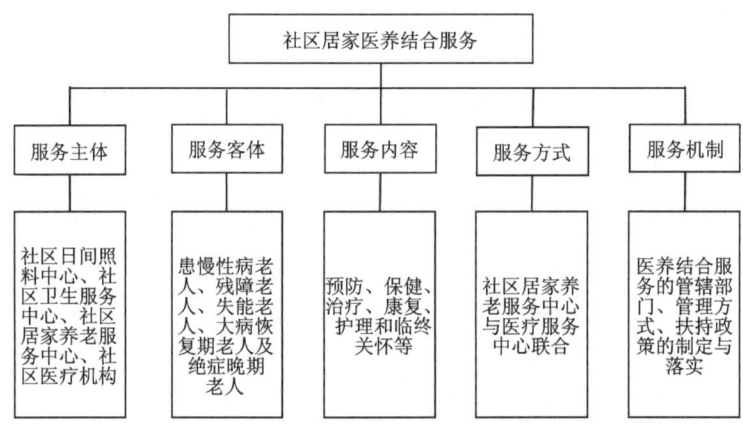

图 5-1-1 社区居家医养结合服务主要内容

二、居家和社区医养结合服务模式的发展困境

(一)管理部门职责不明,扶持政策落实困难

一是管理部门职责权限划分不明。医养结合系统涉及医疗、民政、卫生健康、社会统筹保险等不同政府部门,但这些部门职责划分不明,部分职能交叉重叠,导致在对居家和社区医养结合服务工作的管理和监督过程中各自为政,难以形成合力。例如,在走访谷城县、公安县时发现,社区医养结合机构中养老、医疗的报销分属不同部门,在运行时面临"联而不通,多方掣肘"的困境。二是管理部门目标缺乏规划。全省除了明确家庭医生签约服务覆盖率的具体目标外,尚未制定居家和社

区医养结合服务模式的专项计划,各主体领域缺乏整体性目标,导致分散的医养资源未能有效整合。三是政策支持力度不足且难以落实。例如在税收优惠方面,税务与民政部门对市场和社会组织参与医养结合服务的税收优惠政策难以协调一致,致使政策在执行时偏差较大。

(二)医养市场发展滞后,机构持续运行困难

一是医养市场前期投入大、回报周期长,医疗机构参与动力不强。医养结合属于典型的"小利润、大市场"的薄利行业,风险高、收益低,大中型医院没有意愿、精力和动力参与健康养老事业,缺乏与社区日间照料中心或居家养老服务中心合作的积极性。二是医养结合市场调节机制尚不完善。医养结合服务尚处于粗放型发展阶段,市场监管部门对其"公益性"和"市场性"边界划分不够清晰,部分市场主体忽视了养老服务行业的公益属性与企业本应承担的社会责任,过度提高价格、追求经济利益导致市场接受程度低。三是居家和社区医养结合盈利模式尚未建立。由于老年人支付能力有限,机构生存主要依赖政府购买服务和医疗保险或长期护理保险资金。京山市、公安县的机构负责人反映"没有政府购买服务,就不太容易持续经营下去"。

(三)医养结合服务内容缺乏层次化和多样性

一是居家和社区医养结合的服务类别较少。基层医疗卫生机构提供上门巡诊、家庭病床服务的频率偏低,较少拓展康复护理、安宁疗护等服务。医养结合机构、养老机构、护理院等以机构照护为主要服务方式,专门针对社区和居家老年人提供医养服务的数量和类别都较少。二是居家和社区医养结合服务的层次较低。大部分乡镇卫生院或村卫生室只具备基本医疗服务能力,规模小且分科少,缺乏协助服药、尿管护理、翻身叩背等专业服务。三是居家和社区医养结合的服务覆盖面较窄。目前居家和社区医养结合服务以刚需群体为主,普惠型医养结合服务的可及性有待提高。湖北省老龄事业百县调查数据显示,享受过免费体检活动的老年人只占29%,享受过家庭医生定期开展上门服务的只占30%,享受过免费测量血压的老年人只有77%。

(四)专业护理人员严重短缺,服务质量不高

一是护理人员总量不足,供需严重失衡。根据世界卫生组织标准,失能老年人按 3∶1 的比例配备护理员,湖北省需要养老护理员超过 30 万名,但目前仅有 2.1 万名,缺口巨大。二是护理员专业技能低,持证人员较少。中年妇女是养老护理员的主体,但其文化水平有限,专业技能低,多靠日积月累的经验提供养老服务,有些从业者都无法正确使用吸氧机,不懂得速效救心丸、灭火器等的使用方法。三是护理员工资待遇低,社会地位不高。养老服务工作十分艰辛,往往是"五加二""白加黑"式的全天候工作,但是工资待遇较低,全省养老服务人员工资普遍在 2000~3000 元。部分人群将养老护理员看作是"出苦力",对其呼来唤去,对服务质量吹毛求疵,给养老护理员带来较大的心理压力和落差。

三、居家和社区医养结合服务模式的优化路径

(一)优化管理部门职能,形成政策合力

一是科学划分医养结合职能部门的权力和责任边界。明确管理部门在医养结合业务上的职责范围,做到职权法定,边界清晰。进一步加强对部门工作的监督管理,厘清各部门的职责,保障服务效率,实现医养结合服务的规范化、标准化。二是建立医疗、养老与健康部门的联动机制。完善一体化的协同管理体系,重视老年人转介服务,打通医疗卫生、养老服务和社会保障等政策通道,整合各职能部门的行政资源,探索跨部门沟通与协作的机制。三是加快制定居家和社区医养结合配套政策的实施细则。重点完善非公办和公办医养结合机构在场地、税收、融资、财政补贴、行政审批等方面享有同等的优惠和支持政策,有效激励社会资本参与居家和社区医养结合服务的递送和管理。

(二)激发医养市场活力,构建多元化的筹资机制

一是系统整合存量医疗资源和养老资源。支持社区各种类型的养老机构内设

医疗机构或医务室,鼓励社区卫生服务中心、企事业单位职工医院转型为社区医养结合型服务机构,支持其向老年人提供康复护理服务。二是优化社区医养结合机构运营模式。如谷城县通过政府购买服务、公建民营、民办公助、补助贴息等多种方式,引导和支持市场主体、社会组织兴办或经营各类居家和社区健康养老服务机构与设施。三是多渠道筹措医养结合服务资金。将医养结合养老服务的经费纳入政府年度预算,建立动态增长机制;加大社会公益慈善组织的投入,增强居家和社区医养结合服务活力;增设医养结合健康养老专项发展基金,发行居家和社区医养结合专用福利彩票公益金,重点支持社区健康养老设施的建设及运营。

(三)搭建信息共享平台,实现医养结合供需适配

一是对老年人开展需求评估,分类施策。老年人的医养需求差异大,通过开展能力综合评估和需求评估能够全方位把握老年人的医养需求,做到精准施策。如针对患有慢性疾病但生活能自理的老年人主要提供疾病预防保健、健康管理与教育等基本医疗服务;对于患有恶性疾病、易复发疾病或晚期绝症的失能、半失能老年人,主要以疾病诊治、康复保健和临终关怀为主。二是建立医养结合健康养老数据库。逐步建立并完善覆盖每位老年人的医疗健康和基本养老服务信息数据库,详细记录老年人经济状况、健康状况、诊疗病历、用药记录、参保状况、入住养老机构情况等信息。运用"互联网+"、物联网、云计算等信息化手段,实现信息共享。三是建立医养结合养老服务的反馈机制。如京山市建立医养结合服务反馈和评价机制,老年人、家属及医护人员可通过电话、互联网、各类手机软件反馈服务质量和老年人健康状况,推动服务质量进一步提升。

(四)优化护理人才培养机制,提高薪资待遇水平

一是优化人才培养模式,培养"一专多能"养老服务人才。在"1+X"人才培养制度的指导下,深化复合型技能人才培养模式。鼓励、支持高校和职业院校增设老年护理、老年服务管理等专业,促进各类社区医养结合机构与职业院校在人才培养、实习实训、就业支持等方面加强沟通协作。二是建立护理人员定期技能培训制度。建立政府购买职业培训成果的新机制,引导各级各类医疗机构、职业培训机构同医养结合机构联合建立养老护理人员培训基地。如公安县定期对社区从事医养结合工作的人

员进行职业培训,为其发放职业培训补贴和职业技能鉴定补贴。三是健全专业老年医护人员职称评定、资格认定、薪酬福利等政策。将医养结合机构专业医护人员纳入统一管理体系,使医养结合机构人员与专业医疗机构从业者一样可以获取医护职业资格认证,参加职称评定,确保其具有良好的职业发展和晋升通道。

报告二
湖北省老年人家庭医生服务的现状、问题及对策

石智雷 赵浩凯 邵玺

根据国家六部门联合发布的《关于推进家庭医生签约服务高质量发展的指导意见》和湖北省《关于推进家庭医生签约服务高质量发展的实施方案》，课题组基于第一期湖北百县老龄调查(2023)和实地调查数据对湖北省老年人家庭医生服务工作进行研究。湖北省家庭医生服务主要存在实际服务率远低于签约率、家庭医生服务孤立于医疗卫生服务体系之外、居民对家庭医生服务的知晓率和信任度不高、医疗保险支付机制的导向性不强等问题。下一步要通过增强家庭医生的主动服务意识、强化政策宣传力度、构建紧密型医疗联合体、优化医疗保险支付体系建设等方式完善老年人家庭医生服务工作。

家庭医生服务是助推"健康中国"建设，解决居民"看病难"和"看病贵"两大难题的重要抓手。自2009年首次提出将家庭医生制度作为社区卫生服务发展的工作目标以来，党中央高度重视家庭医生制度建设，始终坚持以人民为中心的发展思想，相继出台一系列政策文件为家庭医生制度的发展保驾护航。2021年3月，党中央 国务院印发了《中华人民共和国国民经济和社会发展第十四个五年规划和2035年远景目标纲要》，提出"要稳步扩大城乡家庭医生签约服务覆盖范围，提高签约服务质量"的要求。2022年3月，国家六部门联合发布《关于推进家庭医生签约服务高质量发展的指导意见》，明确指出："从2022年开始，各地在现有服务水平基础上，全人群和重点人群签约服务覆盖率每年提升1～3个百分点，到2035年，签约服务覆盖率达到75%以上，基本实现家庭全覆盖，重点人群签约服务覆盖率达到85%以上，满意度达到85%左右。"

在上级有关部门的重要指示下，结合本省实际，湖北省先后颁布了《关于加强

全科医生队伍建设的实施意见》(鄂政办发〔2012〕51号)、《关于改革完善全科医生培养与使用激励机制的实施意见》(鄂政办发〔2018〕25号)和《关于推进家庭医生签约服务高质量发展的实施方案》等政策文件来推动家庭医生签约服务实现高质量发展。截至目前,湖北省已经累计培养超过1.5万名全科医生来加强家庭医生人才队伍建设。各县级政府在推动家庭医生服务工作上做得怎么样?为什么有些地方发展得快,有些地方发展缓慢?为什么有些地方做得好,有的地方做得不好?上述问题的答案尚不明确,但对湖北省推动家庭医生服务高质量发展具有重要价值。

基于此,中南财经政法大学湖北健康老龄研究院在湖北省老龄工作委员会各部门的支持下,使用半年时间对全省12 350名老年人展开了调查,对老年人各项服务的获取情况和老年人的主观评价进行了访谈,其中重点调查了家庭医生服务的落实情况。在调查过程中,考虑到上门服务能够更好地体现家庭医生工作的落实情况,避免"签而不约"问题,因而将"是否有家庭医生上门为您提供健康服务"作为家庭医生服务落实是否到位的指标。依托上述调查数据,本报告对当前湖北省家庭医生服务的工作现状以及发展面临的问题进行了分析,以期为推动湖北省家庭医生服务高质量发展提供对策建议。

一、湖北省家庭医生服务的现状

(一)从城市分布看,天门市、黄石市和恩施州的家庭医生上门率位居全省前三

在全省17个城市中,家庭医生上门率位居全省前三位的分别是天门市、黄石市和恩施州(图5-2-1)。其中,天门市的家庭医生上门率最高,为39.6%;神农架林区的家庭医生上门率最低,为23.8%。武汉市的家庭医生上门率仅高于神农架林区,武汉市虽然是湖北省经济最发达、医疗资源最丰富、人口最多的城市,但其老年人家庭医生上门服务发展滞后。

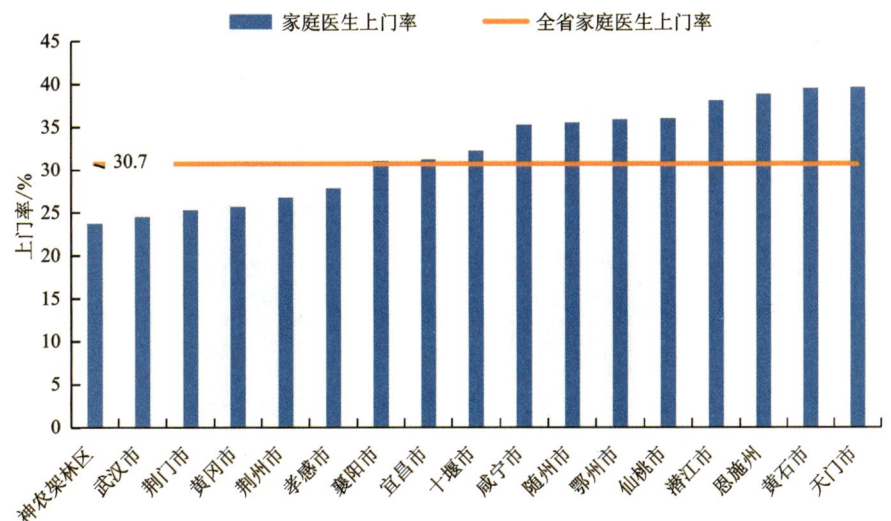

图 5-2-1 湖北省各地市的家庭医生上门率

数据来源:第一期湖北百县老龄调查(2023)数据。

(二)从城乡分布看,农村地区家庭医生上门率为 39.4%,明显高于城市地区

城市地区与农村地区的老年人家庭医生服务的落实情况差距较大。调查数据结果显示,农村地区的家庭医生上门率为 39.4%,将近是城市地区的两倍,二者差距较大(图 5-2-2)。就家庭医生服务的使用率而言,农村地区老年人的家庭医生服务的落实情况更好,这在一定程度上反映了信任关系对家庭医生服务落实的影响。农村是一个"熟人社会",相较于城市来说,农村地区的人际关系更紧密,邻里之间的信任程度更高,对家庭医生的信任增加了家庭医生的上门率。

(三)从三大都市圈看,老年人家庭医生服务表现出区域发展不平衡的现象

武汉、宜荆荆和襄阳三大都市圈的家庭医生服务表现出区域发展不平衡的现象。其中,襄阳都市圈的家庭医生上门率最高,为 32.0%,明显高于其他两大都市圈。宜荆荆都市圈和武汉都市圈的家庭上门率均位于全省平均水平以下,但宜荆荆都市圈的家庭医生上门率高于武汉市都市圈,且接近全省平均水平(图 5-2-3)。

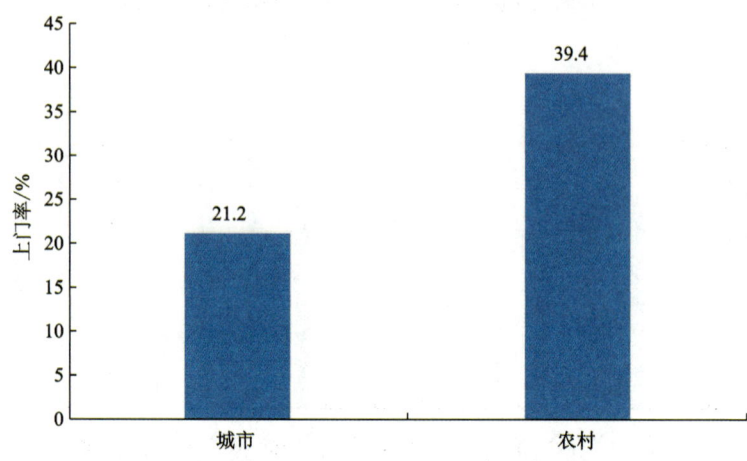

图 5-2-2　城乡地区的家庭医生上门率

数据来源:第一期湖北百县老龄调查(2023)数据。

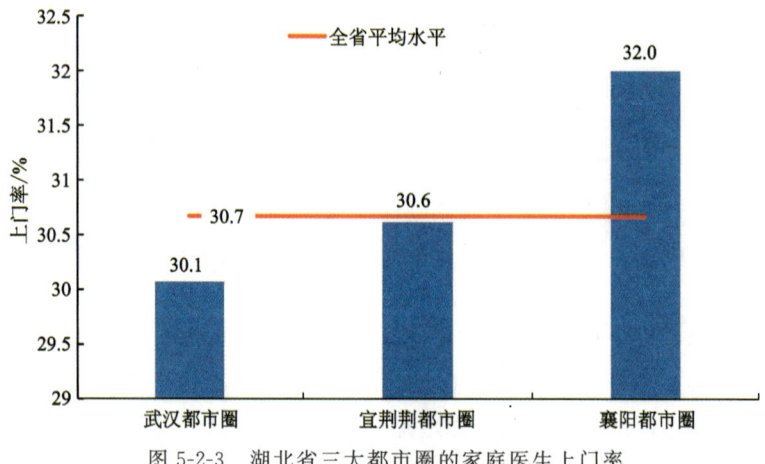

图 5-2-3　湖北省三大都市圈的家庭医生上门率

数据来源:第一期湖北百县老龄调查(2023)数据。

(四)随着老年人受教育水平的增加,家庭医生上门率在逐渐下降

调查数据结果显示,随着老年人受教育年限的增加,家庭医生上门率在逐渐下降。其中,受教育年限最长(大学及以上)的老年人的家庭医生上门率为19.7%,受教育年限最短(文盲或半文盲)的老年人的家庭医生上门率为39.3%,二者相差19.6个百分点,差距较大(图5-2-4)。受教育水平较高的老年人的健康知识储备相对丰富,经济条件相对较好,更倾向于前往更高层级的医疗卫生机构就诊,因而降低了对家庭医生服务甚至是基层医疗卫生的使用率。

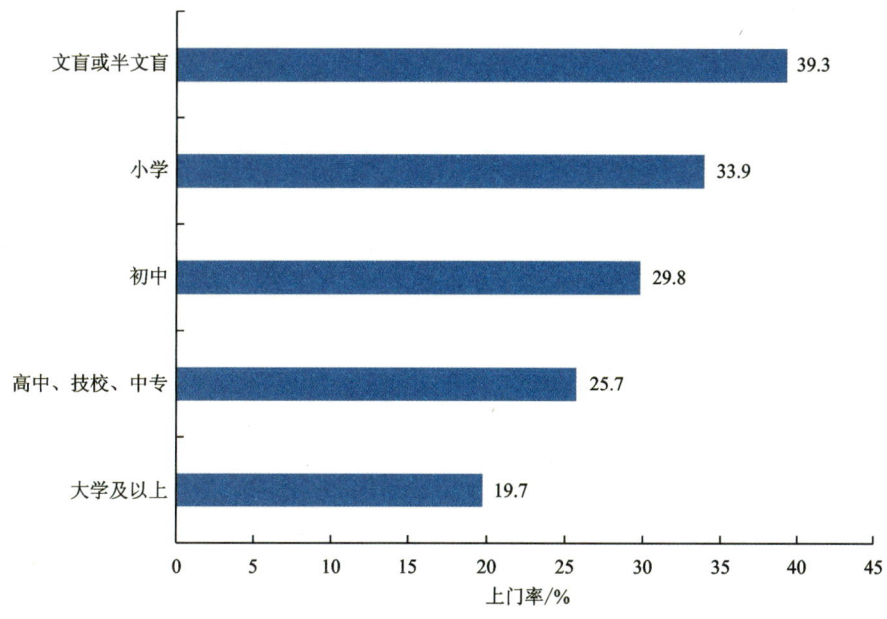

图 5-2-4　不同受教育水平老年群体的家庭医生上门率

数据来源:第一期湖北百县老龄调查(2023)数据。

(五)经济发展水平越高的地区,老年人家庭医生服务的落实情况越好

经济较发达的地区医疗资源相对丰富,老年人家庭医生服务的落实情况明显好于经济较为滞后的地区。从图5-2-5中呈现的结果来看,经济发展高水平地区的家庭医生上门率为31.1%,经济发展中水平地区的家庭医生上门率为30.8%,而经济发展低水平地区的家庭医生上门率仅为29.8%,经济发展高水平地区的老年人的家庭医生服务的落实情况要好于中低经济发展水平地区。

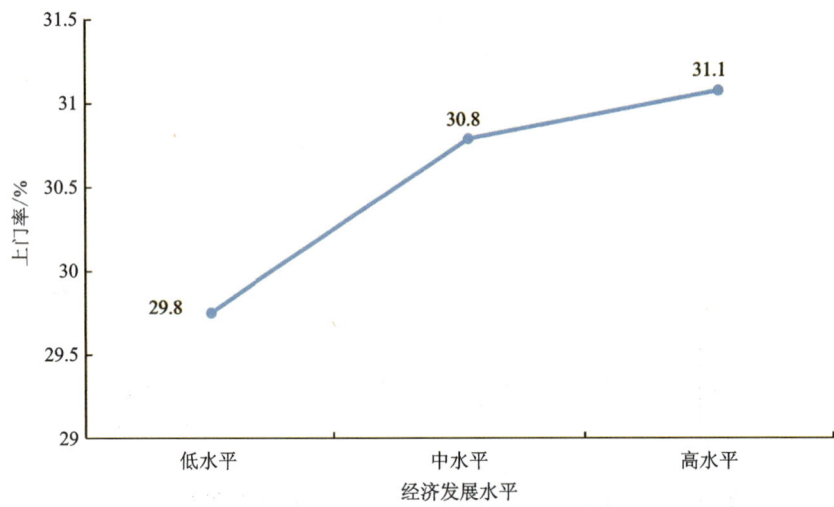

图 5-2-5　不同经济发展水平地区的家庭医生上门率

注:地区经济发展水平按照人均 GDP 高低划分为高水平、中水平与低水平三类。其中,排名前 1/3 为高水平,中间 1/3 为中水平,后 1/3 为低水平。

数据来源:第一期湖北百县老龄调查(2023)数据。

二、湖北省家庭医生服务存在的问题

(一)老年人家庭医生实际服务率远低于签约率,服务内涵未得到体现

家庭医生制度设计的初衷是为了给居民提供疾病预防和个性化的健康管理服务,从而在根源上促进居民健康。老年人大多患有慢性病,无法通过医疗手段进行根治,而是需要通过医养结合、慢病管理等手段得到康复,这正是家庭医生服务的优势所在。但从现实情况来看,老年人家庭医生签约服务的落实还不到位。根据《关于推进家庭医生签约服务高质量发展的实施方案》测算,湖北省老年群体家庭医生签约比例已经达到 70%,但从调查数据结果来看,全省老年人的家庭医生上门率仅为 30.7%。老年人家庭医生实际服务率和签约率之间的巨大差距,反映出老年群体从家庭医生服务中获得的收益有限,家庭医生具备的预防保健和慢病管理等服务内涵也未得到充分体现。

(二)家庭医生服务孤立于医疗卫生服务体系之外,医疗资源下沉不足

家庭医生服务的顺利开展得益于医疗卫生服务体系的全方位支持,但从当前情况来看,家庭医生服务尚未融入医疗卫生服务体系。一是各级医疗卫生机构的医疗电子信息系统缺乏整合,形成"信息孤岛"。家庭医生需要掌握居民一定的健康信息进而为居民提供个性化的健康管理服务,信息不互通使得服务工作难以开展。二是家庭医生团队综合实力较弱,缺乏上级医疗机构全方位支持。长期以来,优质医疗资源和名医专家集中在更高层级的医疗机构,基层医疗机构医疗资源十分匮乏,由于家庭医生依托基层医疗卫生机构开展服务工作,必须具备一定的优质资源,必须得到上级医疗机构的技术支持,否则会因服务能力不足而无法开展工作。三是转诊流程不规范,转诊通道不畅通。家庭医生在开展服务工作时,遇到疾病严重程度较高的患者时需要向上级医疗卫生机构转诊,同时也会接受上级医疗卫生机构的转诊,但存在着转诊效率低、"上转容易下转难"的现象,转诊通道不畅通会降低家庭医生开展工作的效率和效果。

(三)居民对家庭医生服务的知晓率和信任度不高,潜在需求有待转化为实际需求

居民对家庭医生需求意愿弱的重要原因在于居民对家庭医生的认知程度和信任度不高。一是居民对家庭医生签约服务的认知程度不高。多数居民不知晓家庭医生的工作职责是什么,甚至不清楚家庭医生是什么。在一项关于社区居民对家庭医生服务的知晓率的调查中,有56.3%的受访者不知道什么是"片医"、片区,61.9%的受访者不知道他们的工作职责是什么,58.8%的受访者没有见过家庭医生,82%的受访者没有其联系方式,58.3%的受访者不知道他们可以提供上门服务。二是居民对家庭医生签约服务的信任度不高。多数居民对家庭医生签约服务持怀疑态度,且这种现象在城市地区表现得尤为严重。从调查数据结果来看,湖北省17个地级市(州)的农村家庭医生上门率均高于城市家庭医生上门率,除黄石市外,这种差距维持在10%以上(见图1-2-8)。相较于农村来说,城市的人际关系较为淡漠,居民之间缺乏社会互动与交流,信任度不高,从而居民对家庭医生及其家庭医生签约服务的信任度不高。

(四)医疗保险支付机制的导向性不强,医疗保险资金对居民就医行为的引导不足

家庭医生制度是解决老百姓"看病难"和"看病贵"问题、贯彻落实"健康中国"战略的"重要法宝"。医疗保险支付体系作为配套支持政策,应发挥其杠杆调节作用,有效引导居民的就医行为,为家庭医生制度的良好发展提供有力保障。然而,从现实情况来看,医疗保险支付体系对居民就医行为的引导不足。一是在就诊机构选择方面并没有对居民进行强制约束。居民不需要通过家庭医生的转诊进而选择其他层级的医疗机构进行诊疗,而是可以直接根据自身对不同层级医疗机构的偏好和经济状况选择要前往的医疗机构进行就诊。二是医疗保险资金对在家庭医生处就诊的居民的报销力度不足。当前,医疗保险政策中并没有对于经家庭医生就诊的居民给予报销优惠的规定,只规定了对于经家庭医生转诊的居民由家庭医生团队支付相应的转诊费用,以及在转诊时可以享受上级医疗机构预留的专家号、预约挂号和住院床位。三是不同层级医疗机构就诊医疗保险支付相差不大。虽然不同层级的医疗机构报销比例存在差异,但相差不大,或者说居民对于医疗费用支付的差异不敏感。而且现行的支付制度更偏向于鼓励患者住院和到大医院门诊就诊,在满足区域可及性较高且自负费用差异不大的情况下,居民更倾向于到更高层级的医疗机构就诊,而不是选择家庭医生首诊。

(五)考核与激励机制不健全,家庭医生对签约服务的积极性有待提高

目前,家庭医生对签约服务的积极性较低的重要原因在于考核和激励机制不健全。一是考核机制不合理促使家庭医生盲目追求签约率。卫生行政部门多侧重于考核便于获得和统计的签约率指标,对服务的落实缺乏有效监督。这在一定程度上导致基层医疗卫生机构和全科医生在开展服务过程中,不考虑自身服务能力和基础,盲目追求签约率,影响了服务落实的同时也降低了家庭医生对工作的积极性。二是工作量与收入不符影响家庭医生工作积极性。近年来,随着政府对基层医疗卫生机构的投入不断增加,全科医生的待遇有了较大改善。全科医生信心指数逐年提升,执业感受持续改善。但家庭医生签约服务的工作量未在薪酬中得到充分体现、未让家庭医生切实感受到新增工作后薪酬的变化,权责不一致导致其服务动力不足。

三、推进家庭医生服务高质量发展的对策建议

(一)增强家庭医生的主动服务意识,充分发挥家庭医生服务及基层医疗卫生的优势

一是增强家庭医生的责任意识和主动服务意识。家庭医生既是签约的主体,同时又是服务的提供者。应加强与签约居民的联系,通过定期了解其健康状况,积极提供预防保健等公共卫生服务和加强对慢性病的预防指导等一系列活动与签约居民建立长期稳定的服务关系。二是充分发挥基层医疗卫生机构在疾病预防和健康管理方面的优势。首先,基层医疗卫生机构具备覆盖广泛、服务便捷的特点。这一优势能够满足人民群众的多方面需求,方便人民群众就近就医,提高服务的可及性和可负担性。其次,基层医疗卫生机构具备护理的连续性这一重要特点,在疾病的康复与护理方面存在着显著优势。可以充分发挥以上优势,以慢性病群体的健康管理为切入点,推动家庭医生签约服务和"医防融合"高质量发展。

(二)加快构建紧密型医疗联合体,完善家庭医生服务支持体系

一是推动优质医疗资源下沉。提升基层医疗卫生机构的常见病、多发病诊治,公共卫生,健康管理和中医药服务能力;优化医疗资源配置;提高医疗资源利用效率;缩小城乡、地区、专业之间的医疗资源差距;满足群众多层次、多样化的健康需求。二是完成各级医疗机构之间的信息系统整合。建立健全医疗联合体内部的信息共享机制,实现医疗卫生机构之间的电子病历、检验检查结果、用药处方等信息互联互通,提高医疗服务质量和效率,减少重复检查和用药,降低不必要的医疗费用。三是优化转诊流程,疏通转诊通道。建立健全医疗联合体内部的双向转诊制度,明确转诊流程、责任、费用等,实现转诊预约、绿色通道、优先就诊、信息共享、费用结算等一站式服务,提高转诊效率和满意度。

(三)加大政策宣传力度,增加家庭医生与居民的黏性

一是要加强对家庭医生签约服务政策的宣传和解读。利用新闻媒体、社区宣传、网络平台等多种渠道和形式,广泛传播家庭医生签约服务的理念、内容、流程、效果等信息,提高居民对家庭医生签约服务的认知度和理解度。二是要加强对家庭医生签约服务的推介和引导。通过开展健康教育、健康咨询、健康体检等活动,向居民介绍家庭医生的专业能力和服务优势,展示家庭医生的服务成果和案例,激发居民的签约需求和动力。三是要加强与居民的沟通和互动。通过面对面、电话、微信、短信、移动客户端以及门诊服务等方式,每季度至少联络签约重点人群一次,及时回应居民的疑问和关切,解决居民的困难和问题,增强居民的信任和依赖。

(四)加强医疗保险支付体系建设,做实居民家庭医生首诊

一是参考深圳"罗湖模式",探索医疗保险机构对上下级医疗机构打包付费。医疗保障局可以根据上一年度住院医疗保险支出总额和本年度全市医疗保险基金支出增长率计算医疗保险资金并统一打包支付给区域医疗联合体,实行"总额管理,结余留用",区域医疗联合体不限制患者选择就医医院,但患者到区域医疗联合体外就医费用从区域医疗联合体的总额中支付,从而倒逼区域医疗联合体主动联系签约居民,做好家庭医生签约工作,增强家庭医生团队对签约居民的疾病防控及健康管理,降低疾病发病率。二是加大医疗保险资金对在家庭医生处就诊居民的报销力度。继续实行不同层级医疗机构的差异化报销比例政策,通过合理测算,确保医疗保险报销比例浮动在合理的范围之内,对通过基层首诊诊疗的签约居民进行适当的医疗保险报销比例的倾斜。

(五)建立健全考核与激励机制,调动家庭医生工作积极性

一是要优化家庭医生签约服务的考核指标体系。明确考核的内容、标准、方法、时限等,综合考虑家庭医生的服务数量、质量、效率、满意度等方面,建立以服务质量为核心的考核机制,避免过分强调服务数量和覆盖率,防止形式主义和应付了事。二是要完善家庭医生签约服务的奖惩制度。根据家庭医生的服务绩效和评价,给予相应的奖励和惩罚,实现以奖代补、以奖促优、以奖惩分、以奖惩明的奖惩

机制,避免一刀切和一视同仁,防止权责不对等和利益不均衡。三是要落实家庭医生的薪酬待遇政策。及时对家庭医生的服务收入进行核算和发放,保障家庭医生的基本收入和额外收入,提高家庭医生的收入水平和社会地位。通过开展优秀家庭医生评选、表彰、宣传等活动,增强家庭医生的荣誉感和自豪感。

报告三
湖北省老年人免费体检服务的现状、问题及对策

石智雷　李祖涵　王璋

老年人免费体检是国家基本公共卫生服务项目的重要内容之一,是落实健康老龄化规划的重要手段。课题组基于第一期湖北百县老龄调查(2023)数据库和实地调查对湖北省老年人免费体检服务进行研究。湖北省老年人免费体检服务存在农村地区落实力度不足、异地免费体检服务机制不完善,独居、鳏寡老年人免费体检参与率低等问题,应当进一步健全免费体检服务机制体制、出台流动老年人免费体检方案、细化弱势老年人帮扶工作、完善免费体检服务反馈体制、落实老年人健康指导工作。

《礼记·礼运篇》提到:"使老有所终,壮有所用,幼有所长,鳏、寡、孤、独、废疾者皆有所养。"大同社会一直是我国追求的目标。我国正处于老龄化加速发展阶段,应对人口老龄化任务艰巨。2021年底,我国65岁及以上人口占比达到14.19%,超过了中等老龄化社会的标准水平(14%)。湖北省老龄化问题更加严峻,65岁及以上的老龄人口占比达到14.59%,是中部六省中老龄化程度最深的省份。党的二十大报告将应对治理人口老龄化提升到国家战略层面。习近平总书记也强调:"贯彻落实积极应对人口老龄化国家战略,把积极老龄观、健康老龄化理念融入经济社会发展全过程。"2017年6月,《国务院办公厅关于制定和实施老年人照顾服务项目的意见》指出"鼓励通过基本公共卫生服务项目,为老年人免费建立电子健康档案,每年为65岁及以上老年人免费提供包括体检在内的健康管理服务"等重点任务。2021年国家卫生健康委员会在"中国共产党为人民谋健康的100年"系列新闻发布会

上更是明确要求每年需要为 65 岁及以上老年人提供免费体检和健康管理[①]。

从"十三五"到"十四五",国家始终把实现老年人健康管理工作放在重要地位。国家老龄事业发展和养老体系建设规划曾指出,65 岁及以上老年人健康管理率目标值达到 70%,完善健康教育和健康管理,落实基本公共卫生服务老年人健康管理项目。《湖北省影响群众健康突出问题"323"攻坚行动方案(2021—2025 年)》指出,要强化健康管理,促进医防协同,对筛查发现的患者,要完善其健康档案,纳入健康管理。《湖北省医疗保障事业发展"十四五"规划》也指出要提升适老服务水平。但湖北省目前存在基层经办力量薄弱、部门责任落实不够到位、待遇保障不够充分等问题,因此有必要了解国家基本卫生服务中老年人免费体检项目在湖北的发展现状,明确该项目现行存在的问题,并基于此提出改进老年人免费体检服务的对策和建议。

为进一步考察湖北省县域老龄事业发展情况,中南财经政法大学湖北健康老龄研究院在省老龄工作委员会各部门的支持下,开展了第一期湖北百县老龄调查(2023)。该调查对全省 12 500 名老年人进行访谈调查,汇总搜集 103 个县级行政单元 19 项老龄事业发展数据,最终获得有效样本 12 350 个,搭建起 2023 年湖北省县(市、区)老龄事业发展数据库。基于该数据库,本报告对湖北省老年人免费体检服务进行系统性分析和总结。

一、湖北省老年人免费体检服务现状

(一)湖北省老年人免费体检服务具体实施流程与体检项目内容

作为国家基本公共卫生服务项目的重要组成部分,老年人的免费体检和健康管理工作旨在全面了解老年居民的健康状况,进行事前预防,减轻医疗负担。就湖北省而言,所有 65 岁及以上的老年人都可以享受每年一次的免费体检。一般来说,健康体检包括生活方式和健康状况评估、体格检查和辅助检查,具体检查内容见表 5-3-1。在湖北省,免费体检服务通常由当地的小型医疗机构提供,城市地区

[①] 后文中将免费体检和老年人健康管理服务统称为"免费体检服务",健康管理率即为免费体检参与率。

由社区卫生服务中心（站）提供服务，农村地区由乡镇卫生院、村卫生室提供服务。对于有特殊需求的老年人，社区或村办会提供上门体检服务。湖北省的老年人免费体检流程见图5-3-1。在湖北省城区，免费体检服务一般采取预约制，预约后方可进行体检；在农村地区，免费体检服务通常由乡镇卫生院进行组织，统一集中进行体检。医生在完成体检后需要及时将检查信息填写在健康体检表中，并纳入健康档案统一管理。随后，医生还需及时告知体检结果并进行免费的健康指导。

表 5-3-1 老年人免费体检项目

序号	项目	具体内容
1	生活方式和健康状况评估	通过问诊及老年人健康状态自评了解其基本健康状况、体育锻炼、饮食、吸烟、饮酒、慢性疾病常见症状、既往所患疾病、治疗及目前用药和生活自理能力等情况
2	体格检查	包括体温、脉搏、呼吸、血压、身高、体重、腰围、皮肤、浅表淋巴结、肺部、心脏、腹部等常规体格检查，并对口腔、视力、听力和运动功能等进行粗测判断
3	辅助检查	包括血常规、尿常规、肝功能（血清谷草转氨酶、血清谷丙转氨酶和总胆红素）、肾功能（血清肌酐和血尿素）、空腹血糖、血脂（总胆固醇、甘油三酯、低密度脂蛋白胆固醇、高密度脂蛋白胆固醇）、心电图和腹部B超（肝胆胰脾）检查

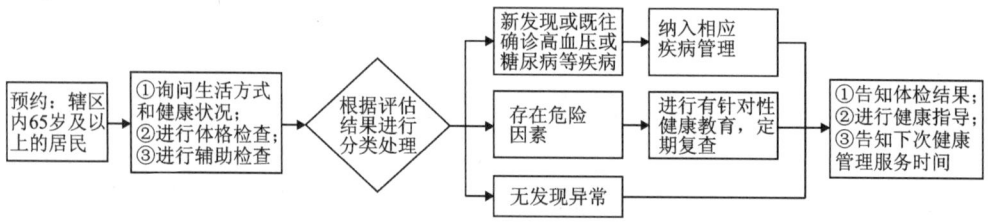

图 5-3-1 湖北省老年人免费体检流程

（二）湖北省老年人免费体检参与率为 70.65%，基本达到国家要求

调查数据显示，湖北省65岁及以上老年人免费体检参与率达到70.65%，基本实现了国家老龄事业发展和养老体系建设规划提出的免费体检参与率70.00%的目标。但与北京等特大城市相比，湖北省的免费体检服务仍然存在覆盖面不足的

问题。2022年北京市的达标率就已超85%,远超湖北省的70.65%。湖北省老年人免费体检服务完成度与北京等经济发展较好的特大城市之间仍存在较大的差距。

(三)湖北省农村地区免费体检参与率为72.26%,城市地区为68.89%

调查数据显示,湖北省农村地区的免费体检参与率为72.26%,比城市地区高3.37个百分点,二者差距较小(图5-3-2)。就免费体检参与率目标而言,湖北省农村地区的免费体检服务较城市地区落实更加到位,达到了国家免费体检参与率70.00%的目标,而城市地区并未达到。这可能是因为城市地区老年人健康管理更加丰富多样,参与其他体检或健康筛查后不选择免费健康体检,而农村地区往往由村委会统一组织,参与率较高。

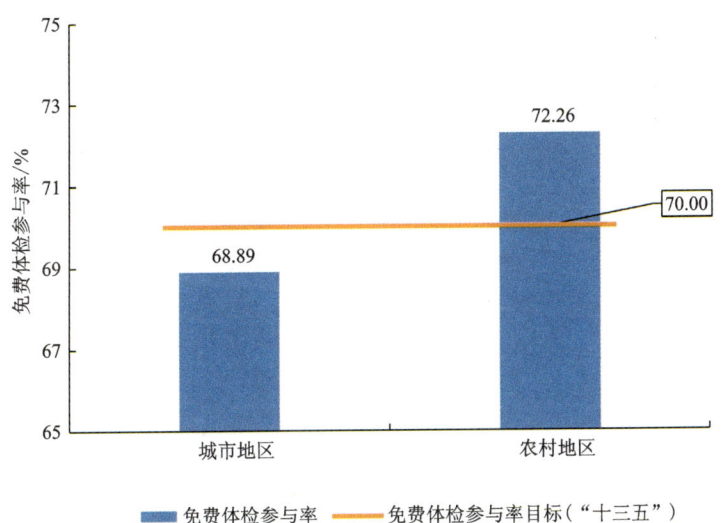

图 5-3-2 湖北省分城乡65岁及以上老年人免费体检参与率

数据来源:第一期湖北百县老龄调查(2023)数据。

(四)宜荆荆都市圈免费体检参与率最高,武汉都市圈参与率最低

从各城市群的免费体检服务达标率看①,宜荆荆都市圈与襄阳都市圈的免费体

---

① 武汉都市圈包括武汉、黄石、鄂州、孝感、黄冈、咸宁、仙桃、天门、潜江;宜荆荆都市圈包括宜昌、荆州、荆门、恩施;襄阳都市圈包括襄阳、十堰、随州、神农架。

检参与率平均值都达到了国家要求。其中宜荆荆都市圈参与率的平均值最高,为74.57%,襄阳都市圈的参与率为71.57%,而武汉都市圈的免费体检参与率平均值并未达到国家要求,位列3个都市圈末尾,仅有67.60%(图5-3-3)。武汉市、襄阳市和宜昌市分别为3个都市圈的增长极,免费体检参与率也呈现较大差异。全省经济中心武汉市的免费体检参与率仅有65.21%,襄阳市仅有68.86%,均未达标;宜昌市免费体检参与率远超标准,为77.46%。

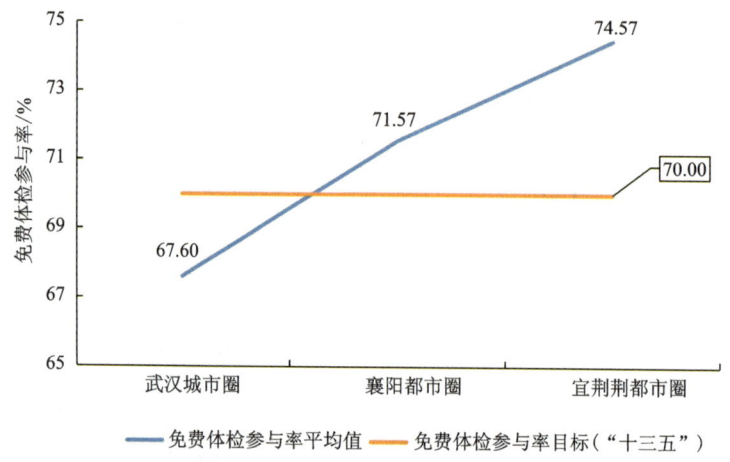

图 5-3-3 湖北省分城市群 65 岁以上老年人免费体检参与率

数据来源:第一期湖北百县老龄调查(2023)数据。

(五)各地市州老年人免费体检参与率呈现较大差异性,极差达19.40%

调查数据显示,全省17个市州中,9个市州达到了免费体检参与率70.00%的目标。具体分析可以发现,各市州免费体检参与率呈现较大差异性。其中,天门市是湖北省老年人免费体检参与率最高的直辖县级市,高达84.16%,潜江市的免费体检参与率最低,仅有64.76%,是湖北省唯一免费体检参与率低于65.0%的地市。天门市与潜江市的免费体检参与率极差达到19.40%(图5-3-4)。仙桃市免费体检参与率位列全省第二,为80.00%,武汉市和孝感市的达标率只略高于潜江,分别为65.21%和65.26%。

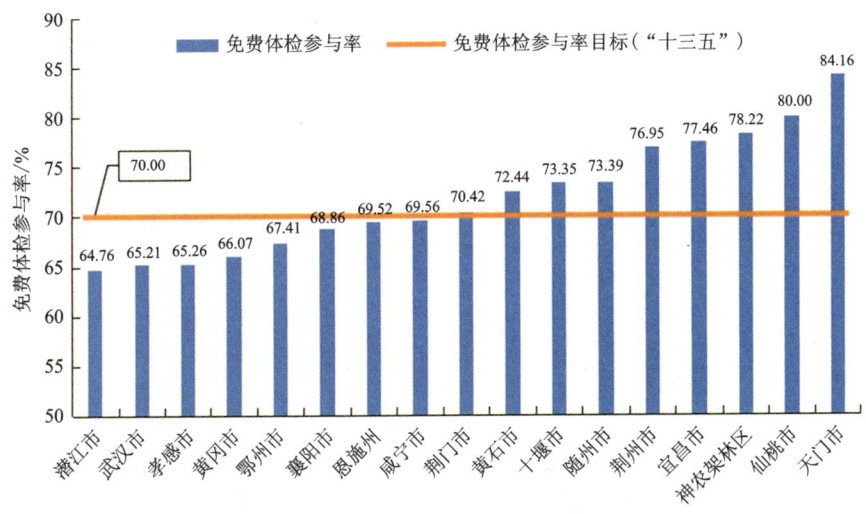

图 5-3-4 湖北省分地市州 65 岁及以上老年人免费体检参与率

数据来源：第一期湖北百县老龄调查(2023)数据。

(六)老龄化程度越高的县区,免费体检参与率越高

调查数据显示,老龄化程度高的地区免费体检参与率较高①,为 72.08%,达到国家免费体检参与率目标。而老龄化程度较低的地区免费体检参与率较低,仅有 69.45%(图 5-3-5)。老龄化程度与县区免费体检参与率呈现正相关关系。湖北省县市的老龄化程度分布不均,且差异较大。人口老龄化会对地区消费、产业结构造成显著影响,老龄化程度高的县区的老年人可能对养老制度、健康福利等更加关注,因此更加关注自身身体健康,参与免费体检等公共卫生服务的积极性更高。

(七)65 岁老年人免费体检参与率为 63.51%,低龄老年人参与率较低

调查数据显示,刚满 65 岁的老年人免费体检参与率仅有 63.51%,为各年龄段最低。70 岁老年人免费体检参与率最高,达到 75.56%。65~70 岁的老年人的年龄与免费体检参与率之间存在着正相关关系,即年龄越大,免费体检参与率越高;

---

① 按老龄化程度对湖北省 103 个县(市、区)进行排序,取前 50% 的县(市、区)为低老龄化程度县(市、区)(52 个),后 50% 的县(市、区)为高老龄化县(市、区)(51 个)

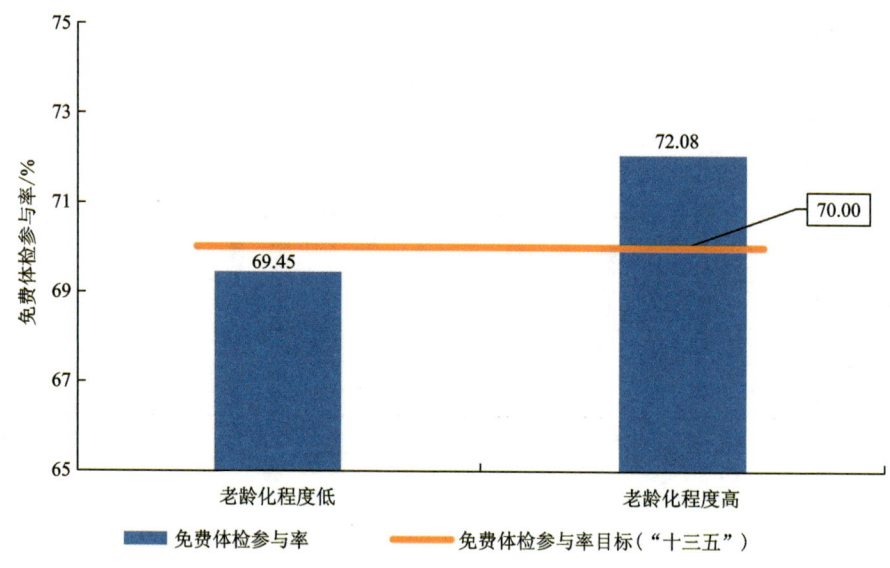

图 5-3-5　湖北省分老龄化程度 65 岁以上老年人免费体检参与率

数据来源：第一期湖北百县老龄调查（2023）数据。

70～75 岁的老年人的年龄与免费体检参与率之间呈现波动关系。65～67 岁的老年人免费体检参与率都未达到国家制定的 70％参与率目标，而 68 岁以上的老年人免费体检参与率已稳定在 70％以上。低龄老年人的免费体检参与率较低，可能的原因是对于刚满足免费体检年龄条件的老年人来说，此前并未享受过该项政策，对免费体检心存疑虑（图 5-3-6）。

二、老年人免费体检服务存在的问题

（一）农村地区人力、物力普遍缺乏，导致免费体检服务流于形式

农村地区的乡镇卫生院和村卫生室普遍存在医护人员配备不足、医护人员身兼数职的情况。一是体检时间紧，医护人员工作压力大。体检项目往往时间安排紧、项目多、任务重。免费体检任务下达后，卫生院通常需要在半天的时间内完成一百多号人的体检，且体检项目覆盖 20 多项，可能出现一名医护人员负责多个体检项目的情况，医护人员工作压力大。二是体检任务重，医护人员工作内容多。除

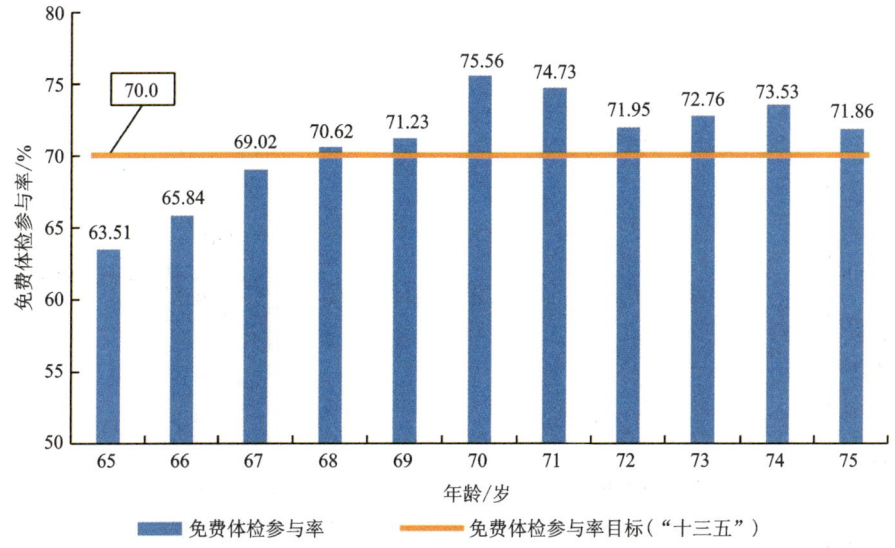

图 5-3-6　湖北省分年龄 65 岁以上老年人免费体检参与率

数据来源：第一期湖北百县老龄调查（2023）数据。

了完成体检项目外，医护人员往往还需承担组织安排、整理体检数据、解决老年人质疑等职责范围之外的工作。医护人员工作内容多，难以集中精力完成体检服务，难免导致免费体检服务流于形式。三是医疗资源差、医疗水平较低。乡镇医护人员资质参差不齐，医疗卫生设备老化，部分低水平的医护人员可能无法及时解决体检过程中遇到的医疗器械出现的突发状况，导致体检效率降低。由于农村地区在开展免费体检服务时普遍存在人力、物力缺乏等客观困难，这些地区难以较好地完成免费体检服务。

（二）流动老年人免费体检参与率低，异地免费体检服务机制不完善

调查数据显示，湖北省异地居住老年人的免费体检参与率明显低于本地居住老年人，仅有 60.76%，远不及国家要求的 70.00% 参与率目标，也远低于本地居住的老年人 71.65% 的参与率（图 5-3-7）。一方面，参与免费体检目标对象有限制。免费体检服务针对 65 岁及以上、在辖区内居住半年以上的老年人口（常住人口），而本辖区内居住时间不长的流动老年人无法享受该项免费体检服务。另一方面，社区对流动老年人管理不完善。社区对流动人口掌握情况不足，没有做好流动老

年人口及其家庭情况的登记与管理。流动老年人离开原居住地,无法在原居住地卫生机构进行体检,但由于并未在新居住地进行常住登记,新居住地的卫生机构不接纳,异地居住老年人无法参与免费体检。流动老年人的异地免费体检机制不完善,导致其免费体检参与率低。

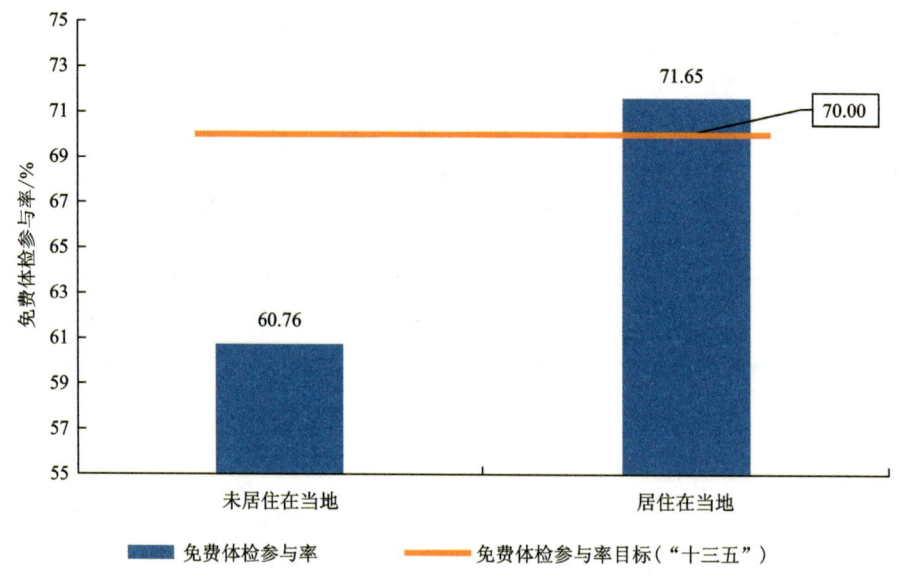

图 5-3-7　湖北省分居住地 65 岁以上老年人免费体检参与率

数据来源:第一期湖北百县老龄调查(2023)数据。

(三)独居、鳏寡老年人免费体检参与率低,免费体检服务瞄准性不足

调查数据显示,独居老年人的免费体检参与率仅有 67.65%,鳏寡老年人免费体检参与率仅有 68.25%[①],这类弱势老年人群体的免费体检参与率均未达到国家 70.00% 的要求(图 5-3-8)。一方面,免费体检服务瞄准性不足。老年人作为国家基本公共服务的重点关注人群,弱势群体老年人更应该是重中之重。但是独居、鳏寡老年人的参与率反而较低,免费体检服务并未对这类更需要帮助的弱势群体老

---

① 鳏寡老年人与已婚老年人相对,指"老而无妻"或"老而无夫"的老年人(包括离婚、丧偶等)。

第五篇　医养结合

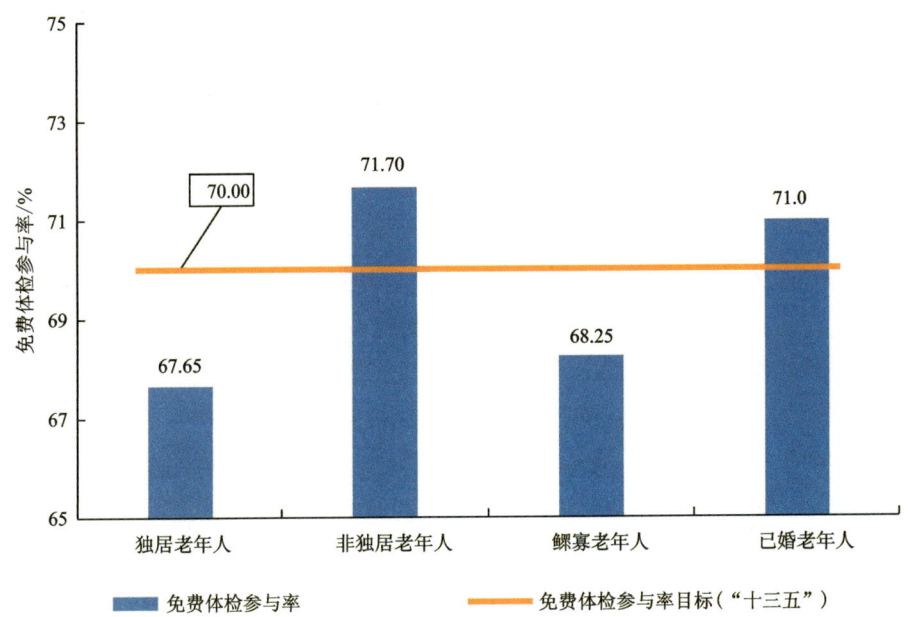

图 5-3-8　湖北省分居住方式、分婚姻情况 65 岁以上老年人免费体检参与率

数据来源：第一期湖北百县老龄调查（2023）数据。

年人开展针对性帮扶，"托底"作用发挥不到位。另一方面，免费体检服务的通知宣传力度不足。城市地区开展免费体检时，社区往往通过微信群或者微信公众号推文进行宣传通知。由于独居，身边没有人照顾，这类老年人往往很难关注到除日常起居生活外的活动，可能导致其错过体检。并且多数老年人对电子设备使用不熟悉，这类"数字化"的通知很难通知到独居、鳏寡老年人。免费体检服务缺乏对弱势老年人群体针对性的宣传通知。

（四）免费体检服务落实力度不足，健康指导工作存在明显缺失

一方面，免费体检服务缺乏有效结果反馈制度。免费体检服务的开展重心放在了体检过程与数据收集上，在一定程度上忽视了及时向老年人反馈体检结果的重要性。许多农村地区老年人在调查中反映，他们在体检结束后拿不到体检结果。一是他们不知道体检结果什么时候出具，二是出具了体检结果后，不知道找什么部门拿。即使拿到了体检结果，因没有专业的医生对体检报告进行讲解或指导，他们也看不懂体检报告上晦涩难懂的专业术语。如果体检已经检测出老年人疾病，而

结果延迟反馈会导致耽误患者的最佳诊疗时间、增加患者治疗费用、降低患者治疗效果等，造成不可挽回的后果。另一方面，免费体检服务没有建立长期追访和护理机制。在体检结束告知检查结果后，后续难以对老年人进行及时的随访和追踪，医生也无法提供进一步的诊断和治疗服务，无法引导个体进行健康管理，并定期查看健康管理结果。

（五）免费体检骗局消耗公众信任，诈骗领域执法打击力度不足

一是社会上存在各式免费体检骗局，消耗公众信任。部分犯罪分子会打着"公益活动"的旗号，以发放赠品、免费体检、免费旅游为诱饵，对老年人行骗，骗取老年人医疗保险卡余额或者哄骗老年人购买天价保健品。老年人对自身健康状况更加关心，且防范意识较弱，是免费体检诈骗的重灾区。免费体检骗局的存在，消耗了公众对国家免费体检服务的信任度，导致国家利民的基本公共卫生服务受到牵连。二是对诈骗的执法打击力度不足。老年人反诈意识不足，更需要多部门、多地区联动，共同加大对诈骗活动的打击力度，加大对犯罪分子的惩罚力度。由于对诈骗的执法力度不足，不少诈骗分子被执法后仍心存侥幸，流窜到其他未被执法过的地区或执法力度较轻的地区继续实施诈骗，造成更多老年人的福利损失。

三、完善老年人免费体检服务的对策建议

（一）完善健康管理顶层设计，健全免费体检服务机制体制

一是完善健康管理顶层设计，加大对免费体检服务医疗资源的全方位投入。经济发展水平较高的县（市、区）医疗保健资源较为充足，在保证这些地区现有医疗防护水平的情况下，加大对经济发展水平较低地区的财政补助，给予当地卫生院、卫生服务中心财政补贴，帮助地区优化和丰富当地医疗资源。二是健全免费体检服务机制，健全、完善免费体检服务医护人员管理制度。加大参与免费体检服务医护人员的数量，合理分配医护人员工作量，合理安排医护人员工作时间，调动医护人员工作积极性。三是动员社会参与，加大推进力度。在乡镇机构改革中，明确相

应机构承担健康促进等职责。相关行业学会、协会和群团组织也要充分发挥作用,组织、指导健康促进工作。

(二)出台流动老年人免费体检方案,加快推进医疗信息联动

一是亟须出台和制定合理的异地居住老年人免费体检方案。异地居住老年人参与免费体检不便,需要在异地也能同时享受到前期健康体检和后期健康追踪管理服务。二是加快推进各地医疗信息联动。加快推进建立全省统一的数据管理体系,构建体检与过往病史信息库,全省各级医疗机构可以查阅该老年人的体检结果,让异地居住的老年人异地体检就医不存在"医疗信息差",方便异地老年人就医与治疗。三是强化各市州、各部门之间联动。各市州、各部门之间强化联动,建立部门联系试点制度,加强调研指导,形成推进合力,共同保障异地居住老年人就医体检,为居民提供全生命周期健康服务,保证异地居住老年人整体健康福利。

(三)强化免费体检服务瞄准性,细化对弱势老年人帮扶工作

加强免费体检服务瞄准性,重点帮扶弱势老年人群体。一是社区、居委会做好弱势老年群体登记管理服务。针对独居老年人和鳏寡老年人无人照料帮扶的情况,社区、村委会应做好基层工作,主动登记,并指定负责人对这类老年人进行管理。二是定时定期关心照料弱势老年人群体。在开展免费体检服务时尽职尽责帮助弱势老年人参与体检,日常生活中对这些老年人进行定期看望照料,对弱势老年人开展针对性帮扶。三是营造良好社会帮扶氛围。各地、各部门要广泛宣传党和国家关于维护促进人民健康的重大战略思想和方针政策,积极利用新媒体平台加大宣传力度,引导群众形成健康生活方式,增强社会普遍认知,形成全社会关心支持老年健康行动的良好氛围。

(四)完善免费体检服务反馈体制,落实明确健康指导工作

建立和完善免费体检服务反馈体系,建立长期回访护理机制,落实健康指导工作。一是健全医疗机构工作和管理制度。合理配置医务人员开展免费体检工作,管理好老年人体检档案,建立数据信息管理体系,提高工作效率与精准度。二是加

强对医护人员的专业培训和技能提升。提升医生的诊疗水平和服务能力,强化监督和考核标准,对医疗机构和医生工作进行评估、监督和定期考核,保证医务人员专业素养。三是明确体检职责,落实健康指导。落实体检各环节负责人责任,保证老年人体检信息真实,落实健康指导,做到对于疾病诊断有理有据。基层医务人员要尽职尽责做好本职工作,尽到医疗保障义务。

(五)加大免费体检服务宣传力度,深入推进健康反诈宣传

一是落实各部门、各机构的宣传责任与义务。各地政府部门和医疗机构要落实政策宣传责任,明确宣传义务,联系社区组织宣传活动,通过多种渠道广泛宣传免费体检内容、流程以及注意事项。二是大力开展专业性、针对性、持续性与多样性宣传工作。免费体检健康管理宣传工作需要专业科普、针对开展、持续进行、多样化推进。针对老年人对于免费体检的疑惑要进行解答,对各式诈骗手段要宣传教育,要明确老年人对基本公共服务的认识。三是做好健康反诈宣传教育,强化老年人诈骗风险意识。明确国家基本公共服务政策与健康诈骗之间的本质区别,引导老年人本人、家庭主动了解,调动老年人参与免费体检的积极性,提高免费体检参与率。

第六篇 长期护理保险

报告一
长期护理保险制度的国内外经验借鉴

程广帅　丘月玲　郑浩琳　张凌超　郑晓萍

探索建立长期护理保险制度,是党中央、国务院为积极应对人口老龄化、健全社会保障体系作出的一项重要部署。本报告总结了国内外长期护理保险制度建设的实践经验,在国外经验借鉴部分,报告对非正规护理困境、正规护理服务需求的影响因素、信息不对称的检验、长期护理保险的市场均衡等方面进行了梳理归纳;在国内经验借鉴部分,对长期护理保险的需求、时间的不确定性、费用的不确定性、商业保险现状、服务供给研究等方面进行了梳理归纳。

一、欧美国家长期护理保险制度的经验及借鉴

国外研究更加注重长期护理及长期护理保险制度背后微观主体的行为和市场信息不对称的检验。

(一)关于非正规护理困境的研究

在国际上,子女、护工和志愿者等都是护理服务的供给者。在丹麦,家庭护理劳动力的规模至少是正规护理人员的2倍,在加拿大、新西兰、美国、荷兰等国家这个比例高达10倍。家庭护理者多为女性,以配偶、成年女儿及儿媳为主。除了配偶之外,护理强度越大,家庭成员中其余的女性越有可能提供此护理服务(Help,2011)。在部分经济合作与发展组织(OECD)国家,付费的护工人数(包括护士和私人护理者)占总劳动年龄人口的1.5%。非正规护理人员不一定是被护理人的

家人,还可以是邻居、朋友或社区的其他成员。在长期护理市场,与正规护理相比较,非正规护理规模更大。非正规护理是老年护理市场的主要方式,其可能的解释为配偶和子女护理不仅是护理服务的供给,更多的是精神照料。在老年人无消费者主权的情况下,相比正规护理者,配偶和子女等非正规护理者的道德风险低,很少会虐待老年人。另一种理解为长期护理是一种时间和劳动密集型活动,家庭等非正规护理的成本较低,从市场雇佣长期护理人员的成本不是所有家庭都能承担的。

但是国际研究认为非正规护理面临困境。国际劳工组织的报告认为,护理提供者、雇主和病残老年人是护理困境中的"三方利益共同体"。其中,护理提供者面临的困境是大多数为妇女,且要平衡无偿的家庭护理与有偿的市场劳动力供给;雇主面临的困境是在有限的预算约束下尽可能为有护理责任的雇员提供优惠政策;病残老年人面临的困境是无限的护理需求与有限的护理供给的矛盾。Quereshi 和 Walker(1989)认为非正规护理不成功的原因有三:一是老年人长期护理市场的信息不对称;二是护理人和被护理人都不愿求助正规的职介机构;三是护理人员和配套设施规模跟不上老年人的需求。

(二)关于正规护理服务需求影响因素分析

纵观国内外研究表明,老年人长期护理服务需求的影响因素有健康状况、人口学特征、经济因素以及政策因素等。其中,健康状况是最主要的因素;人口学特征包括年龄、性别和婚姻状况等;经济因素包括护理服务价格、护理服务替代品价格以及社会经济地位等;政策因素包括共付率和服务设施等。

身体健康状况越差的老年人,对长期护理服务的需求越高。来自美国的研究表明,人一生不同年龄阶段需要长期护理的概率不同。65~74 岁年龄需要长期护理的概率是 17%;85 岁及以上年龄需要长期护理的概率是 60%。来自挪威的研究表明,1/4 的 80 岁以上的老年人住在疗养院。近 10 个发达国家的研究表明,仅有 2%~5% 的老年人住在疗养院,高龄老年人需要护理的比例是 70~79 岁老年人的 3.1 倍,是 60~69 岁老年人的 6.5 倍。而随着年龄的增长,老年人平均护理时间增长迅速,高龄老年人需要的平均护理时间是 70~79 岁老年人的 3 倍,是 60~69 岁老年人的 7.6 倍。国内战捷在 2004 年曾研究指出,健康老年人临终前平均护理时间是 76.6 天,非健康老年人临终前平均护理时间是 124.5 天,80 岁以上高龄老年人临终前平均护理时间为92天。

收入越低的老年人越倾向于在护理机构接受长期护理服务,而收入较高的老年人则更倾向于居家接受护理服务。相比较而言,收入较高的老年人拥有更高的家庭地位,给子女带来的经济负担更小,会更容易获得子女护理及精神赡养。美国的实证表明,拥有房产的老年人入住养老机构接受长期护理的概率更低。Headen(1992)发现拥有家庭财产、养老金收入以及其他租金收入的老年人入住养老机构的可能性更低。

(三)关于信息不对称的检验

传统的经济学认为,信息不对称影响着保险市场的运行效率。有学者认为,并无证据支持保险市场存在逆向选择(Brown and Finkelstein,2009;Finkelstein and Kathleen,2006)。他们对不同的保险市场进行研究,并未发现投保更多的人被保更多。长期护理保险市场存在多个维度的私人信息,已有研究发现即使保险覆盖范围与风险发生之间没有正相关关系,保险市场也可能受到信息不对称的影响(Finkelstein and Kathleen,2006)。

在标准的逆向选择模型中,仅考虑投保人的风险类型。如果保险范围和风险发生率是正相关关系,则保险市场存在逆向选择。将投保人的风险偏好纳入分析框架,保险市场中投保人的私人信息由一维变成多维。研究结论是保险范围和风险发生率之间可能不存在正相关关系。

Finkelstein(2009)对美国长期护理保险市场的研究总结如下:第一,保险公司无法观察到投保人的风险偏好和健康水平,这是信息不对称存在的技术根源。第二,风险类型决定承保范围和风险利用的正相关关系,即高风险类型的投保人会选择更多保险,其更可能出险。第三,风险偏好决定承保范围和风险利用的负相关关系,即高风险规避的投保人会选择更多保险,但更不容易出险。在信息不对称条件下,保险市场的承保范围和风险利用之间可能呈正相关关系,也可能呈负相关关系,还可能不存在相关关系。长期护理保险市场的逆向选择可能存在,也可能不存在。第四,如果给定保险公司的信息集,无论承保范围和风险利用之间呈现何种相关关系,长期护理保险市场都存在信息不对称。第五,信息不对称不仅可能是因为信息的不可观察,还可能是因为信息"可观察但未使用",可能的解释是这类信息的使用成本过高。

综上所述,高强度的风险偏好和高强度的风险类型在长期护理保险市场的作用相互抵消。研究发现,已经投保的投保人并未使用更多的长期护理(Finkelstein and Kathleen,2006)。信息不对称未必是影响长期护理保险均衡价格变动的原因。影响美国商业长期护理保险市场规模的因素到底是什么？是逆向选择的原因还是其他？支持逆向选择解释的是多数派,少数派则相信可能有其他的原因。也有证明,即使美国长期护理保险市场处于均衡状态,绝大多数的老年人依然认为购买商业长期护理保险不具有吸引力(Brown and Finkelstein,2007)。

(四)关于长期护理保险供需双方的实证

市场均衡价格偏离精算水平,供方市场出现失灵的潜在原因有四:交易成本、不完全竞争、信息不对称和动态合同问题。交易成本包括保单销售和索赔处理过程中不可观察的成本等。交易成本和不完全竞争的存在会使市场保单的价格偏离精算的均衡水平。但是,交易成本和不完全竞争引起的价格上涨只会降低保险的均衡需求量,并不会降低需求本身。信息不对称未必能够引起均衡价格的变动。研究发现,拥有保险的老年人并没有比未投保的老年人利用更多的长期护理,长期动态合同问题可能导致更高的保费价格。保险合同的长期性允许投保人根据自身健康状况相机调整保险策略,甚至退出保险市场,带来平均保费的增加。价格的上涨和数量的减少代表市场失灵的存在。但是,这并不足以解释长期护理市场规模问题(Brown and Finkelstein,2007)。

即使长期护理保险市场达到均衡,绝大多数老年人很有可能依然认为购买长期护理保险没有吸引力(Brown and Finkelstein,2007)。主要原因有两个:第一,长期护理保单的溢价高于保险精算的平均水平,并且长期护理保险的负担远远高于其他保险。估计长期护理保险中一美元的平均负担是51美分,远远高于其他保险市场(Brown and Finkelstein,2007)。有人估算的美国养老保险平均负担是一美元15～25美分(Mitchel et al.,1999);团体医疗保险保单是6～10美分,非团体医疗保险保单是25～40美分(Newhouse,2002)。第二,长期护理保险保费无性别差异,但是保险的利用在男女之间却差异极大。女性长期护理利用率大大高于男性,因此男性的负荷显著高于女性。尽管未曾观察到长期护理保险覆盖面中显著的性别差异,但是证明了相对男性,女性不会选择购买更多的保险,用生命周期模型分析,假定供方市场是完美的,大部分人也不会选择购买均衡价格的保险。

(五)关于长期护理保险潜在替代品的研究

1. "医疗救助计划"的挤出效应

Brown 和 Finkelstein(2008,2009)用两篇文章揭示了美国"医疗救助计划"对长期护理保险市场的挤出效应。在医疗救助存在的情况下,即使没有其他任何供给或需求的限制,在基于精算价格的长期护理保险市场,仍然有 2/3 的人不愿意购买商业长期护理保险。医疗补助是长期护理的最终付款人。长期护理商业保险只是医疗救助计划的简单替代。医疗补助计划实质是对长期护理商业保险的隐形税收。中等财富水平的男性(女性),其 60%(75%)长期护理保险金是用不上的,因为这部分已由医疗补助计划支付。女性的预期长期护理更高,所以医疗补助计划对女性的隐性税收高于男性。

2. 家庭的作用

以 Finkelstein 等(2007)为代表的部分美国学者认为医疗救助隐形税收的降低对长期护理商业保险的刺激是必要的,但是他们并没有拿出足够的证据。即使没有医疗救助计划,隐形税收也不存在,美国长期护理保险市场也会因为其他因素保持较小的规模。譬如,家庭提供的非正式护理的替代作用等,证实了家庭日常护理和长期护理的可替代性(Houtven and Norton,2004)。还有研究表明,婚姻的存在带来非正式护理的增加,会影响正式的长期护理,进而影响长期护理保险的市场需求(Lakdawalla and Philipson,2002)。家庭还有可能通过遗产影响长期护理保险的覆盖面,但是这种影响不显著。

二、我国长期护理保险制度的发展及研究现状

21 世纪全球都面临老龄化,越来越多的老年人因失能、失智和高龄等需要长期护理。然而长期护理费用高昂,无论对老年人个人还是家庭,都是难以承受的负担。因此,许多家庭和老年人面临因老年人长期护理带来的财务风险。国际上最早在 1988 年就开始研究关于长期护理费用的筹资和补偿问题,随后全球范围内开

始了关于老龄化、长期护理和长期护理保险制度安排等的学术研究,这些研究促成了较早进入老龄化的国家建立长期护理保险制度。譬如美国在1975年开发了长期护理保险产品,并开始在保险公司出售;德国在1994年颁布了《长期护理保险法案》,实施"跟随医疗保险"的强制性长期护理社会保险;日本于1997年12月制定了《护理保险法》,并于2000年4月1日正式开始实施。

在研究长期护理保险制度之前,有必要明晰长期护理保险的需求方。并不是所有的老年人都需要被护理,因此有必要对老年人进行分类研究。学界一致认为老年人的健康状况与老年人的长期护理需求以及护理成本之间是直接正相关关系(王新军和郑超,2014)。依据健康状况不同,可将全体老年人分为健康的老年人和不健康的老年人两类。健康的老年人,尽管日益年迈,但依然还在为家庭和社会做贡献,理应被划入老年人人力资源开发对象群体。不健康的老年人,需要家庭和社会的帮助,需要配偶、子女和社会等"被养"和"被护理",是需要长期护理的对象。在不健康的老年人中,主要是失能和失智这两类群体的长期护理需求最为明显。

贾清显(2010)选取我国老年人口发展预测的数据中老年人自理能力状况的数据,对未来长期护理需求进行了预测,结果显示到21世纪中叶我国有长期护理需求的人将达3331万人,增速达258.8%。他运用长期护理费用模型,并依照德国模式下的费用标准测算到2050年中国老年人的长期护理费用将达7022亿~11703亿元。随后,陈蕾(2012)对中国长期护理保险需求的影响因素进行了实证分析,其结果显示主要影响因素包括城乡居民的失能率、收入、65岁及以上老年人口规模等。

(一)关于中国长期护理保险需求的研究

中国老年人健康长寿影响因素调查(CLHLS)数据表明,患慢性疾病的老年人比例呈上升趋势。王新军和郑超(2014)的研究认为65岁及以上老年人有42.66%患慢性疾病。医学已然证明慢性疾病多数不可逆,无法通过治疗得以痊愈,病情只会随着年月逐渐加重甚至导致老年人失能或失智。景跃军和李元(2014)曾评估,在所有失能老年人群中,60~69岁失能的残疾人口占全国所有残疾老年人口的33.92%;70~79岁失能残疾人口占全国所有残疾老年人口的43.73%;80岁以上失能残疾人口占全国所有残疾老年人口的22.35%。曹信邦和陈强(2014)对全国27个省份共2790份调查数据进行研究,结果显示老年人的身体健康状况会显著影响其长期护理保险的参保意愿。身体健康状况越差的老年人越是需要护理保险分散风险。吕国营和韩丽(2014)和景跃军和李元(2014)都认为老年人需要长期护理保险,是为了解决因失能、失智和高龄的不确定性带来的财务风险问题,包括护理时间的不确定和护理费用的不确定等。

(二)长期护理时间的不确定性

国内学术界对老年人临终护理时间的研究较多(战捷,2004;曾毅,2010;顾大男等,2007)。曾毅(2010)在2010年利用中国老年人口健康状况调查数据研究中国老年人的平均护理时间,其结论是中国65岁及以上老年人每周所需要的平均护理时间是22小时。国内学术界也有少数研究老年人步入老龄后需要的长期护理平均时间。黄匡时(2014)利用中国老年人健康长寿影响因素2008年的时点数据和2002—2008年3次跟踪调查的队列数据,分别运用Sullivan法与多状态生命表法计算了老年人日常生活的预期照料时间,其研究结论是老年人不同等级的预期照料时间相差较大,预期轻度照料时间比预期重度照料时间长,中国老年人未来的平均预期照料时间会随着平均预期寿命的增加而增加。老年人长期护理的平均时间具有性别差异。在65岁及以上年龄人口中,男性老年人和女性老年人预期护理时间为5~7年,男性为4~5年,女性为7~8年。随着年龄的增长,预期平均护理时间会逐渐下降,但是预计护理时间占剩余寿命的份额却居于不断提升之势。在整个生命周期中,女性占超过护理的预期寿命比男性的比例高10个百分点。黄枫和吴纯杰(2012)运用连续时间奇性Markov过程,通过建立转移概率矩阵模型,得出同年龄且同健康状态的女性老年人在护理状态的生存时间是同年龄同健康状况男性的2倍的结论。国内外一致认为,年老体弱的女性是长期护理市场主要的需求者,而且国外Lakdawalla和Philipson(2002)的研究表明,男性平均预期寿命的增加会降低总体长期护理的需求。可能的解释是因为女性的寿命长于男性,一旦男性寿命延长,夫妻的婚姻关系更持久,以配偶护理为主的非正式护理增加的同时会减少对正式护理的需求,进而带来长期护理保险市场需求的降低。

(三)长期护理费用的不确定

吕国营和韩丽(2014)、王新军和邓超(2014)都认为长期护理费用的不确定是导致老年人面临财务风险的最主要原因。景跃军和李元(2014)已证实失能老年人的护理费用是同龄全能老年人的2倍以上。而来自CLHLS数据的研究也显示，我国接受长期照料的老年人平均每月的照料费用约为2000元。

到目前为止，我国还没有把长期护理保险纳入社会保障体系内。我国早已存在的基本医疗保险制度只支付住院即特别护理费用。在医疗保险体系内的老年人，一旦失能失智，较多选择住院解决长期护理需求。景跃军和李元（2014）估计，我国大约18%的老年人占用了80%的医疗资源。在失能老年人的生命周期中，60岁及以上所花费的医疗费是其一生医药费的80%以上。魏华林和何玉东（2012）运用人口预测模型和产品精算模型，对中国长期护理保险需求进行了动态测算，其研究结果显示，不仅长期护理费用的绝对值处于增长势头，而且其占GDP比重呈现持续上升态势，长期护理费用给社会带来的经济负担日趋严重。国外的研究表明，大多数OECD国家长期护理的支出一般占GDP的1%～1.5%，荷兰、瑞典和挪威等国家甚至高于2%。到2050年，欧盟成员国公共长期护理支出占GDP比重至少将翻倍（欧盟委员会，2009）。美国老年人的长期护理费用也非常高昂（Brown and Finkelstein，2009）。

当前，长期护理费用并未纳入中国社会保险体系内。已经纳入医疗保险范畴的老年人，一旦发生长期护理费用，主要是通过"社会性"住院医疗报销解决护理费用问题。这类行为有违社会保险制度建立之初的公平要求，给医疗保险基金的可持续支付带来危机，混淆了长期护理保险和医疗保险的功能。医疗保险制度的建立是为了补偿患者因疾病的诊断、治疗等费用，并不包含生活照料等项目。

老年人因失能、失智或高龄导致的长期护理费用本就不在医疗保险基金的支付范畴。厘清长期护理与医疗的边界，不仅能确保医疗保险基金专款专用于医疗费用，而且有助于继续建立长期护理保险制度。从项目性质来看，长期护理保险与医疗保险明显不同。

长期护理保险是长期项目，理应重在基金积累；医疗保险是短期项目，重点在保持收支平衡。同时，二者的涵盖范围也存在差异。医疗保险的支付主要覆盖门诊、住院等诊断、手术及目录内药品等项目费用的赔偿。而长期护理保险覆盖的是护理、照看等助老服务。综上所述，长期护理保险理应与基本医疗保险保持独立，并独立筹资，保证专款专用。

（四）关于中国长期护理商业保险现状的研究

我国长期护理商业保险尚处于起步阶段，较多的是以附加险形式存在，并且仅有10余家保险公司推出了长期护理商业保险。从保障范围、保障对象、投保资格、保障年限、保险费用以及受益资格共6个方面比较国泰人寿保险股份有限公司和中国人民保险集团股份有限公司两家公司的保险产品,得出的结论是中国已经推行的长期护理保险产品对投保人年龄限制高、保费相对昂贵,无法覆盖较多人群;主要由第三方的医疗机构判定,缺乏统一的判定标准,极易诱发道德风险;已在销售的保险产品类型非常单一,无法满足异质性的老年人长期护理需求。

荆涛(2010)根据2006年的数据研究发现,我国已经购买商业健康保险的人数仅占总人口的6%,约788万人。同时,全国健康保险保费收入仅为GDP的0.18%,远远低于其他国家或地区水平。这些数据都足以说明商业健康保险在整个社会保障体系内的作用非常微小。作为商业保险未来新的增长点,长期护理保险商业保险的发展也备受瞩目。张晓峰(2007)研究了我国商业保险发展面临的风险,其中包括市场环境风险、需方风险以及供方风险等,认为市场环境风险涵盖政府对商业长期护理保险的模糊态度、不健全的支持性政策法规和护理法规、缺口较大的机构和护理人员等;需方风险涵盖传统观念的限制、有限的潜在消费群体消费能力;供方风险涵盖保险公司不足的精算技术和风险管控能力。张晓峰的研究结论基本能够代表当前学术界对长期护理商业保险的困境分析。

(五)关于长期护理保险制度安排的研究

截至目前,国际上许多发达国家已经陆续建立了长期护理保险制度。根据主要筹资来源不同,各国长期护理保险模式分为3类:第一是以奥地利、丹麦和瑞典等国家为代表的来源于税收的福利模式;第二是以美国和法国为代表的主要来源于个人缴费的长期护理商业保险模式;第三是以德国、日本和中国台湾等国家和地区为代表的主要来源于企业缴费的长期护理社会保险模式。

最近几年,中国学术界关于中国长期护理制度的选择的研究颇多,且国内学术界已经达成共识。中国长期护理制度应该采取以缴费为主的保险模式而不是税收转移支付的福利模式。与福利模式相比较,以缴费为主的保险模式更加强调发挥市场机制的作用。国内学术界认为,中国长期护理保险制度的选择有三:其一是以社会保险为主体和以商业保险为补充(吕国营和韩丽,2014;朱铭来、贾清显,2009;戴卫东,2012);其二是采取商业保险模式(王新军和邓超,2014);其三是少数建议的过渡型长期护理策略。

另外,张斌(2008)和苏素琼(2011)从我国现实出发,分析了人均收入、财政支付能力以及传统孝道文化观念等原因,并最终认为中国可在较富裕、较发达地区先行推广长期护理商业保险制度。荆涛等(2005)和贾欣(2009)也认为中国国情并不适合现在推行长期护理社会保险制度,可行的办法是先逐步发展长期护理商业保险,同时培育较好的社会环境,逐步建立商业保险和社会保险相结合的长期护理保险制度,最终向强制性覆盖全民的长期护理社会保险制度努力。刘静(2011)进一步指出,纯粹的商业保险模式和社会保险模式都不适合中国国情,商业保险和社会保险共建的多层次长期护理保险制度才是最符合中国社会保障体制的,并建议在长期护理商业保险基础上,逐步发展过渡性质的类似社会救助的长期护理社会保险,最终建立商业保险和社会保险共建的长期护理保险制度。

(六)关于长期护理服务供给的研究

国际上将长期护理服务供给称为长期护理服务递送。不同的国家长期护理服务递送方式各有不同。已有研究认为有人口结构、服务专业化水平、经济发展水平和传统文化等多个因素影响长期护理服务递送。国际上主要是按照生活照顾方式划分长期护理服务递送,主要有以下3类。

1. 家庭护理

传统农业社会的家庭结构非常稳定,家庭成员外出打工较少,劳动力流动性也较小。传统农业家庭具有天然的老年人长期护理功能,是长期护理服务的最佳载体。在传统农业家庭,老年人除了自给自足的护理以外,还接受以配偶、子女以及亲朋好友为主的非正规护理。非正规护理的天然优势在于:其一,失能、失智等有长期护理需求的老年人因认知能力受损,对生活环境的依赖度相当高,社会适应能力差,更换生活环境容易使意外事故增加,以家庭护理为主的非正规护理可以较好地避免这些意外;其二,非正规护理的成本相对低廉,不会给老年人和家庭带来较重的经济负担;其三,老年人与子女之间的代际互惠关系不仅使老年人尽享护理服务,而且能为子女提供精神安慰和智力支持;其四,非正规护理最大的优势在于可以提供精神赡养,非常利于老年人的身心健康。自1978年改革开放以来,传统农业社会格局被打破,尽管家庭仍然是老年人养老和护理的最重要支撑,但是随着计划生育的实施,少子化、家庭结构小型化等因素的存在,越来越多的人不禁怀疑家庭护理资源的减少是否会导致以家庭护理为主的非正规护理功能的弱化。

当前,在学术界也掀起了关于以家庭护理为主的非正规护理功能是否弱化研究的浪潮。经多年的研究,学术界达成一致,认为以家庭护理为主的非正规护理需要社会力量的沉溺和支持。譬如,于潇(2001)认为家庭结构小型化的同时,"打工经济"带来的劳动力迁移使得年轻人对老年人的护理和慰藉有限。蒋承和赵晓军(2009)利用中国 2005 年有关父母和子女配对的数据,对中国老年人照料的机会成本进行了实证研究,研究结果表明老龄化的逐步加深会导致家庭老年护理负担愈发沉重,对老年人的长期护理会明显导致其子女的周工作时间和劳动力市场参与率降低,其中对家庭女性和与老年人合住的家庭成员影响最为显著。国际上较早就从劳动经济学视角研究老年长期护理的机会成本问题,并将此机会成本总结为护理与劳动供给之间的关系,其中包括劳动力市场参与率和工作时间两个变量。纵观上述观点,以家庭护理为主的非正规护理已难以满足老年人需求,社会化的专业化正规护理的发展契机无限。据国内外实践,提供正规护理服务的主要有社区、养老机构和护理院等。

2. 机构护理

早在 20 世纪 80 年代初,借鉴西方福利国家的经验,大多数中国人认为机构护理是老年人长期护理最佳场所。因此,短时间内中国各地的养老院、护理院、福利院以及敬老院等迅速建立并发展,这些机构大致可以划分为政府主办的公办养老机构和民间资本投资的民办养老机构等。这些机构的建立确实解决了部分长期护理问题,主要包括"三无"老年人、"五保户"等。然而,据实证研究,这些机构也存在许多不足之处。

其一,国内外的研究都证实机构护理成本高昂,甚至是社区护理等的数十倍。邓颖等(2004)在四川成都城区对老年人的养老成本与效用进行了翔实的调查,其研究结果表明,机构养老的成本确实远远高于家庭养老和社区养老。国外的研究结果也如此。澳大利亚审计委员会在公布的 2006 年审计报告中指出,尽管在机构护理中的老年人仅占总数的 23%,但是其护理费用却占总护理费用的 83%。其二,机构护理的老年人生活质量堪忧。养老机构在建造之初进行选址时,多选在相对偏远的郊区等,交通不便等因素影响老年人就医的及时性,家人等去养老机构探望老年人的成本也较高,会直接影响探望次数。理性的机构护理人员预期到家属探望有限,会冷落、责骂甚至虐待老年人。其三,养老机构因护理人员数量和水平有限,对接收的老年人身体健康状况有要求。特别是那些失能失智程度较高的老年人基本被排除在外。当然,也有部分原因是这类老年人的长期护理费用高昂,一般家庭难以负担。

综上所述,中国非正规护理功能弱化、机构护理功能不足,应适时借鉴发达国家机构护理的先进经验。但是,中国长期护理体系的建设不可过于依赖机构护理的功能,以家庭护理为主的非正规护理地位无可替代。国际上也有不少国家发现机构护理并不能在护理体系中占据主导地位,因此开始依托家庭和社区护理。

3. 社区护理

社区护理是家庭护理和机构护理的融合,起源于 20 世纪 50 年代英国倡导的一种社会化工作服务模式。经多年的发展,不同的国家对社区护理的概念并未达成一致,但是一致承认其核心是由社区提供的居家护理服务。国外认为,社区护理继承了家庭护理的优点,又基于社区资源和社区网络提供"专业化"和"人性化"的护理服务。因此,许多国家和地区纷纷建立社区护理制度。国外 Hollander 和 Chappell(2007)认为社区护理是老年人长期护理服务供给的最优选择。这与将社区功能定位成日常生活护理、经济维系和情感慰藉三大功能是完全吻合的。

基于国外经验,国内也开始研究引入以社区为主体的护理模式。夏传玲(2007)认为我国引入社区护理的客观条件着实有限:其一,传统"养儿防老"观念的改变不是一朝一夕的,短时间内摒弃"养儿防老"观念是不现实的;其二,我国市场机制尚不完善,无法充分发挥长期护理服务价格的市场调控作用;其三,国内外研究都证实的正规护理对以家庭为主的非正规护理的挤出效应通常发生在经济发达地区,并不适合我国广大农村地区的实情。但是,更多的研究人员认为社区护理适合我国,原因也有三:其一,陶开宇(2005)认为社区是除了家庭以外最贴近老年人生活的场所,依托于社区的护理还是属于熟人圈埋;其二,国务院 2015 年公布的《社会养老服务体系建设规划(2011—2015 年)》提出的"社会养老服务体系建设应以居家为基础、社区为依托、机构为支撑"为发展社区护理提供了有力的政策支持;其三,社区护理能够解决机构护理不能解决的失能程度格外严重的老年人的护理问题,并且费用相对低廉。

(七)关于对长期护理服务供给者偏好的研究

老年人对日常护理者的选择因婚姻状况不同而不同,并且存在明显的性别差异。国内研究证明,老年人的配偶是第一顺位重要护理者,子女和子女的配偶紧随其后。这在高龄老年人中表现尤为突出,一旦配偶失能失智或是去世,老年人对子女护理的依赖只会增加不会减少。一些日常生活护理,譬如洗澡、穿衣、上厕所等对性别敏感的行为,若发生在有血缘关系的子女和同性别中更容易被老年人接受。

受中国孝道文化的影响,中国老年人偏好家庭护理。大多数的家庭护理中,对于高龄老年人而言,子女是护理服务的主要提供者。但儿子和女儿所扮演的角色存在明显差异。重病或是病危的老年人偏好儿子的护理服务。研究证明,老年人子女数量的多寡直接关系到老年护理选择策略的范围区间,子女数量越多老年护理供给越多的可能性越大。其中,儿子数量多寡的显著性明显高于女儿数量,因此证实老年人偏好儿子提供护理服务。Antonucci(2004)等对美国底特律和日本横滨进行了调研,并利用社会关系陪护模型研究发现生命晚期的老年人极度依赖配偶的护理,配偶的护理更有安全感。

老年人与子女同住时存在明显的代际互惠关系。成年子女在方便照顾父母之余,因规模经济的存在,家庭成员共同生活可以降低家庭的总生活成本;成年子女给父母提供经济支持;父母给予子女家务劳动反馈,或是照顾孙子女等。但研究发现,老年护理子女数量从无到有存在明显门槛效应,而且并不存在明显的递增效应。李跃跃(2002)对105例老年患者生命晚期临终关怀情况进行了调研,发现约九成的老年人渴望家庭护理,但是又不愿给子女带来过多麻烦,当身体健康状况足够差时老年人会倾向于选择正规护理服务。

家庭护理是老年人最直接、最方便的护理,是非正规护理的最主要部分。无论在国内还是国外,以家庭护理为主的非正规护理是老年人和家庭的最优选择。家庭护理相比正规护理的优势在于可以解决护理者的道德风险问题,尽管家庭护理专业性不如正规护理,但是基于家庭的护理,政府等承担的公共开支相对低廉。早在1996年,美国护理联合会(NAC)联合美国退休人士协会(AARP)共随机抽样了1509份进行研究,结果显示大约17%的美国家庭中至少有1人无偿为家庭提供老年长期护理,约3%的家庭中有成员在过去的一年中为别人提供过护理服务。另外,对美国、日本、德国和英国等8个工业化国家提供的长期护理服务进行了比较研究,发现加拿大和美国约有1/6的老年人享受付费的家庭护理服务;日本约1/2的老年人选择与子女同住,享受子女提供的免费护理,这个比例是8国中最高的。

赵曼和韩丽(2015)在已有研究的基础上,借鉴西方国家长期护理保险实施经验,认为中国长期护理保险制度应以社会保险为主、以商业保险为辅。吕国营和韩丽(2014)认为中国长期护理保险应依托于已有的基本医疗保险体系,以社会保险为主导、以商业保险为补充。刘昌平和毛婷(2016)运用比较研究的方法,分析了社会保险型、商业保险型和国家福利型3种模式在我国的适用性。张奇林和韩瑞峰(2016)提出建立以社会性长期护理保险为基础、商业长期护理保险为补充、社会长期护理救助托底的多层次长期护理保险体系。郑秉文(2019)认为应及时总结长期护理保险试点城市的经验教训,完善相关制度设计,将其纳入"长期照护服务体系"总体设计之中。谢冰清(2019)认为长期护理保险应当从兜底责任转向保障责任,国家应当制定相应的长期护理社会保险法律规范作为制度性保障,国家角色从给付者、执行者朝向规划者、监管者转变。田勇和殷俊(2019)、田勇(2020)认为长期护理保险筹资应采用"个人缴费+医疗保险基金补助+财政补助"模式,其中个人缴费最高不超过15%,医疗保险基金支出不应超过20%,最大财政负担不超过4.67%。李运华和姜腊(2020)认为我国构建长期护理保险制度,应根据国情有选择地借鉴吸收日本长期护理保险的经验。戴卫东和余洋(2021)发现不同试点城市长期护理保险政策呈现出一系列"碎片化"特征,因此需要加强顶层设计,进行方向性和功能性整合。

随着年龄的增加,老年人因失能、失智等原因失去生活自理能力的可能性越来越高。有的研究认为女性虽然预期寿命长,但是生活自理能力差于男性。国内外的研究都表明,婚姻状况影响着老年人的健康,配偶护理可以降低正规护理需求,进而降低对长期护理保险的需求。与经济欠发达地区相比较,经济发达地区的老年人生活自理能力更强一些。影响老年长期护理服务需求的因素有服务的价格、老年人与家庭的收入水平以及公共政策供给等。老年长期护理需求与老年人自身身体状况休戚相关,而长期护理服务的供给却与护理者关系紧密。长期护理保险政策的制定要考虑到护理者、被护理者以及各方利益相关者的博弈,降低护理者的道德风险行为。

国内外的研究都一致认为老年人偏好家庭护理,配偶护理和子女护理是最关键、最重要的。多数研究证明老年人更倾向于选择儿子护理;只有在别无选择时,老年人才会选择入住养老机构获取长期护理服务。当然,也有研究一致认为家庭护理是非正规护理的最重要方式。与其他护理方式相比较,家庭护理是最有效的制度安排。虽然国内外现有的护理服务提供者中以女性居多,但是男性比例也呈上升趋势。国内外相比较,中国传统的孝文化因素在护理方式选择中占据重要地位,大多数家庭还是"养儿防老"。但是,这种情况在城市家庭中正在淡化。

尽管最近几年有关长期护理保险制度安排的讨论如火如荼,与国际学术界相比较,中国有关长期护理保险制度的研究还处于初级阶段,较少能系统地、深入地进行研究。比较而言,国内学术界侧重对长期护理保险的需求和制度安排的研究,而国外的研究早已远不止于制度的安排,更多侧重于长期护理保险制度运行效率等问题。在研究方法上,国内学术界多以定性研究为主,辅以少量微观数据用于平均护理时间的测算和参保意愿研究等;国外侧重于定量研究,主要运用生命周期模型、博弈论与信息经济学等工具分析非正式护理对长期护理保险的替代作用、长期护理保险市场信息不对称程度以及如何保证长期护理保险的可持续发展等。国内学术界应在定性分析的基础上,用实证分析中国长期护理商业保险发展缓慢的根本原因与影响因素;同时,还应结合德国和日本等国家的长期护理保险改革,运用博弈论与信息经济学等工具分析中国长期护理保险市场是否也存在信息不对称,为公共政策的制定提供理论依据。

虽然学术界对长期护理保险进行了较为丰富的研究,但仍存在不少有待改进的地方:①以定性研究为主,少数文献使用微观数据分析参保意愿,缺乏基于保险精算的实证研究。②已有文献主要是对国外长期护理保险制度的经验总结和围绕我国试点城市长期护理保险试点的实施现状、存在的问题进行分析,较少关注长期护理保险筹资与支付的可持续性。③在基础数据方面,或是缺乏,或是标准不统一。基础数据是实现长期护理保险精算平衡的根本依据。全国老龄工作委员会办公室测算的全国老年人口的失能率为18.3%。第六次全国人口普查数据测算的城镇60岁及以上老年人口失能率为2.5%,农村为3.3%。试点城市的失能率及其使用口径的差距就更大了,青岛60岁及以上老年人口重度失能率为4.6%,南通60岁及以上老年人口重度失能率为3%,上海60岁及以上老年人口重度失能率为6%。④长期护理保险制度的正常运转需要处理好融资端与现金支付的关系,要有稳定的融资机制，以确保基金收支平衡。现有研究在这方面做得还明显不够。⑤长期护理保险服务供给是一个新的挑战，即如何带动长期护理服务产业的发展，有一个成熟的服务市场和充分的护理人才供给。现阶段中国大部分地区的长期护理服务市场尚不成熟，如何大力促进护理服务行业的发展，做好护理服务人才培育和引进，是一个亟须面对的挑战。

报告二
湖北省长期护理保险制度试点的实施效果评估

程广帅　丘月玲　郑浩琳　张凌超　郑晓萍

湖北省荆门市是全国首批长期护理保险制度试点城市。本报告总结了荆门市长期护理保险制度试点的实施效果和成功经验。实施效果包括基金规模稳步扩大、待遇支付总额快速上升、受益人群规模不断扩大以及实现了医疗病床与家庭病床的无缝对接。本报告还总结了荆门市长期护理保险在筹资支付、经办工作、护理服务以及失能等级评定等方面的成功经验。

一、湖北省长期护理保险制度试点实施效果

2016年5月,荆门市被确定为全国首批15个长期护理保险制度试点城市之一。荆门市坚持"制度可持续、群众可接受、财政可承受"原则,在制度设计、服务体系、经办管理上重点突破,初步形成了"一个制度覆盖全民、一个标准使用全员、一个部门服务全程、一个网络贯通全域"的基本政策体系和经办服务机制,群众参保踊跃,制度运行平稳,社会反响良好。概括5年来的工作,荆门市试点经历了先行探路、落地实施、边试边改、不断完善的过程,长期护理保险已成为民生保障又一重要支点。至2020年12月底,全市参保253万人,正在享受长期护理保险待遇8350人,累计10 156人享受。

(一)基金规模稳步壮大

围绕覆盖范围、筹资渠道、待遇支付、经办管理等核心要素,荆门市政府于2016年11月出台文件《荆门市长期护理保险办法(试行)》,并在当年启动实施,2019年10月,针对实践中遇到的问题对部分条款进行修改完善。截至2020年底,筹资总额累计达6.6亿元,其中,医疗保险基金划拨金额累计1.69亿元,财政补贴总额累计2.38亿元。荆门市长期护理保险基金采取个人缴纳、医疗保险统筹基金划拨、财政补助3种方式筹集。缴费标准按照荆门市上年度居民人均可支配收入的0.4%筹资,其中,医疗保险统筹基金划拨25.0%,个人缴纳37.5%,财政补助37.5%。2019年,在保持筹资标准不变的基础上,调整为医疗保险统筹基金划拨25%,个人缴纳费用不低于总费用的40%,财政补助每人每年不低于30元。

荆门市启动长期护理保险制度试点当年,基金筹集总额仅有3579万元,2018年筹资总额达到19 699万元,较上年增长了5倍。2019年和2020年,荆门市长期护理保险基金筹资总额稳步增长,以每年5%左右的增长速度实现了稳定的资金积累(表6-2-1)。

表 6-2-1　2017—2020 年荆门市长期护理保险筹资情况　　　　　单位:万元

地区	年份				
	2017年	2018年	2019年	2020年	合计
钟祥市	907	6901	7070	7865	22 743
京山市	417	4345	4271	4794	13 827
屈家岭	383	402	432	479	1696
沙洋县	242	3281	3486	3820	10 829
掇刀区	170	2005	2132	2454	6761
市直	1044	1041	1060	123	3268
东宝区	416	1724	1724	1953	5817
荆门市	3579	19 699	20 175	21 488	64 941

数据来源:荆门市医疗保障局长期护理保险大数据库。

(二)待遇支付总额快速上升

截至2020年底,荆门市长期护理保险待遇支出金额累计达27 278万元,其中医疗机构待遇支出金额累计达到197.64万元,养老机构待遇支出金额累计达到2395.00万元,居家护理待遇支出金额累计达到2.47亿元(表6-2-2)。

表6-2-2　2017—2020荆门市长期护理保险待遇支付情况　　　　单位:万元

地区	年份				
	2017年	2018年	2019年	2020年	合计
钟祥市	0	431	3758	3193	7382
京山市	0	180	1851	2228	4259
屈家岭	0	4	164	163	331
沙洋县	0	774	2804	2429	6007
掇刀区	0.9	468	1306	963	2738
市直	17	727	877	716	2337
东宝区	13	942	1830	1439	4224
荆门市	31	3525	12 591	11 131	27 278

数据来源:荆门市医疗保障局长期护理保险大数据库。

(三)受益人群规模不断扩大

荆门市建立长期护理保险制度试点以来,受益人群规模快速增长,从2017年的369人快速增长到2020年的6432人(表6-2-3)。截至2020年12月底,荆门市累计有9718人享受长期护理保险待遇。当前正在享受待遇的有8350人,其中居家护理7021人,养老机构护理997人,医院护理332人。

表6-2-3　2017—2020年荆门市享受长期护理保险人数　　　　单位:人

地区	年份			
	2017年	2018年	2019年	2020年
钟祥市	3	1327	1599	1995
京山市	0	369	867	1451

续表 6-2-3

地区	年份			
	2017 年	2018 年	2019 年	2020 年
屈家岭	0	28	85	109
沙洋县	21	1073	1210	1266
掇刀区	14	496	499	511
市直	197	312	393	381
东宝区	134	662	724	719
荆门市合计	369	4267	5377	6432

数据来源：荆门市医疗保障局长期护理保险大数据库。

（四）实现医疗病床与家庭病床的无缝对接

建立长期护理保险制度试点之前，按照医疗保险相关政策规定，失能老年人只能报销在医疗机构接受治疗的费用，回到家中的护理费用支出需自己负担。在这种情况下，社会对家庭病床的服务需求越来越大。家庭病床集老年人预防、保健、护理、医疗、康复训练和健康于一体，以提高失能老年人生活质量、减轻家庭护理负担为出发点，是一种方便、经济、有效的长期护理服务模式。

荆门市建立长期护理保险试点以来，享受长期护理保险待遇的失能老年人均由持有护理证的人员提供专业护理服务，在家中就能享受到相对专业的护理服务，使失能老年人实现了从医疗病床到家庭病床的无缝对接，这不仅显著减轻了家庭经济负担，而且在很大程度上满足了失能老年人的居家护理需求，失能老年人生活质量得到很大提高。

二、湖北省长期护理保险制度试点的成功经验

（一）长期护理保险筹资支付的成功经验

1. 全民参保做大资金池

《荆门市长期护理保险办法（试行）》规定，长期护理保险参保对象为荆门市辖

区内长期居住或工作的所有人员。为了迅速实现全员参保,荆门市要求实行"两个全覆盖"。一是地域全覆盖。荆门市所辖1县2市4区同步启动,从市直到县市区、从城市到乡村同步实施。二是人员全覆盖。无论单位职工,还是城乡居民,只要是荆门市户籍人口,不受身份、职业和年龄的限制,均可参加长期护理保险。

2. 待遇支付一视同仁

医疗保险报销比例很大程度上受参保人身份的影响。不同级别、不同类别、不同职业的人,医疗费用的报销比例差异较大,公平性还有待提高。而《荆门市长期护理保险办法(试行)》规定,参保人员不分身份、年龄和职务高低,只要按照《荆门市长期护理保险制度失能等级评定标准》评定低于40分,就能同等享受长期护理待遇。参保人员能否享受保险待遇和享受什么样的待遇标准,与其职业、身份没有关系,体现了长期护理保险的公平公正特征,更受人民群众欢迎。

3. 实行阶梯式待遇支付方式

根据《荆门市长期护理保险办法(试行)》的规定,护理费用按床日实行限额管理,基金实行阶梯式支付。护理方式包括居家护理、养老机构护理和医院护理3种形式。其中,居家护理按重度失能一、二、三级,每日80元、50元、40元共3个档次报销;养老机构护理按重度失能一、二、三级和护理机构级别,每日75元、67.5元、60元、52.5元、45元、37.5元共6个档次报销;医院护理不设报销档次,按每日105元报销,引导失能人员合理选择的护理方式。

(二)长期护理保险经办的成功经验

1. 推进经办市场化

荆门市通过政府购买服务,公开招标承办机构,确定泰康保险集团股份有限公司作为长期护理保险的经办方。泰康保险集团股份有限公司作为第三方,具有保险业务经办的人才优势和信息网络技术优势,研发了长期护理保险管理信息系统,经办网络覆盖了整个荆门市,从县(市、区)延伸到乡镇(街道)、村(社区),实现申请、评估和结算一体化服务,切实推动了长期护理保险在荆门市的有效实施。

2. 规范经办工作流程

泰康保险集团股份有限公司结合自身在医、养、护、康服务体系建设中的经验,充分发挥自身在运营服务、风险防范、机构管理、人员培训等方面的独特优势,为参保群众提供待遇申请、失能评定、费用结算、系统维护、政策宣传等全流程服务,推动政策的有效落地实施。

泰康保险集团股份有限公司基于自身多年政府医疗保险项目经办经验和严格的内控管理体系,根据监管规定和当地政策文件要求,拟定了涵盖"配套文件、内控制度、操作手册、协议表单"四大类制度文件,共同搭建运营管理体系,便于项目管理和经办服务人员在实际的工作中有章可循,保障了项目的规范管理、高效运行。

泰康保险集团股份有限公司独家开发了符合政府管理需求、拥有完全自主知识产权的荆门市长期护理保险信息系统。该系统集参保、待遇申请、失能评定、护理服务提供、服务评价、费用结算于一体的全流程解决方案,突出保险经办管理、需求评估管理、护理服务管理、智能健康管理、服务监控、大数据决策六大核心功能,实现了线上全流程、闭环管理。

泰康保险集团股份有限公司通过手机 APP 健康调查、日常稽核和专项稽核 3 种方式对长期护理保险失能对象和护理服务进行巡查监督,配备专车、双人稽核、全程录像、档案留存,保证长期护理保险基金的安全性和可持续性,稳步推进长期护理保险制度的落实建设。截至 2020 年底,长期护理保险待遇享受人员稽核总数为 60 229 人次,实地上门稽核 2105 人次,电话稽核 578 人次,APP 稽核 57 546 人次;下发"违规违约告知书"的问题案件共计 98 例,取消待遇 100 余人,追回违规违约金额 80 余万元,核减金额 270 余万元。

3. 建设经办专业队伍

《荆门市长期护理保险经办服务合同书》协定,长期护理保险经办机构需按照 50 000∶1 的比例,根据实际参保人数配备相应数量的专职工作人员。目前全市参保人员 253 万人,泰康保险集团股份有限公司共有长期护理保险专职工作人员 52 人,成立了由健康险、财务、合规、IT 等部门骨干组成的项目管理团队,并将经办服务专职人员划分为合署办公岗、综合岗、稽核岗、档案管理岗等岗位,专人专岗,同时定期开展各岗位培训工作,不断加强工作人员的专业度,推动经办工作专业化进行。

泰康保险集团股份有限公司利用总公司资源,发挥专业优势,大力开展照护管理师工作,选拔有医学背景的人员参加总公司的照护管理师培训班,结业取得照护管理师资质后,对全市失能保障对象及护理服务人员提供长期护理保险政策宣传、上门服务指导、服务质量监控、生存状况核验及护理满意度调查等全方位、定制化的专业照护管理服务。

4. 构建"一站式"服务体系

泰康保险集团股份有限公司设立了11个线下服务窗口,其中派驻医疗保障局合署办公窗口7个,公司内设有4个服务窗口,优化线下办理流程,做到一次告知所有所需资料,一个窗口一次办理完所有业务。线上,参保人员下载长期护理保险APP即可了解长期护理保险政策和长期护理保险待遇申请流程,集待遇申请、申请进度查询、完成健康调查任务、线上投诉、长期护理保险待遇账单查询等功能于一体,线上线下均实现"一站式"服务模式,最大化方便群众业务办理和经办工作管理。

5. 研发专业经办信息系统

泰康保险集团股份有限公司中标荆门市长期护理保险经办单位以来,充分发挥集团各方资源优势,基于云平台、移动互联网、物联网、大数据等技术驱动,结合荆门当地实情及具体需求,研发长期护理保险电脑端经办系统和移动端APP云平台,整合参保、待遇申请、失能评定、护理服务提供、服务监管、服务评价、费用结算全流程,围绕智慧平台进行工作模式的创新,为参保人员申请、工作人员等级评定、监控与稽核提供了有力的技术支持。

系统分为"长期护理保险经办业务中心"和"长期护理专业服务中心"两大业务中心,并与医疗保险、定点医疗机构系统相连接,涵盖保险经办、失能等级评估、服务监管、大数据决策、护理服务管理和智能健康管理六大功能,覆盖长期护理保险所有经办流程,一方面充分利用线上信息资源,大大提高泰康保险集团股份有限公司经办效率,另一方面为经办人员提供智能、便捷、透明、专业的监管平台,大幅加大稽核力度。目前泰康保险集团股份有限公司这套针对荆门市长期护理保险开发信息管理系统已成为行业典范,各试点地区纷纷前来学习取经。

(三)长期护理保险护理服务的成功经验

1. 推进服务机构立体化

一是合理布局建设护理机构网络。统筹市、县、乡(街道)、村(社区)4级护理机构发展,形成"横向到边、纵向到底"的立体化护理服务网络。二是政策激励拉动护理产业发展。根据护理行业发展需求,量身定制"补、减、免、贷"等优惠政策,给予护理机构床位资金补助、稳岗补贴、税费减免、创业担保贷款及贴息。三是重点扶持打造示范护理机构。荆门市政府筹集3000万元资金,扶持护理机构建设,打造出福寿居、千福园等护理服务示范机构28家,带动35家养护机构再投资近3亿元,吸引8家民营企业投资医养护产业,新增就业岗位5000个。

2. 推进护理服务队伍的专业化

2017年,荆门市政府专门出台《关于加强长期护理服务从业人员队伍建设的意见》,推进护理服务职业化、专业化,鼓励家政从业人员、护理专业大中专毕业生、就业困难人员从事护理服务工作,依托全市15家培训机构,培育专业化护理人员。护理人员职业培训一律给予补贴,技能鉴定一律减免费用,从业后享受公益性岗位补贴或社保补贴。取得高级工、技师、高级技师职业资格的护理人员,每月可享受所聘单位30~80元的岗位津贴,退休后每月分别提高10~20元基础养老金。被授予"荆门首席技师""荆门技术能手"的护理人员,分别给予一次性奖励10 000元和2000元。

3. 坚持护理机构分级管理

2019年12月,荆门市发布《荆门市长期护理保险定点护理服务机构分级标准(试行)》,根据护理服务机构的规模、功能、设施、技术及服务能力,将定点护理服务机构分为一级、二级、三级。养老院、敬老院、老年公寓、社会福利院等申请长期护理保险护理机构定点时,同步申请级别评定。始终坚持机构标准化分级管理,以提升机构服务水平。

4. 规范定点机构准入管理

在长期护理服务供给上,荆门市参考了医疗保险定点服务机构的模式,制定

《荆门市长期护理保险定点护理服务机构管理办法》，按照自愿申报、公平竞争的原则，无论公办还是民营机构，择优确定定点护理服务机构，并参照定点医药服务机构的管理模式，通过谈判签订定点服务协议，明确服务内容、结算方式和考核标准，由定点机构提供相应的服务。同时，鼓励符合条件的各类民营机构申请成为定点长期护理保险服务机构，有效借助市场力量扩大公共产品的供给。此外，还将社区卫生服务中心、乡镇卫生院等基层医疗机构及居家和社区养老服务机构等纳入服务供给方，充分利用基层医疗资源和养老资源，壮大护理服务力量。截至2020年12月，全市定点服务机构达到121家。

5. 提供多样化护理服务

其一，根据失能评定结果及护理服务对象的身体状况、失能情形，提供科学合理的护理服务。服务内容包括观察病情，监测血压、血糖，提醒服药，帮助注射胰岛素及其他途径给药，协助处置和护理尿管、胃管、鼻饲管、造瘘管等，实施压疮预防，进行营养指导、心理疏导和健康宣教，指导并辅助进行身体机能康复训练，协助如厕，辅助进食，翻身拍背，帮助洗漱、梳头，定期修剪指甲、剃须理发，更换并清洗床上用品、尿布，陪同用助行器或轮椅活动，陪同就医，采集送检标本，代配药，助转诊等项目。

其二，根据不同服务对象的护理需求，提供居家护理、养老机构护理和医院护理3种服务。其中，对于居家护理，要求护理服务人员到重度失能一级参保人员家中提供每日不低于3小时的护理服务，每名护理人员服务参保人员每日不超过2人。护理服务人员到重度失能二级、三级参保人员家中提供每日不低于2小时的护理服务，每名护理人员服务参保人员每日不超过3人。对于机构护理和医院护理，由定点护理服务机构为入住的参保人员提供长期24小时连续护理服务。

6. 推进护理服务手段信息化

泰康保险集团股份有限公司依托互联网、物联网、大数据平台和云服务技术，根据荆门市实际情况，研发了符合荆门市长期护理保险需求的信息系统，具有保险经办、需求评估、服务监管、大数据决策、护理服务管理、智能健康管理六大功能，实现从参保到结算的一体化服务，还具有实时叫护和预约服务，同时可以对护理服务实行远程实时管理。

(四)长期护理保险失能等级评定成功经验

1. 制定贴近荆门市实际情况的失能等级评定标准

在巴塞尔指数量表(Barthel index)的基础上,考虑到荆门市失能人群的特征和实情,荆门市医疗保障局邀请北京大学护理学院的谢红教授制定了《荆门市长期护理保险失能等级评定标准》,强调以客观评定项目和仪器检测结果作为主要判断依据。该标准结合患者主诉与客观检查,按评分高低将失能等级评定为轻、中、重 3 类共 7 级,重度一级为最甚,低于 40 分的重度失能人群为长期护理保险首期保障的对象。

2. 成立失能等级评定专家委员会

荆门市医疗保障局从市直定点医疗机构选聘相关医学专家,建立专家库,负责失能等级评定的规范制定、综合协调、业务指导、编制教材等日常工作;各县(市、区)也成立长期护理保险失能评定专家委员会,依托县(市、区)评定分站,负责辖区内参保人员失能等级评定工作。由第三方专家"盲评"代替"现场初评+专家复评",有效改善了两次评价结果不一致、参保人员满意度低、复核率高、开支大等现状,确保结果公正。

3. 确保失能等级评定规范化、常态化

泰康保险集团股份有限公司负责受理所有失能评定的申请并进行失能等级评定工作,包括联系评估专家,接送专家上门进行评定,对评定过程全程拍摄记录,将评定结果和录像上传存档并公示,接受复议申请。除了对初次申请的参保人员进行失能等级评定外,每年还会对保障对象日常生活活动能力进行一次复评。截至 2020 年 9 月底,参与长期护理保险失能等级评定人数达到 15 509 人,通过 9805 人,通过率为 63.22%。

报告三
湖北省长期护理保险制度试点中存在的突出问题

程广帅　丘月玲　郑浩琳　张凌超　郑晓萍

本报告总结了荆门市长期护理保险制度试点存在的问题。在筹资方面,存在筹资水平低于法定标准、动态调整机制没有落实到位、财政补贴存在拖欠等问题;在待遇支付上,存在享受待遇人群覆盖面偏低、待遇支付压力区域差异大、人均待遇支付水平区域不平衡等问题;在经办工作上,存在部分群众对政策理解有偏差、享受待遇人群稽核工作难度较大、待遇享受评定通过率存在区域分化等问题;在护理服务上,存在医疗护理与生活护理衔接不足、护理人员年龄和性别结构不合理、护理服务人员专业性不强等问题;在失能等级评定上,存在评定标准具有一定程度的主观性、不同区域失能率差异较大、评定流程规范化还有待加强、评定专家队伍严重短缺等问题。

一、长期护理保险基金筹资方面存在的问题

(一)筹资水平低于法定标准

根据《荆门市长期护理保险办法(试行)》的规定,长期护理保险制度的筹资标准是上年居民可支配收入的 0.4%。根据荆门市统计年鉴和统计公报的数据,2016—2020 年,荆门市居民可支配收入分别为 22 187 元(2016 年)、24 049 元(2017 年)、26 073 元(2018 年)、28 459元(2019 年)和 30 521 元(2020 年),相应的筹资标准应该分别为 89 元(2016 年)、96 元(2017 年)、104 元(2018 年)、114 元

(2019年)和122元(2020年),但实际上2017年、2018年和2019年筹资标准均为80元。2020年进行了调整,但也只有90元,2021年和2020年标准一样,也是90元,这明显低于《荆门市长期护理保险办法(试行)》规定的筹资标准。

(二)动态调整机制没有落实到位

按照《荆门市长期护理保险办法(试行)》,长期护理保险筹资动态调整是依据上年度居民人均可支配收入0.4%来确定。但是在实践中,2017—2019年连续3年筹资标准都是一样的,未根据上年人均可支配收入进行调整,仍执行2016年的标准。

从2020年开始,荆门市才将长期护理保险制度人均筹资标准调整到90元。根据2020年居民可支配收入水平,2021年的筹资标准应该调整为122元,但实际筹资标准仍然是90元,并没有进行调整。

(三)财政补贴存在拖欠现象

按实际筹资标准测算,荆门市每年要拿出接近8000万元的财政收入对长期护理保险基金进行补贴。如果按法定标准测算,荆门市每年要拿出3.1亿元,这对地方财政构成较大的压力。

按照《荆门市长期护理保险办法(试行)》,财政补贴应该在每年年初由财政部门一次性划拨到长期护理保险制度财政专户。但是根据课题组实地走访了解,在不同地方普遍存在财政补贴划拨不及时的情况,甚至到了年底也没有划拨,一定程度上存在拖欠现象。究其原因,到底是因地方财政紧张,还是因政府部门之间工作协调性不够,还需进行进一步分析。

二、长期护理保险待遇支付存在的问题

(一)享受待遇人群覆盖面偏低

根据第七次全国人口普查的数据,荆门市60岁及以上人口为593 191人,65岁及以上人口为419 597人,对应的老龄化率分别为22.84%和16.16%,比全国老龄化水平分别高了4.14个百分点和2.66个百分点,说明荆门市老龄化比较严重(图6-3-1)。

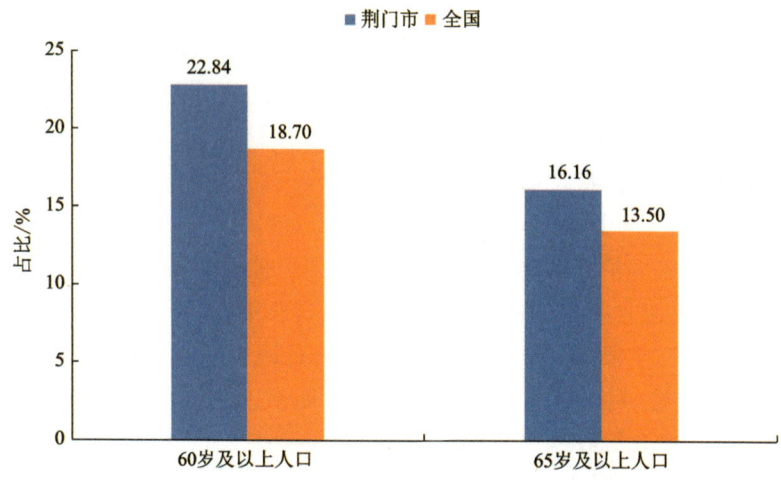

图 6-3-1　荆门市和全国人口老龄化程度对比图

数据来源：第七次全国人口普查数据。

截至2020年底，荆门市累计享受长期护理保险制度待遇的人数为10 156人，根据该数据和荆门市老年人口数据，测算出荆门市60岁及以上老年人的重度失能率为1.64%，65岁及以上老年人重度失能率为2.32%。

目前，全国层面的重度失能率数据有两个来源，一个是中国保险行业协会根据巴塞尔指数量表测算的60岁及以上老年人的重度失能率为7.2%；一个是根据中国健康与养老追踪调查数据测算的60岁及以上老年人的重度失能率为8.8%。虽然全国层面的数据都是抽样数据，与真实的失能率数据有一定的出入，但不会有太大的偏离。

与全国层面的失能率相比，荆门市重度失能率数据明显偏低。背后的原因很有可能与荆门市的审慎考虑有关，不想给长期护理保险制度的待遇支付带来过大的压力。但是从长期护理保险制度作为社会保险的属性来看，如果受益面过窄，则不符合政策设计的初衷。

（二）待遇支付压力区域差异大

通过待遇支付总额占筹资总额的比例测度待遇支付压力。从表6-3-1中可以看到，2018年的待遇支付压力在不同县（市、区）之间存在较大差异，但这一年尚处于长期护理保险制度的实施初期，所以巨大的区域差异尚不能说明问题。到了2019年和2020年，长期护理保险制度基本步入正轨之后，不同县（市、区）之间依然存在较大的差异。从2020年的数据来看,钟祥市、京山市、屈家岭和掇刀区管理区的待遇支付压力最小,不到50%,而沙洋县和东宝区的待遇支付压力较大,其中东宝区超过了70%。

这会产生另外一个问题,就是不同区域失能老年人享受的长期护理保险制度不公平。由于失能等级评定存在一定的主观性,那么待遇支付压力小的地方,可能在评估的时候相对宽松一些,享受长期护理保险制度的比例较高。而待遇支付压力大的地方,可能评估相对严格,享受长期护理保险制度的比例就低。后续测算不同县(市、区)的失能率,发现与表6-3-1的结果一致。

表6-3-1　2018—2020年荆门市待遇支付总额占筹资总额的比例　　单位:%

地区	年份		
	2018年	2019年	2020年
钟祥市	6.24	53.16	40.59
京山市	4.14	43.34	46.47
屈家岭	1.09	37.91	34.03
沙洋县	23.59	80.44	63.59
掇刀区	23.35	61.26	39.26
市直	69.82	82.81	58.26
东宝区	54.61	106.14	73.68
荆门市	17.90	62.41	49.26

数据来源:荆门市医疗保障局长期护理保险大数据库。

(三)人均待遇支付水平区域不平衡

根据荆门市提供的待遇支付总额和享受长期护理保险制度待遇的人数等数据,计算了人均待遇支付水平,具体结果见表6-3-2。可以看到,不同县(市、区)的人均待遇支付水平差别较大。2019年,人均待遇支付水平最高的是掇刀区,为24 640元;最低是京山市,为16 444元。2020年,人均待遇支付水平最高的是东宝区,达到18 214元;最低的是京山市,为12 724元。不同区域待遇支付水平存在巨大差异的具体原因比较复杂,需要进行进一步研究。

2020年各县(市、区)的人均待遇支付水平普遍降低,主要是因为荆门市在

2019年修订了《荆门市长期护理保险办法(试行)》,根据重度失能等级的不同,对待遇支付水平进行了调整,支付总额下降。

表 6-3-2　荆门市人均待遇支付水平　　　　　　　　　　单位:元

地区	年份		
	2018 年	2019 年	2020 年
钟祥市	2894	22 298	15 075
京山市	3236	16 444	12 724
屈家岭	1563	18 353	14 315
沙洋县	6680	21 741	18 186
掇刀区	8864	24 640	17 626
市直	20 079	19 787	16 488
东宝区	12 299	22 664	18 214
荆门市	7277	21 250	15 781

数据来源:荆门市医疗保障局长期护理保险大数据库。

(四)长期护理保险申请和失能等级评定没有实现市级统筹

当前,失能老年人申请长期护理保险待遇,必须在参保地申请,失能等级评估也必须在参保地。现在很多老年人可能在外地养老,甚至在荆门市外,但如果要申请长期护理保险,就不得不回户籍地申请,这给部分群众带来了较大的不便。例如,一个老年人户籍在沙洋县,但目前居住在外地的子女家中,如果想申请享受长期护理保险,就必须回到沙洋县申请,然后在沙洋的家中等待失能等级评定专家上门评估。

三、长期护理保险制度经办存在的问题

(一)部分群众对政策理解有偏差

尽管荆门市医疗保障局和泰康保险集团股份有限公司对长期护理保险试点政

策进行了广泛的宣传和解读,依然有一些群众不了解长期护理保险的具体规定。据实地调研结果,经办服务网点常常出现因群众对政策的不理解、不认同而与经办服务人员发生争执与冲突的事例,多半是围绕待遇享受、评定结果的争执,例如曾有家属将失智的小孩放在经办服务机构进行抗议,认为这样的小孩应享受长期护理保险待遇,但从政策上来此类小孩其还不构成失能,并不在长期护理保险的保障范围。

(二)享受待遇人群稽核工作难度较大

经办机构的稽核任务主要是核实各待遇享受人群的身体失能状况以及护理服务质量,监控当前稽核巡察工作还未覆盖全体待遇享受人群,且未覆盖人群主要集中在农村地区。

根据调研中获取的信息,认为有以下4个原因:

第一,部分地区稽核人手不足,无法满足巨大的稽核工作量。荆门市各地区享受待遇人数差别较大,最多的是钟祥市,有2879人,最少的是屈家岭,只有161人,然而各县(市、区)均只配有4个专职稽核人员,在部分地区明显会出现工作量与人员不匹配的情况。

第二,农村地区住户分散且交通不便,平均到每一户稽核工作耗时长,有时一天只能完成两户的稽核工作。

第三,调查、取证过程复杂。在稽核过程中一旦发现疑似违约违规行为,即需对之进行取证调查,而完成一项取证工作往往需要多次反复上门。

第四,对稽核工作的隐蔽性要求高。通常的违规违约行为是参保人员有意为之,假装失能、失智以享受长期护理待遇,又或者是与护理服务人员合谋,这就对稽核工作的隐蔽性提出较高要求,稽核小组通常需要在非常规时间上门入户或者短期内多次对同一对象进行入户巡查等。

(三)待遇享受评定通过率存在区域分化

荆门各县(市、区)失能评定通过率存在较大的差异,最低的是钟祥市,通过率仅为51.64%,最高的是市直部门,通过率高达83.29%,荆门市整体通过率为65.75%。这可能由两种原因导致:一是市直人员政策理解能力较强,对于本身的失能状况和其能享受待遇与否有较为清楚的认识,非必要则很少申请失能评定。二则更有可能的原因在于评定专家对市直的人员存在倾向性行为,在评定过程中有意无意地高估失能严重性,评定结果受主观性影响较大。

(四)经办质量和效率受到制约

荆门市医疗保障局与经办机构的协议中缺乏对经办机构的长期激励措施。当前,双方协议中约定每年医疗保障局向泰康保险集团股份有限公司拨付约定保费即个人缴纳保费的2%作为经办服务费用。以2020年为例,当年的长期护理保险保费总额为90 374 364元,相应约定经办服务费用为1 807 487元,而泰康保险集团股份有限公司专职负责长期护理保险的工作人员为52人,人均每月只有2896元,仅能基本覆盖人员开支,根本没有多余的经费用于经办,泰康保险集团股份有限公司极有可能为了降低经办成本,从而采取对失能人群不利的做法。比如,现在规定失能人群申请长期护理保险和失能等级评定只能在参保地,这显然是泰康保险集团股份有限公司为了降低经办成本而采取的做法。

(五)失能等级评定复评费用权责不明

虽然当前荆门市取消了失能等级评定中的复评环节,但由于很多申请长期护理保险的群众在没有通过评定之后,均强烈要求进行复评,事实上复评并没有取消。按照当前荆门市的做法,失能等级初评和复评的费用都从长期护理保险基金中支出。这一方面会加大失能评定工作量,降低经办工作效率,使评定费用不合理上涨,对长期护理保险基金可持续性造成威胁。究其原因,即现有长期护理保险制度没有划分保险基金和参保个人各自在失能评定流程中的权利与责任,没有明确参保个人的权利和义务。

(六)申请长期护理保险的失能老年人信息不全面

当前,泰康保险集团股份有限公司设计了《荆门市长期护理保险失能评定调查表》,要求申请长期护理保险的失能老年人进行填写,然后录入管理信息系统。根据实地调研情况,目前主要存在两个方面的问题:第一,调查表中设置的项目太少、太粗,缺少很多失能老年人的关键信息;第二,泰康保险集团股份有限公司在录入调查表中的信息时,为了自身工作的便利,仅仅录入调查表中的少数几个指标。这些问题导致后期对失能老年人数据进行分析时面临很大的困难。

四、长期护理服务存在的问题

(一)医疗护理与生活护理衔接不足

据了解,目前荆门市多数具有长期护理保险服务资质的机构并未开展实施医疗护理服务项目。一方面,临床护理服务的实施必须由护理人员根据相关医嘱提供实施,而现实情况是,全市所有定点养老机构的医生总数仅5名,极度缺少执业医师,无法下达医疗护理的医嘱,造成临床项目难以真正实施。另一方面,即使执业医师下达了医嘱,护士上门提供临床护理服务,但环境不洁、服务专业性较强、实施难度大,护理过程中的医疗风险增加。

因此,机构出于控制成本的考虑,将护理服务绝大部分集中在"基本生活照料"上,而将有限的护士资源用于承担日常管理等工作,从而无法保障长期护理中临床护理服务的有效提供。另外,随着家庭结构的变化,越来越多的家庭面临着居家护理缺乏专业的医疗服务等诸多难题。

(二)护理人员年龄、性别结构不合理

在荆门市,大部分年轻人不愿意从事护理服务工作,导致护理人员的平均年龄偏大,并且有相当一部分护理人员的年龄在60岁以上。这部分人群本身年龄已经相对较高,对于新鲜事物的接受能力较差,护理服务掌握技能较差,身体素质较差,无法提供质量较高的护理服务。同时,由于这部分人群年龄较高,患病概率大,失能人员家庭也会担心高龄护理员在提供服务时出现问题而不愿意雇佣这部分人群,这就导致荆门市的护理服务市场更加缺乏高素质的护理员。

另外,目前荆门市已享受待遇的10 797人(截至2021年6月份)中,男性比例超过40%,然而护理服务队伍中的男性占比极小,难以实现护理服务的高质量供给,例如在涉及"沐浴"这一类的私密服务时,有诸多不便之处。

(三)护理服务人员专业性不强

其一,虽然荆门市已基本落实"先持证,后上岗",即参加护理服务工作必须经过培训以后持证上岗,但是短期培训只能覆盖到个人清洁、喂食等基础护理项目以及仅限于量血压、测血糖等基础医疗服务项目,护理对象无法享受到更为专业的医疗服务。其二,定点养老机构的护理员与护士的比例为12:1,护士的人数难以达到需求,只能由护理员来提供护理,护理对象仍然无法在养老机构中得到足够的医疗护理。其三,荆门市长期护理保险制度规定,3种照护方式及待遇只能选择一项享受,政策的引导加上传统观念的影响,较多的失能人员更愿意在家接受亲情照护。在当前享受待遇的人群中,有91.16%的失能老年人选择享受居家护理待遇。

提供居家护理服务的人员多为亲情照护人员,与专业照护人员相比,亲情照护人员在失能人员的陪伴和沟通、心理安抚方面有优势,帮助失能人员洗脸梳头、手足清洗等简单生活护理方面还能应付自如,但由于他们大部分缺乏专业的护理知识和护理能力,在大小便失禁护理、压疮预防、康复训练等医疗护理方面会力不从心,限制了失能人员护理质量的提升。

(四)对护理服务的监管机制不完善

目前荆门市对护理服务的监管是通过专人巡查以及审查护理服务视频的方式进行,即通过入户巡查以及审查,由护理人员或是护理对象的家人上传的视频来核实服务质量,其间若发现护理人员的服务质量不达标,则对其采取停止发放待遇的措施。但是,这两种方式对护理服务的监管不够及时、有效,巡查和视频查验存在一定的偶然性与选择性,对护理服务人员的监管非常有限。

五、失能等级评定存在的问题

(一)失能等级评定标准具有一定程度的主观性

《荆门市长期护理保险失能等级评定标准》的出台为失能等级的评定提供了更

加客观、公正的依据,但是有些指标难以通过仪器进行客观打分,等级评定结果在某种程度上仍受制于等级评定人员的主观裁量。当前,为了降低成本,荆门市坚持就近原则,失能等级评定专家都是从本县(市、区)地域范围内选取,很难完全避免失能等级认定中的人情因素,从而影响失能等级评定结果。

课题组在荆门市调研获取的数据计算结果显示,截至2020年底,市直申请通过率为83.3%。2021年第一季度,市直申请通过率超过了90%;排名第二的是东宝区,也在70%以上,远高于其他县(市、区);最低的是钟祥市,为51.6%。市直均是政府部门退休的公务员。

导致这一局面的可能原因有三:其一,评定标准存在主观性空间,得分处理方式简单,未经过权重调整,较多依赖专家自由裁量。其二,专家个体的主观性差异,不同专家对标准的理解各有侧重,一些评定人员在失能等级评定时,判定的主观原则过于严格或宽松,因个体理解力的差异导致通过率不稳定。其三,医疗保险机构不参与评定,评定结果由专家"盲评"决定,缺乏对等级评定专家的制约,对误评的纠错机制不够健全。

(二)不同区域失能率差异较大

根据第七次全国人口普查荆门市数据和2020年12月底累计享受长期护理保险失能人数,计算荆门市及下属各县(市、区)的老龄化水平和重度失能率。考虑到荆门市大部分市直政府部门在东宝区,将市直的数据合并到东宝区。从表6-3-3中发现,东宝区的老年人口失能率最高,但其老龄化水平并不高,为20.02%,仅高于掇刀区的15.13%。而老年人口失能率较低的钟祥市和屈家岭管理区,老龄化水平反而较高。这反映出失能等级评定标准确实存在很大程度上的主观性,导致不同县(市、区)在失能等级评估中的操作尺度不一致。

表 6-3-3　荆门市不同县(市、区)老龄化与失能率比较

	总人口/人	老年人口/人	老龄化/%	重度失能人数/人	重度失能率/%
钟祥市	868 897	210 186	24.19	2879	1.37
京山市	492 843	119 514	24.25	1963	1.64
屈家岭	52 000	13 172	25.33	161	1.22

续表 6-3-3

	总人口/人	老年人口/人	老龄化/%	重度失能人数/人	重度失能率/%
沙洋县	395 717	111 157	28.09	2038	1.83
掇刀区	379 602	57 434	15.13	825	1.44
东宝区	407 868	81 655	20.02	1834	2.25
荆门市	2 596 972	593 148	22.84	9718	1.64

数据来源：根据2020年荆门市第七次全国人口普查数据、荆门市医疗保障局长期护理保险大数据库。

（三）失能评定流程规范化还有待加强

流程不规范体现在两个方面：一是失能评定时间与次数随意性较大。调研得知，泰康保险集团股份有限公司原本设定3月和9月为集中评定时期，规避了冬季气温导致评定过程不方便和评定结果不稳定，但后期应群众反映和要求，将评定周期改为一个季度一次，一定程度上增加了经办机构的工作量和工作难度，同时也增加了部分工作人员的疑虑和不解。二是部分流程非最优。荆门市申请失能等级评定人群中，只有65.8%的人通过失能等级评定，其中钟祥市只有51.3%。这说明将近半数的评定结果都为中度失能者甚至轻度失能者，对于这部分人群，本应该通过其初审材料进行甄别和筛选，然而调研发现目前经办机构已取消初审环节，而直接由专家对评定申请者进行入户评定，拉低通过率的同时降低了经办效率，浪费了经办资源。

（四）失能等级评定专家队伍严重短缺

失能等级评定流程得到重塑后，主要依靠聘请医疗、养老机构专业人员开展工作。而县区一级直接面向申请人，承担失能等级评定与日常稽核的任务，工作压力大。2021年第一季度，提交失能评定申请的人数再创新高，达到847人，但仅有20余名专家参与评定，工作量较大。同时，聘请的评定人员又大多为兼职，时间上不能自由安排，也难以把全部精力投入到失能等级评定工作中，从而加剧了评定力量短缺的局面。

(五)对评定专家的激励机制和监督机制不足

荆门市针对护理行业从业人员出台专门政策予以扶持、激励,但激励对象并不包括失能等级评定人员;依靠情怀驱使动力单一,无法改善等级评定力量匮乏的现状,难以满足广大城乡居民日益增长的失能等级评定需求。

(六)失能等级评估中存在骗保行为

长期护理保险失能等级评定中的道德风险首先表现为骗保。骗保行为最可能的表现包括夸大病情表述、捏造就诊记录等,干预现场评定人员的判断。这种行为在失能等级评定标准更新、评定流程重塑后得到了较为显著的改观,但大部分失能人员缺乏表达能力,需要依赖亲属转达,因此骗保现象难以根除。

报告四
完善湖北省长期护理
保险制度试点的政策建议

程广帅　丘月玲　郑浩琳　张凌超　郑晓萍

本报告总结了荆门市长期护理保险制度试点的政策启示及对策。在筹资工作上,应当坚持将医疗保险基金划拨作为重要筹资来源、整合现有护理领域的财政资源、划拨楼堂馆所类国有资产充实长期护理保险基金等;在待遇支付上,长期护理保险基金应实行市级统筹,在较长一段时间内暂不提高支付标准;在经办工作上,要加大政策宣传力度、加强经办队伍建设、完善和丰富稽核方式等;在护理服务上,要完善护理需求反馈渠道、推动医养结合模式发展、重视失能风险预防管理等;在失能等级评定上,要及时修订失能等级评估文件、提高失能等级评定标准客观指标比重、扩大失能等级评定标准覆盖范围等。

一、完善长期护理保险筹资的政策建议

(一)坚持将医疗保险基金划拨作为重要筹资来源

很多学者认为,地区从基本医疗保险基金结余中,划出一部分资金作为长期照护保险制度的资金来源,是不合适的。作为一项独立的社会保险制度,长期照护保险应该单独筹资,并有稳定的筹资渠道。

课题组认为,这个观点值得商榷。根据课题组在荆门市的调研和相关研究,长期护理保险显著地降低了失能人员的医疗保险支出,而且在减税降费的大背景下,长期护理保险筹资也不能增加企业负担。在坚持医疗保险基金划拨作为长期护理

保险基金筹资重要来源的前提下,为了保障医疗保险基金划转的可持续性,建议从缴费阶段资金进行划转,而不是结余阶段基金划拨,避免受基金结余规模的影响。

(二)整合现有护理领域的财政资源

高龄补贴、残疾人补贴以及"阳光家园计划"中的居家护理补贴的给付,是为了缓解高龄老年人、残疾人及其家庭的经济压力,均由财政支出。从长期护理保险制度的可持续性及公平性出发,可以考虑将失能老年人高龄补贴和重度残疾人护理补贴的资金用于参保缴费。"阳光家园计划"中用于居家护理的补贴资金须与长期护理保险的待遇给付做好衔接,享受"阳光家园计划"资金补贴的残疾人,如果被纳入长期护理保险的保障范畴,要依据残疾人数量及不同类别残疾的比例,适时考虑将居家护理中发放给个人的资金用于充实长期护理保险制度的基金。

(三)划拨楼堂馆所类国有资产充实长期护理保险基金

荆门市及下属各县(市、区)均拥有一定数量的楼堂馆所和其他闲置的房产,不妨把这一类国有资产用于长期护理保险筹资,将其出租给民营养老机构,收取的租金既可以进入国库,直接划拨到长期护理保险基金,也可以要求养老机构接收一定数量的自愿进入机构养老的失能老年人,租金直接抵扣长期护理保险基金负担的保险金。

具体来说,一是加强组织领导。由国资管理部门负责分析租赁市场行情,研究楼堂馆所类国有资产盘活路径,确保资产利用因地制宜、符合市场规律。二是制定政策。虽然划拨国有资产进医疗保险已经在实践中探索,但划拨楼堂馆所等资产充实长期护理保险基金属于新事物,二者存在很大的不同。因此必须制定相关政策来指导划拨工作。三是注重招商选商。坚持"招商选资、选商引资"理念,瞄准泰康保险集团股份有限公司等有实力的养老机构,确保实现国有资产保值增值。

(四)改进长期护理保险筹资渠道

参照城乡居民医疗保险模式,通过中央、省、地方三级财政,给予长期护理保险补贴,以此替代"医疗保险补助",形成政府补助和个人缴费相结合的筹资机制,确保长期护理保险制度真正"独立"。

二、完善长期护理保险待遇支付的政策建议

(一)长期护理保险基金应实行市级统筹

前面分析了不同县(市、区)的待遇支付存在较大的差异,像东宝区、沙洋县和市直等待遇支付压力超过60%或接近60%的县(市、区),今后随着享受长期护理保险失能老年人规模的增长,极有可能面临较大的支付压力,甚至入不敷出。因此,为了保证长期护理保险的可持续性,实现市级统筹是十分必要的。

但是,在当前失能等级评定标准还存在一定主观性的背景下,实现基金市级统筹,可能会导致不同县(市、区)的失能老年人在享受长期护理保险方面不公平。因此,荆门市需要建立相应的监督机制,确保各县(市、区)的重度失能率的差异不能超过0.3个百分点。

(二)在较长的一段时间内不要提高待遇支付标准

当前荆门市失能人员享受长期护理保险待遇,最高每月2400元,最低每月1200元,比国内其他大部分试点城市待遇水平要高。前面分析了在当前的筹资和支付水平下,未来几年荆门市会面临较大的待遇支付压力。因此,在逐步提高筹资的前提下,荆门市长期护理保险的待遇支付水平在较长的一段时间内,最少是3年或者是5年不要提高待遇支付标准。

三、完善长期护理保险经办的政策建议

(一)加大政策宣传的力度和广度

政策宣传和解读是保险公司受托经办长期护理保险业务之一,当前任务应加

强对重点人群的政策解读工作,例如农村文化水平较低人群、失能状况未能达到待遇享受标准的失能失智人群;在各个服务网点设置专岗调解群众冲突、进行政策解读,防止常规经办工作受到冲击,防范人身安全事故;在宣传过程中注意政策解读的真实性和准确性,消除参保人员对商业保险公司的误解。

(二)加强经办队伍建设

合理配置经办人员数量,根据参保人数的变化建立人员动态调整机制;优化经办专项小组人员结构,动态调整一线服务人员和后台人员之间的比重,信息化管理需要优化经办服务队伍的年龄结构配置;强化经办人员的培训管理,开展有针对性、多层次的培训,提升经办机构工作人员的综合素质和服务能力;明确照护管理师职责,加大培训力度,赋予其一定的管理权限,条件合适可以由照护管理师牵头组建照护管理团队,全权负责长期护理保险的护理质控,提高经办专业性。

(三)完善和丰富稽核方式

完善手机 APP 稽核手段,加大日常稽核力度,严格把关对护理服务机构的专项稽核,并加强3种稽核方式的联动协作;增派稽核人手,重点巡查还未接受稽核的保障对象和地区,做到稽核工作全覆盖,对重点区域进行拉网式排查;特别关注重点人群;鉴于保障对象居住地分散,且多集中在农村,可尝试委托第三方机构开展稽核工作,借助第三方机构的专业人才队伍,缓解因经办人手不足而导致的日常巡查力度不够的问题;各地区之间稽核小组交叉、轮流开展工作,确保稽核工作隐秘性;增加公示力度,设置举报奖励,鼓励民众参与监督,发挥社会监督机制的作用。

(四)优化经办流程

首先,以长期护理信息系统群为依托,以群众利益为出发点和落脚点,以高效长期护理经办工作为目标,将标准化与灵活性相结合,建立流程优化动态管理机制;鼓励多方参与流程优化与再造,并明晰流程主体权责;其次,秉持便民宗旨,将信息系统优化作为重要发力点;同长期护理保险主管部门共同开发一套流程绩效评估标准,将流程管理考核纳入经办工作绩效考核。

(五)建立长效激励措施

首先,医疗保障局应与经办机构协商制定短期、中期和长期的发展计划与目标,通过短期具体目标和长期愿景引领经办工作;其次,通过双方协议约定,赋予经办机构一定的税收优惠或减免权利;通过鼓励长期护理保险经办机构根据社会长期护理保险的保障范围和内容制定独立的商业长期护理保险,满足高收入者对长期护理保险的需求,推动多层次保障的建立,提高长期护理保险经办机构的工作积极性;在长期护理专项小组内部重视人力资源的开发与利用,采取物质激励与精神激励相结合的多样化激励方式,调动经办服务人员积极性。

(六)完善经办绩效评估及指标设计

完善考核指标时,需要综合考量长期护理保险主办单位和长期护理保险经办机构的利益关注点,注重整个绩效考核指标的系统性和协同性,注重绩效考核指标体系的可操作性,统一评估指标的含义、口径范围、计算方法、计算时间和空间范围,指标要与相应的财务指标、职能部门的统计指标相一致;重点考核经办业务的效率与效果目标、风险管控与可持续性目标以及服务质量目标3个方面;充分利用管理信息和数据进行绩效考核,避免主观性判断和人情考核分;条件允许时引入第三方机构对经办机构进行考核,提高绩效考核效率和客观可行性。

(七)加强对护理机构的管理

泰康保险集团股份有限公司作为长期护理保险经办机构,要对护理机构制定严格的准入机制,严抓准入门槛,定期对护理机构的各项安全设施进行检查,对于不达标的护理机构要给予一定的罚款或整顿处罚,保证机构合法合理经营及规范化管理。对于护理机构的工作人员要制定一定标准,进行规范化培训,提高其服务水平。

(八)完善失能老年人信息搜集整理

前文提到,泰康保险集团股份有限公司基于成本考虑,只搜集与经办有关的失能老年人信息,遗漏了大量有用信息。为了便于今后更好地分析荆门市长期护理保险制度试点存在的问题,建议由荆门市医疗保障局委托专家设计专门的《荆门市长期护理保险失能评定调查表》,搜集更全面的失能老年人相关信息。另外,泰康保险集团股份有限公司如果不愿意录入调查表中的所有信息,可以极低的成本委托高校研究团队录入信息。

四、完善长期护理保险护理服务的政策建议

(一)完善护理需求反馈渠道

首先,在政策设计方面应当尊重老年人真实需求的表达,建立有效的需求反馈渠道。通过真实的调查和反馈对老年群体的实际需求进行详细的分析,并且结合老年群体基于家庭情况、经济水平、社会地位、生活经历、性格特点等提出的个性化需求,对其实行合理的、有针对性的服务供给。其次,在实践过程中以社区为桥梁,构建一种自下而上的需求反馈机制。在提供服务的同时,及时观察老年人的身体状态,尊重他们的表达,让老年人的真实需要可以被满足,从而弥补自上而下政策设计模式的不足之处,这既有利于老年人需求的表达和自我价值的实现,也有利于长期护理保险政策的不断完善。

(二)大力推动医养结合模式发展

首先,在实施长期护理保险时,需要厘清医疗服务与护理服务的内容,便于划定医疗保险与长期护理保险给付范围的界限,提高二者间的契合度,同时,鼓励养老机构开发医疗服务产品和项目,逐步将以日常生活照料服务为主的模式转换为医护结合模式。

其次,推进护理医疗一体化。荆门市在现行的长期护理保险体系的基础上,需要进一步加强社区医疗和护理的协调服务,建立多功能医疗型服务来满足重度护理高龄者的护理需求;加强居家护理服务和设施服务、医疗和护理的协调,提供综合型的护理服务。构建社区护理服务体系,其中包括社区医疗机构与护理机构合作,提供"居家+医疗"一体化服务。通过这种形式,提高卫生资源的利用率,增加

护理服务的供给。

可在居家养老的基础之上,完善全方位专业化社区养老服务体系,并加强社区老年医疗服务与社区智慧型网络服务,形成"家庭＋社区""养老＋医疗""线上＋线下"的三结合嵌入型养老服务网络,鼓励社区养老机构与有需求的家庭合作,通过完善健康档案、定期上门巡视、开通家庭病房等形式,提供类似亲情化护理等服务,建立相关的"家庭医生签约"模式。同时,政府可以以购买服务的方式向困难家庭中的失能老年人提供资助,逐步在基层社区实现医养结合的发展。

(三)重视失能风险预防管理

通过为潜在失能者提供相应的护理服务来降低他们失能的概率,如为轻度失能者提供级别较低的照护,锻炼他们的自理能力,让他们逐步实现自理并减轻对他人的依赖程度。高龄老年人无疑是未来最有可能失能的群体,可请专业人员对他们进行护理干预,帮助其恢复部分生理机能,预防老年人失能情况的发生。这不仅有助于提高高龄老年人的生活质量,而且能够大幅度降低护理支出,增强长期护理保险的可持续性。

(四)优化护理人员年龄和性别结构

长期护理服务是应对老龄化的关键环节,关系到老年人的生活质量,需要更进一步去探讨如何更好地改善护理服务的工作环境,完善护理职业待遇和岗位激励制度,拓展护理职业发展空间,形成系统的护理人才管理体系,减少人们对这一职业的社会歧视,从而鼓励年轻人参与到长期护理服务中来,吸引更多的男性加入护理人员队伍。

(五)加大专业护理人员培养力度

要注重护理人员的训练培养,设置更加专业化的培训,提高人员护理能力。邀请退休护工为经验不足的护理人员提供护理指导、培训等方面的教学,或直接聘请专业的护士为失能老年人提供护理服务,注重护理职业技能的培训与就业指导服务,提高长期护理服务团队的服务质量。保持服务机构工作人员的相对稳定性,定期开展业务培训,拓宽护理人员晋升渠道,明确职业发展方向。

(六)推进护理服务监管信息化

对机构监管方面,可以通过设置服务保证金制度,建立考核机制来约束服务机构,也可以借鉴医疗保险智能审核系统的经验,开发长期护理保险智能监控系统,补齐过去人工监督效能低下、数据信息采集滞后的短板,实现精准监督、高效监管。对护理人员监管方面,可以通过要求护理人员使用专门APP,实时反馈护理时间和护理内容,以参保人或家属的确认来约束护理人员的从业行为,同时,利用GPS定位、指纹识别等新技术保障照护机构上门服务的照护质量以及参保人的身体状况等。另外,通过协议监管来加强对质量的控制,由经办机构和护理机构一同向社会公布协议机构的违规行为,使之具有较强的威慑力。

(七)加强护理机构的监督

为防止出现道德风险以及逆向选择问题,必须加强护理机构的监督。护理机构在申请经办机构的审查时,要通过费用支付方式的杠杆作用来对外公示服务信息,以方便患者根据所能掌握的相关数据信息正确选择护理资源。还要在护理服务的供给情况及护理费用的使用情况上公开透明化地接受护理保险经办机构联合审计部门的严格监督审查。

五、完善长期护理保险失能等级评定标准的政策建议

(一)及时修订失能等级评估文件

规范性文件源于实践,又要领先于实践,则势必会与实践之间产生偏差。经过实践检验的卓有成效的调整需要及时体现在指导文件上,根据实践中的新情况,应该及时更新《荆门市长期护理保险实施细则(试行)》(荆政法〔2016〕43号),明确公示现行失能等级评定流程。

《荆门市长期护理保险失能等级评定标准》作为等级评定工作最基本的依据,是连接系列相关政策的节点,需要不断吸收关于失能等级评定的新方法和新指标,每隔一定时间进行修订完善。与此同时,相关政策的完善需要考虑与《荆门市长期护理保险失能等级评定标准》契合,从而形成一个完整、协调、一致的政策体系,以切实指导实践。

(二)提高失能等级评定标准客观指标比重

失能等级评定标准是长期护理保险能否公平公正的关键,必须在评定过程中坚持公平正义、增进福祉的根本原则,客观务实开展失能等级评定工作。为服务于该根本原则,应该多措并举,尽量减低失能等级评估中的主观性、模糊性。一方面,根据专家建议对《荆门市长期护理保险失能等级评定标准》进行优化。当前标准虽然将申请人伤病客观和专家判断主观相结合,但是依旧属于简单赋分与加减运算,存在过于依赖专家的问题。针对不同的指标,应当为其进行加权,加大伤病客观所占比重,减少专家主观的不确定性。另一方面,评估专家工作团队构成包括康泰保险集团股份有限公司员工、两名或以上的评估专家,缺少公共部门的监督。医疗保险管理部门对失能评估的监督是保障公平、客观的重要一环,在评估中不能缺位。如果囿于客观因素无法到位,可委托第三方机构。

(三)扩大失能等级评定标准覆盖范围

不仅应尊重生理与心理失能,还应区分对待进食、行动、语言等具体项目的重要程度,扩大失能评定覆盖范围。现行标准不能很好地将生理或心理导致的失能进行区分,部分存在活动能力但丧失认知感知能力的失智人员难以参与等级评定。

(四)加强失能等级评定专家队伍建设

针对失能等级评定队伍力量薄弱、工作效率不高的问题精准施策。

第一,拓宽评定人员准入渠道,丰富评定人员来源。除聘请医疗、养老机构专业人员之外,还可以考虑科研院所、医院离退休人员等群体,壮大评定队伍,有效分担工作压力。

第二，发挥市级专家委员会组织优势，指导基层分站加强对评定业务的培训工作。由市级长期护理保险失能评定专家委员会组织讲师、编写教材、起草行为规范，对各县（市、区）等级评定分站的评定人员进行业务指导和技能培训，培养一支素质高、业务熟、能力强、服务优的评定人员队伍，规范准入和退出，切实提高评定效率和效益。

第三，善用激励手段。扩大长期护理保险从业人员的扶持范畴，将评定人员纳入《荆门市人民政府办公室关于加强长期护理服务从业人员队伍建设的意见》（荆政办文〔2017〕6号），近似管理，同类激励，在专业技术职称评定、岗位聘用、绩效工资分配等方面给予政策扶持。

（五）改进失能等级评定模式

第一，将下基层与依托医院两种等级评定模式相结合。部分重度失能人员采用居家照护、下基层的工作模式能够有效满足这一部分申请者的需求；还有部分申请者伤病严重，经医院救治后仍处于重度失能状态，这一部分可视情况直接依托医院进行评定，减少了重复申请、出行等流程的时间成本。

第二，将定期开展失能等级评定改为依申请开展。有效缩减失能者等待的时间，尊重申请者失能状况的变动性，确保及时性与时效性；同时，医疗保险基金统筹支付能力能够承担单人单次400元的费用支出，也为积极开展等级评定的工作模式提供了支持。

（六）完善失能等级评估运行机制

首先，规范等级评定人员行为。确保评定专家是随机抽取的，提高失能等级评定的客观公正性。但在现实中这一条很难实现，因为评估专家都是医生，有自己的工作，不可能随时参加评估。失能等级评定工作必须配合评估专家的时间，难以保证评估专家的随机性。

其次，强化对评估专家的监督。一方面调整评估工作小组构成，弥补医疗保险相关单位的缺位，发挥公权力的监督作用；另一方面提高社会关注度，重视社会各界反馈意见。然后，严格执行复核，推进稽核常态化。依据相关法律法规，主动定期开展复核，随时根据受益人失能状态变化调整待遇等级，不符合享受长期护理保险待遇条件的,由医疗保险经办机构下达《长期护理保险待遇暂停(终止)及调整通知书》。涉及情节严重的骗保行为,追回违规违约金;经稽核确认的设租寻租问题,同步取消失能等级评定人员工作资格。

六、完善长期护理保险制度其他方面的政策建议

(一)长期护理保险和社会医疗保险制度的衔接问题

对于医疗护理费用如何在长期护理保险经办机构和社会医疗保险经办机构之间进行分摊,是前者作为社会性医疗保险中医疗护理费用的补充性保险,还是完全替代社会医疗保险的该部分功能,即长期护理保险如何和社会医疗保险进行有效衔接,是长期护理保险未来发展中亟须深入解决的问题。

(二)厘清长期护理保险相关主体的权责关系

长期护理保险涉及社会保险经办机构、护理机构、被保险人等多方主体,关系极其复杂。为了厘清各方主体的权责关系,规范各方主体的行为,避免强势方利用信息优势,进行寻租腐败、欺瞒诈骗等行为,需要以政府监管为主,社会或第三方监管为辅,使得基金运作更加透明公开化,并加大费用支付的透明度。

(三)建立受益失能老年人基础数据库

目前国内的长期护理保险精算技术尚处在研究发展初期,经验数据如失能状态转移概率矩阵等严重缺失。荆门市可尝试建立享受长期护理保险失能老年人的基础数据库,设计统一的表格全面统计失能老年人基本状况和护理需求信息,实现对失能老年人的信息汇聚、待遇支付和护理服务供给,为今后长期护理保险精算奠定基础。

(四)参保人群数据库和受益人群数据库对接

荆门市为了方便医疗保险划拨,安排长期护理保险参保数据库和医疗保险数据库均由原来经办医疗保险的东软集团股份有限公司负责管理,但荆门市长期护理保险受益人群数据库则由泰康保险集团股份有限公司管理,这使得荆门市长期护理保险参保数据库和受益人群数据库不能互通共享,不便于数据比对和统一管理。因此,荆门市需要在这两个数据库之间建立连接。

第七篇 银发经济

报告一
银发经济发展的国际经验借鉴

程广帅　刘祉佚

2024年国务院办公厅1号文件《关于发展银发经济增进老年人福祉的意见》印发，这是国家出台的首个支持银发经济发展的专门文件。本报告分析了国外主要经济体发展银发经济的经验和做法，提出了我国以及湖北省需要借鉴的成功经验。在经验做法上，欧盟国家注重顶层设计和高位推动，强调科技创新是第一动力，创造了更具代际包容性的经济环境；日本推动相关法律法规的完善，注重人才培养，积极拓宽老年市场，为银发经济发展提供了多元保障。我国要充分发挥政府与市场的合力作用，提高老年人劳动参与和收入水平，发挥科技对银发经济的推动作用。

一、我国发展银发经济大有可为

人口高质量发展事关中华民族伟大复兴伟业，是我国面临的全局性、长期性、战略性任务。第七次全国人口普查数据显示，我国60岁及以上人口已达2.64亿，占总人口的18.7%，即将进入中度老龄化阶段。可以说，老龄化是我国经济社会发展到一定阶段的客观结果。根据国家卫生健康委员会老龄健康司王海东司长在2022年9月的一场新闻发布会上公布的数据，预计"十四五"时期，60岁及以上老年人口总量将突破3亿，占比超过20%，进入中度老龄化阶段。2035年左右，60岁及以上老年人口将突破4亿，占比超过30%，进入重度老龄化阶段。

随着老龄化程度不断加深，我国出台了多项积极应对人口老龄化的政策措施，其中包括发展银发经济。2020年，党的十九届五中全会提出，实施积极应对人口老龄化国家战略,发展银发经济。2021年,中共中央、国务院提出,积极培育银发经济,加强规划引导,发展适老产业。同年,国务院提出,大力发展银发经济,推动老龄事业与产业、基本公共服务与多样化服务协调发展。2022年,党的二十大报告提出,实施积极应对人口老龄化国家战略,发展养老事业和养老产业。

随着收入水平的提高,养老模式和消费观念的改变,老年人在职时被抑制的消费需求在退休后或可得以释放,蕴含巨大的消费潜力。老年人消费逐渐呈现出品质化、多元化、个性化和便利化的趋势。中国拥有庞大的银发经济消费群体,银发产业市场规模进一步扩容,银发经济规模不断扩大。随着消费场景不断丰富、服务及产品供给持续增加、政策措施逐步完善,银发经济在中国潜力巨大,我国银发经济将有更大的发展空间。2016—2020年,银发经济市场规模年增长率为25.6%,2020年达到5.4万亿元,占全球银发市场比重5.56%。2021年续增至5.9万亿元,与老年健康、用品、服务、宜居、金融、文化、信息化等需求相关的产业蕴含巨大的发展潜力。以养老金融为例,我国企业年金积累基金规模从2015年的9526亿元增长至2022年的28 718亿元,增长了2.01倍(图7-1-1)。

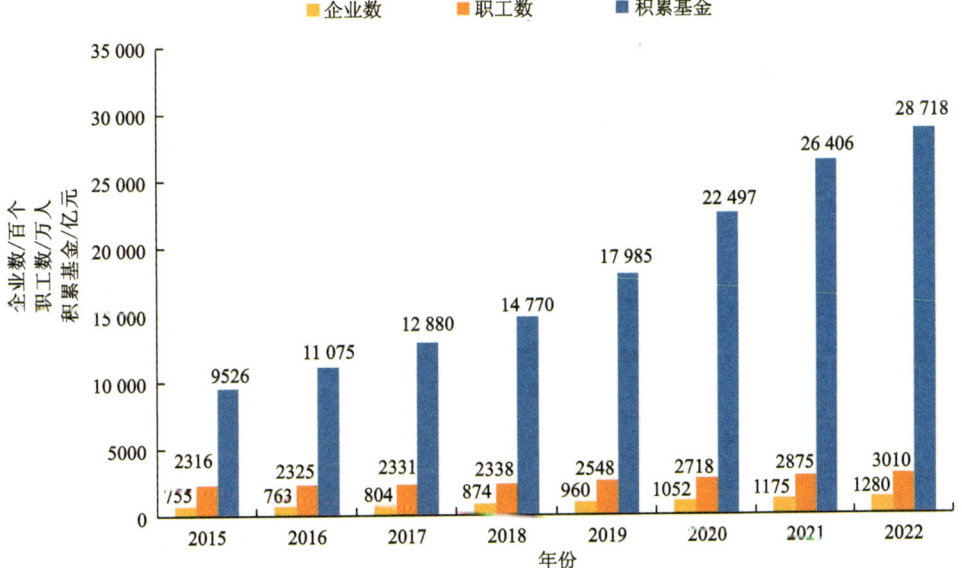

图7-1-1 我国历年企业年金基本情况

数据来源:中华人民共和国人力资源和社会保障部。

中国社会科学院发布的《中国养老产业发展白皮书》数据显示，到2030年，我国养老产业规模将达到13万亿元。未来与养老有关的行业和领域将迎来不小的发展空间。大力发展银发经济，是适应我国人口发展新形势、积极应对人口老龄化的一项重要举措。发展好银发经济，不仅能更好满足老龄群体的美好生活需要，有助于实现老有所养、老有所为、老有所乐，而且有利于更好发挥我国超大规模市场优势，扩内需、促消费，为经济高质量发展增添动能。

二、银发经济在世界范围内的发展

19世纪60年代以前，以年轻型的人口年龄结构为主，老年人口比例长时期处于3%~5%的水平，这种长期性和稳定性形成了人口结构的常态以及与其相适应的配套措施。19世纪末，西方发达国家的老年人口结构呈现出普遍性的膨胀趋势，法国成为第一个老龄化国家；到20世纪上半叶，瑞典、英国等国家也逐渐进入老龄化社会，西方发达国家老年人口的比重逐渐超过7%，陆续步入老龄化社会，人口老龄化已经逐渐成为一个全球现象。

2002年世界卫生组织提出"积极老龄化"理念，支持建设有利于老年人健康、社会参与和安全的"不分年龄"的社会。欧盟委员会亦提出各国需要做出"建设性回应"，以应对人口老龄化带来的挑战。伴随着上述几个理念的提出，2005年欧洲从发布银发经济网络计划的波恩宣言开始关注银发经济；2007年欧盟理事会提出鼓励发展银发经济，并呼吁欧盟成员国提供更多老年人积极参与社会的机会。银发经济概念伴随着老年人对特定商品和服务日益增长的需求应运而生。在随后的几年里，经济合作与发展组织、世界经济论坛和联合国欧洲经济委员会均相继提出了与银发经济有关的立场和政治建议。银发经济正成为一种具有号召性的新时尚，寓意着人口老龄化所带来的新的经济机会，老年人正以积极的形象更好地融入"不分年龄"的社会。

银发经济通常将50岁看作是银发人口的起始年龄，视50~59岁为预备老年人口，认为在步入正式老年期前的10年是为老龄阶段作准备的重要窗口期。因此，50岁以上银发人口是发展银发经济的重要人口基础，其超大规模构成了银发经济的市场潜力，其日新月异的消费能力和偏好进一步具备了银发经济的福祉价值与市场价值。银发经济指老年人作为特殊消费群，将引起社会消费结构变化，基于老年人的生理、心理和行为特征,形成满足这一人群消费观念、习惯、偏好、能力与消费方式的潜在消费需求与市场,国外也称"银色产业"。它涵盖范围广,不仅包括传统老龄产业,如服装、食品、特殊商品、交通、保健、老年福利设施,还涉及现代老龄产业,比如保险、护理、家政、养老地产等。

世界经济论坛在2016年提出长寿可以被视为强大的市场驱动力。报告指出随着人口增长放缓和劳动力市场萎缩,优化年龄友好型环境可以抵消人口老龄化所带来的对社会和经济的不利影响。在正确的战略框架下发展银发经济,在文化、政策和投资上做出积极转变,将有助于社会经济的发展并降低老年依赖的成本。发展银发经济包括投资健康系统、建设年龄友好型环境、提供更好的住房、鼓励终身学习、提供长期照护服务等。这些投资可以为经济、社会和文化的发展带来进一步的机会和益处,包括提高个人的健康和福祉,也为经济增长和就业开辟新的领域。发展银发经济有助于新技术的创新,也有利于提高社会凝聚力并促进经济繁荣发展。

在银发经济的发展中,科学技术、人工智能、创新与研发都将发挥重要的作用。政府、企业、非政府组织等都应携手推动银发经济的发展。伴随着信息和通信技术的发展,未来银发经济的产品和服务会有一些新的潜在增长领域,例如远程医疗、智能家居、自动驾驶汽车、服务型和陪伴型机器人等。但同时需要考虑通信技术在解决方案中的伦理和道德问题,包括老年人的知情同意、隐私泄露、网络安全、是否因为过度依赖技术而造成进一步的社会孤立和孤独,缺乏人际沟通等问题。在提升科技发展速度的同时呼吁技术并不能取代人文关怀,但智能技术可成为一种关怀和关爱的形式,可以成为社会创新的工具,促进银发经济发展。

三、国外发展银发经济的经验和做法

(一)欧盟发展银发经济的经验和做法

1. 加强顶层设计,注重高位推动

2007年欧盟理事会将银发经济定义为为老年人提供商品和延长寿命、拓展老年人志愿活动和积极社会参与等各类服务,并在同年的《欧洲的人口未来》报告中建议将银发经济狭义地定义为依据老年人不断增长的购买力而提供特定的商品和服务。2014年,经济合作与发展组织在《培育弹性经济》中将银发经济定义为专注为老年人生产和提供产品服务的行业或经济部门。2015年,欧盟委员会参考《牛津经济学》对长寿经济的定义,将银发经济正式定义为应对人口老龄化而与超过50岁人口有关的公共和消费支出的所有经济活动。英国从国家层面制定相关规划,2017年发布《产业战略白皮书》将应对"老龄化社会大挑战"作为全国未来重点发展的四大挑战性产业之一,第一次明确提出要发展长寿经济(银发经济)。2018年,欧盟委员会将银发经济阐述为满足50岁及以上人群需求的所有经济活动,包括他们购买的产品、享受的服务以及由这些支出所产生的新的活动,同时强调银发经济不仅仅指银发经济市场,也包括现有信息、通信、金融和长期护理等行业的产品和服务的交叉部分。银发经济是一系列的经济和产业活动,有助于提高中老年人的社会参与度、提高生活质量和舒适度并延长预期寿命。科学技术、人工智能、创新与研发等产业都积极融入银发经济的发展中,政府、企业、社会组织等都共同参与银发经济的发展研究。

2. 强调科技创新是第一动力

医疗保健的不断进步使得人均寿命不断延长,从长期来看,人均寿命的不断延长为银发经济的发展提供了市场,在人口老龄化的背景下劳动力市场结构也会产生变化。欧洲老年人人口增长、人口老龄化及其各种影响将给未来社会带来根本性变化,不仅对人口需求和消费产生影响,而且对代际关系和同辈关系产生重大影响,因此职业结构和相关专业的劳动力市场都会发生较大的变化,这将极大地影响服务部门的运转,包括一般的代际沟通也将对个人的社会地位产生影响,一系列问题将在很大程度上影响财政资源利用和代际团结发展。个性化服务将体现在对每个年龄组的老年人,特别是对80岁以上老年人的先进技术应用的建议和实施中,包括直接影响预期寿命的生物技术、纳米技术、遗传工程等医学领域的研究仍然有较大的前景。预计发达国家的健康预期寿命将增加,退休年龄延长,福利制度更加追求可持续化。英国在2018年成立9800万英镑的健康老龄化挑战专项基金,重点聚焦基础研究和源头创新,以推动银发经济及健康老龄化的产品、商业模式和系统创新。日本大力支持开发推广护理机器人和辅助数字技术,对护理机器人厂家研发新产品、新技术提供专项补贴。

3. 创造更具代际包容性的经济环境

欧盟大力破除现有就业与社会经济参与的年龄歧视,着力构建"全龄化"社会市场体系。英国在零售、文化、酒店、旅游和体育领域,大幅提升针对老年人消费的包容性,破解代际消费差异。相较于老一辈"养儿防老"的思想观念和生活节奏,现在的家庭结构、代际关系及对老年人的态度发生了较大的变化,当代老年人更加注重晚年生活质量。从市场来看,人口结构变化为老年人疾病、残疾和照护依赖情况的增加带来了重大隐患,它们还刺激了对旨在降低这些风险的新技术设备和服务的市场需求。在供应方面,科学技术的发展为创建新兴产业以及提供适合老年人的商品和服务提供了新的视角,即人口结构的变化影响科学、技术和创新,且老年人强大的购买力和人口基数隐藏着强大的市场潜力。2013年,法国政府提出银发经济的经济体系不仅旨在满足老年人的需求,而且旨在促进企业创新、竞争力和经济增长。虽然我们可以假定人口老龄化对产品创新的积极影响,但是需要准确挖掘其经济潜力,保证经济的长效增长。欧盟成员国的客户群主要集中于政府退休官员、商界精英、体育明星等,其需求是保持生活质量,保证日常生活交流,提供高端养老服务,要实现全方位的老年照护服务,提供全方位的照护措施。

4. 积极推动银发经济与数字化融合发展

从金融支持主体来看,养老金融体系应该既包括政策性金融机构,还包括商业性金融机构。其中,对于养老保障来说,应该以政策性金融为主、商业性金融为辅,而养老消费和投资则以商业性金融为主。总之,应对老龄化带来的融资、风险管理等压力,需要由政府财政、政策性金融、商业性金融三方形成合力,加快机构组织、产品服务和市场的创新,打造与我国养老文化相结合的银发金融体系。养老投资是金融创新的重点领域。在不同生命周期阶段,投资者的风险偏好与投资理念显然有较大的差异,这对金融市场供给提出了新的需求。其一,无论是养老金、企业年金等长期机构投资者,还是老年个人投资者,都需要长期稳定的投资回报,这就要求我们大力发展包括债券在内的各类固定收益产品,使其成为金融市场的重要支撑。其二,老年人面临财富管理的巨大需求,即使是在金融发达的美国,50岁以上消费群体所积累的财富远比其他年龄段要多,但调查显示其往往对财富缺乏有效管理。英国积极推动"智慧养老",促进数字化、智能化技术在养老领域的应用实践,涌现出智慧生活、智慧康复和智慧养老等新趋势新业态。荷兰积极探索居家照护领域数字化应用,如博组客公司开发以护士为依托、以社区为基础、以客户为中心的信息系统,创新社区照护模式,提高了照护水平。

5. 积极调动社会资源,吸纳社会部门参与

比利时在医疗保健、养老院、社会援助和志愿服务等部门设立工作岗位,并吸纳生物制药、生物技术、医疗设备领域的公司和银发科技企业等私人部门积极参与银发经济建设。科技企业致力于利用新技术为老年人提供全新的独居解决方案,使老年人在家中生活得更安全、更独立,并为他们设计休闲娱乐活动。布鲁塞尔金融与投资管理局统计,目前比利时在银发科技领域运营的初创企业有 62 家,其中布鲁塞尔首都大区 13 家、弗拉芒大区 40 家、瓦隆大区 9 家。医疗技术、家庭自动化和数字健康这三大领域的公司居于主导地位,占该行业的 70%,剩余的 30% 则主要以服务为导向。该类企业不断在满足老年人需求和实现企业财务收益之间寻求平衡。布鲁塞尔金融与投资管理局投资基金首席执行官皮埃尔·埃尔曼认为,该项调查证明了银发经济前景广阔。考虑到老年人的数量和医疗资源的密度,布鲁塞尔大区的优势尤为明显,"布鲁塞尔具备成为欧洲银发经济中心的一切条件"。他呼吁企业家更多地投入到对银发科技的研究中去,也希望医院、养老院等参与者对这 62 家比利时初创企业已经提供的创新解决方案持更加开放的态度。各个部门积极参与银发经济建设,实现高效合作。

(二)日本发展银发经济的经验和做法

1. 完善相关法律法规,为银发经济的发展提供制度保障

作为高度法治化国家,日本在老年产业方面制定了完善的法律法规,这些法律法规明确了老年产业的责任与权利分配,为日本银发经济的蓬勃发展提供了制度保障。日本第一部关于老年产业的法律——《老年人福祉法》颁布于 1963 年,明确了老年产业发展的基本原则,之后又在此基础上出台了涉及基础设施、健康护理、医疗、保险等方面的一系列法律。

1970 年,日本进入老龄化社会(轻度老龄化社会)。以老年人为主要需求者和消费者的产品和服务在 20 世纪 70 年代前后逐渐出现。日本银发经济的发展是以人口老龄化和石油危机为契机的,20 世纪 70—80 年代主要是日本银发服务的发展。在 1973 年以后的发展重心是住宅相关服务和居家支援相关服务。1989 年日本制定了被称作"黄金计划"的《老年人保健福祉推进十年战略》,1994 年又制定了《新老年人保健福祉推进十年战略》("新黄金计划")。这些战略规划为引导日本银发经济发展,完善相关配套提供了必要的政策支持。

1995 年,日本步入中度老龄化社会,养老产品和服务的主要供给对象是政府,民间资本对养老事业的投入仍然十分有限。日本政府相继出台相关配套措施吸引民间资本、公共部门对养老事业的投入,以应对人口老龄化加剧问题。1996 年,日本东京都福祉局与银发经济振兴相关的研究委员会,将银发服务概念转变为银发经济概念,促进了银发经济的迅猛发展。

2005 年,日本步入重度老龄化社会,随着介护保险制度的完善,私营企业和非营利性社会组织越来越多地参与到养老照护产业的发展中,社区照护机构的数量不断增加,日本养老照护产业成为日本银发经济的重要组成部分。银发服务和银发产业逐渐成为银发经济的两大支柱产业。

构建完整的老年人社会保障制度法律体系,保护老年人的合法权益、经济收入及身体健康,是老年人得以积极参与旅游活动的前提。对商品的卫生及安全制定严格标准,限制市场准入条件,调整相关法律以保障老年消费群体的利益,推动老年看护产业的发展。充分发挥行业协会作用。比如,由银发服务业振兴会承担政企交流平台搭建、优质老龄产品认证、重要课题研究、培训宣教等工作,由科技辅具协会承担护理机器人及养老护理器具产品研发补助发放、供需信息发布、人才培养、资质认证等工作。

2. 注重银发经济的人才培养

日本尤其重视专业化养老服务人才的培养。将老年服务相关专业设为大学的一项专业,并创立了详尽的教学课程体系,具体到专业课程开设、课时安排、实践操作、学习状况追踪等,通过专业化的学习培养相关人才。1987 年日本颁布了针对养老服务人员从业资格的法律《社会福利士及介护福利士法》,构建了国家资格制度,设立"社会福利士"专项考试,从事老年服务行业的人才必须通过考试才能取得从业资格,并规定考生必须具备指定培训机构或指定专业的本科学历。老年旅游服务人员在上岗前还要接受严格的培训,学习人体构造、老年心理学、介护技术、理疗知识等多方面内容,从生理和心理双重角度为老年人提供专业服务并给予高度关注。老年旅游服务人员在提供专业化护理服务的同时，高度关注老年人的心理需求，以维护老年人尊严为前提，为老年人提供精准而适当的辅助，同时鼓励老年人参与到力所能及的社会活动中，发挥老年人的潜力与价值，增强老年人的幸福感和成就感。

3. 提供综合服务化发展

雄厚的经济实力与高度老龄化促进了日本银发经济的不断壮大。老年人是当前日本社会最富裕的人群之一，他们大部分享有丰厚的养老金。据环球财经连线2016年的报道，日本70%左右的金融资产集中在60岁及以上的老年人手中。日本厚生劳动省的数据也显示，日本60~69岁居民人均储蓄为1340万日元，70岁及以上的居民人均储蓄达到了1260万日元，是日本社会可支配财产最多的群体，也是消费市场的主力。与生活压力较大的年轻人相比，日本老年人通常已没有房贷与子女教育负担，又拥有充裕的自由时间，消费能力更强。据统计，2005年，日本老年人消费支出占总消费的35.1%，而2015年扩大到42.3%，达到70万亿日元，预计到2025年银发经济将会成为产值规模达到155万亿日元的支柱产业。增加老年护理服务的财政支出，吸引了大批民间资本注入老年产业领域，带动了银发经济的规模增长。经过多年发展，日本老年产业已形成较为完善的产业链，老年服务项目完备多元，几乎所有产业都有针对老年人群的产品，银发经济也成了日本的经济亮点，老年食品、老年化妆品、老年文娱服务、老年辅助设施等产业发展迅速、市场前景广阔，促进了文化、旅游、宠物、娱乐和健身等多行业的发展。

建立大型养老银发经济服务园区，在园区中设立丰富的养老功能。同时，丰富养老社区活动设施功能，建立银发银行，为老龄人口提供力所能及的劳动工作。日本银发银行鼓励那些退休老年人群重新投入到工作中，在为社会发挥余热的同时，也让自己老有所依和结交更多朋友，在精神上获得满足。在园区内建立自愿互助功能社区，组织身体健康的准老年人发起自愿互助活动，引导老龄人口学习、劳动并参与社区中的各项活动内容，丰富他们的生活。在老龄人口社区中，注重社区附属设施优化建设，融入更多智能化、人性化的服务设施，例如洗浴机器人、步行道导航、智能化监控、应急报警等设施，为老龄人口提供贴心的生活服务。日本大力支持开发推广护理机器人和辅助数字技术，对护理机器人厂家研发新产品、新技术提供专项补贴。

4. 拓宽老年市场,提供多元化服务

扩大养老助餐、居家助老、社区便民、老年健康、养老照护、老年文体、农村养老等方面的服务。在培育潜力产业中,提到了老年用品创新、智慧健康养老设备、康复辅助器具产业、抗衰老产业、养老金融产品、老年旅游等。整体而言,覆盖了消费、医疗、精密制造等多个板块的老年人市场。日本的银发经济主要包含医疗设备、护理服务、养老院和养老住宅三大产业。1970年,日本65岁及以上的老年人占比超过7%,即标志着日本开始步入老龄化社会。随着老龄化的来临,日本的医疗支出开始出现明显的上行。根据广发证券研报,日本国内人均医疗支出从1970年的20 300日元上升至1990年的160 100日元,后续持续攀升至2021年的340 600日元,其间的复合增速为2.47%。随着需要长期医疗保健的人数大幅增长,护理的需求也大幅提高,日本65岁及以上人群的护理需求率达到18.6%,75岁及以上人群护理需求率达到32.1%,85岁及以上人群的护理需求达到60.6%,护理产业得以蓬勃发展,不少"龙头"在此期间崛起,保健品在泛消费中实现逆势扩张。养老院和养老住宅也是日本银发经济的重要产业之一,为了让老年人"老有所居",日本的养老机构数量增长非常快,有偿养老院的数量在2019年增长至约14 000家,且入住率都非常高。日本养老住宅是一种无障碍住房,在提供护理和医疗服务的同时,还提供各项老年服务,包括餐食供应、打扫清洁、家事代劳、入浴清洗、健康管理与增进体能活动等。

日本养老银发经济针对失亲、失能老龄人口建设特殊介护服务体系,将养老介护服务体系面向全体人群。例如在日本福冈,面向老龄人口的介护服务咨询面向所有成年人群体展开,不但为适龄老年人提供服务,也为年轻人提供相关咨询服务,为年轻人设计实施"未来生命计划""家庭理财"等。可以看出,该机构具有人生规划性质,其成立发展的目的是希望将人们相对碎片化的生活细节规整收集起来,构建"银发经济银行",待年轻人老去后再回到银行提取资源,以便为自身养老服务。集中建立"银发经济银行",一方面拓展养老服务人群,一方面将碎片化的时间集中起来。构建规模化服务体系,组织老龄人口发起自愿互助活动,实现老龄人口银发经济服务的多元化发展。

四、我国发展银发经济面临的制约

(一)相关政策协同性有待提高

银发经济涉及产业众多,加之老龄群体在消费、养老、医疗等方面的特点都比较突出,因而特别需要做好各方面的政策协同和落地配套。目前,我国银发经济产业发展不仅在产权保护、人才培养、税收优惠、营销渠道等方面获得的支持力度不够,而且已有的政策呈现碎片化特征,难以形成协同合力。养老服务流程长、环节多,对监管前后环节和不同主管部门的工作衔接提出了更高要求。另外,由于养老产业链条长,其细分市场尚处于起步阶段,竞争主体数量多、规模较小、竞争力不强,也缺乏税收、土地、人才、投融资等政策的引领和规范,存在无序竞争。

(二)新型养老产品和服务匮乏

受银发经济微利性和福利性特点的影响,我国资本和企业投资参与到银发经济中的意愿仍不够高。市场能够提供的一般性日常生活服务类项目比较多,老年人急需的整合式、一站式服务不足。老年产品有效供给不足,银发商品市场存在供需缺位,银发服务市场薄弱,消费手段传统。尤其是长期照护、康复护理、心理慰藉等服务供给不足,此外,随着健康老年人增多,市场在老年文化创意、旅居、网络消费等方面可供选择的产品和服务不足。既有养老产品和服务与需求不匹配,已难以满足老年人日益增长的多样化、多层次的个性化养老需求,相关养老设施亟须更新换代,一些服务理念也需加快转变。这些结构性的供需矛盾随着人口老龄化、高龄化进程的加快,将进一步加剧。

(三)适老型产品和服务不足

从科技创新角度来看,虽然在线支付节约了成本,带来了巨大的便利,但对于老年人来说并不友好。老年人普遍反映使用微信、刷卡支付等信息化产品很不方便,给老年人提供可展示消费方式的平台和便利消费的工具不足,易于发生消费纠纷。从政策创新角度来看,城乡老年人基本上都拥有价值不等的房产,但很多却没有现金来消费,因此需要老年金融,比如抵押或按揭等方式,把这部分资产变成可以使用的现金或者是资源,更需要配套政策来支撑。

(四)银发经济发展环境仍需改善

当前我国银发经济发展环境不够成熟,还需要加大改革力度。我国养老服务市场主体规模体量较小,竞争力弱,商业模式创新不足,缺乏金融服务的支持。例如,在实际工作中,养老机构异地开办网点、跨区经营仍面临多重行政许可的困难,而且在正式运营过程中,在医养结合、消防审查、老年餐配送与食品安全等方面仍存在较多限制。在各分支机构之间由于各自按流量申请补贴、办理星级评定等,不能实现各类资源的合理高效配置,影响机构做大做优。

五、对我国发展银发经济的启发

银发经济的发展意味着人口老龄化为社会发展和经济行业拓展带来了新的发展机遇,老年人及老年产业逐渐以全新的面貌投入到经济建设中。政府要大力支持银发经济的发展,日本通过推进护理保险制度营造"混合市场",吸引民间资本参与银发经济活动,并通过政策性调整价格杠杆刺激市场竞争,促进需求与供给平衡,实现资源合理配置。建构政府、市场、公民三者责任的分担协商机制,参与银发经济企业和非营利组织提供需求与供给平衡,实现资源配置。通过目前的高科技、物联网、大数据、机器人及人工智能等技术推动社会向前发展,实现多方共赢,较好解决社会养老问题。

(一)充分发挥政府与市场的合力作用

虽然银发经济本身属于经济范畴,需要通过市场方式提高资源配置效率,但与其他产业不同,银发产业还具有社会属性,养老服务决不能完全产业化。养老服务具有很强的社会福利属性,直接涉及家庭安全和社会稳定,很多时候是政府买单,而且养老产业健康发展也需要政府补贴等扶持政策。欧盟提出,银发经济包括养老产品与服务的生产、消费,既涉及公共部门,也与企业等私人部门密切相关,属于跨部门的经济活动。彭希哲和陈倩(2022)认为这一观点适合中国的场景。因此欧盟的经验具有较强的借鉴意义。

虽然某些养老服务,例如照护工作是纯粹商品,可以通过市场交换,但养老照护有空间属性和区域属性,超过一定的服务半径服务成本大大提高,服务可得性大大降低。另外,养老照护工作不仅脏、累、苦,而且收入不高,还有不少人认为这类工作是"伺候人丢脸",很多人不愿意干,也留不住人。正是这些行业特点的客观存在,既需要政府的介入,完善老龄产业相关政策链条化,统一产业发展的税收、土地、人才和资金保障等政策扶持和规划引领,也要发挥市场的作用,不断完善银发经济在体系架构、需求与供给、管理与监督、供方各相关企业等方面的发展。

对于政府来说,应该制定专项规划,明确发展银发经济的目标和步骤,加大财税、土地、人才、技术等方面的政策扶持力度,充分发挥政府和国企的主导引领作用,强化政府及政策对养老产业发展的驱动作用,促进养老事业和养老产业的协同发展。对于市场主体来说,在政策引导下,紧跟老年人需求,企业按照市场化要求自主经营,生产符合老年人需求的优质产品和服务。通过充分发挥有为政府和有效市场的合力,在政府保基本、兜底线提供基本养老服务的基础上,由市场提供多层次、多样化的养老服务选择,形成政府宏观管理、社会兴办、企业发展的模式,鼓励社会资本探索多种业态和经营模式,实现银发经济产业投资主体多元化发展。

(二)提高老年人劳动参与和收入水平

在长寿时代,老龄群体蕴含着新的人口红利,可通过生产性老龄化推动形成。日本成立专门针对老年人的就业支援中心,充实教育环境让老龄群体可以重新学习等。低龄老年人劳动参与率的提升有利于平衡劳动力市场的年龄结构,保障劳动力供给的数量与质量,是高质量经济循环发展的重要抓手;持续改善的人力资本,将会夯实低龄老年人更广泛、深层次参与现代化建设的基础,助力个体的生产性资源更好地转化为社会经济效益;高质量低龄老年人的持续输送,或将开启老年人力资源开发利用的机会窗口。老年人还可发挥"影子红利",通过承担家庭角色释放成年子女的生产性潜能,提高子女的劳动生产率。技术进步、人工智能还将释放老年人参与经济社会发展的潜能,开发、利用老年人的知识技能资源,在提高老年人收入的同时有效促进老年人劳动参与和社会参与。

(三)加强银发经济体系建设

发达经济体银发经济产业起步较早,以市场化、产业化为导向,不断完善健康养老产业链、价值链和供应链,形成了银发经济产业体系,其特征体现在多元化发展模式和多样化服务方式。日本大力发展长期护理保险制度,以老年人身体护理和家务服务为核心,激发了企业等主体的主动性和创造性,推动日本银发经济产业快速发展。据统计,围绕长期护理产业的银发经济市场规模达到7000亿元人民币。

老年人的经济条件、居住形态、健康状况、受教育程度不同,享受国家福利待遇也不同,导致其消费行为偏好不同,消费的异质性明显。识别老龄社会的消费异质性,拓展银发细分市场,提供精细化高质量的产品与服务,推动银发经济产业高质量发展。我国需要借鉴发达经济体建立银发经济产业体系的丰富经验,从满足老年群体多样化需求出发,创新拓展银发产业发展应用场景,帮助老年人便捷地获得各种帮助和支持,不断催生各类新产业、新业态、新模式。

(四)发挥科技对银发经济的推动作用

随着新一代信息技术、数字技术、人工智能技术日新月异的发展,发达经济体通过政策引导,激励企业等主体将这些技术应用在养老产业中,重点聚焦老年群体卫生保健、居家生活等领域,大力发展健康管理、智能器械等老年产品,丰富了老年用品供给,既解决了社会养老问题,也带动了相关产业发展。例如,日本开发了面向老年人的健康监测、智能家居和护理机器人等智慧产品,引导拓展AI医疗等康养应用场景,借助AI的力量既解决不断膨胀的医疗费用,又为患者提供舒适高质量的医疗服务。欧盟也推出专门面向老年人的智能手机,开发了将血糖仪等多种仪器整合在一起的软件,能够实时跟踪老年人身体状态的健康软件,实现远程评估老年人脉搏、血压,及时提醒老年人在什么时间服用什么药物。

随着"数字鸿沟"的缩小,老年人使用移动互联网和智能设备会越来越普及,对智能家居、智能穿戴、智能定位等产品的需求会不断增长。因此,银发经济的未来增长点包括移动互联网、智能设备、医药、老龄化疾病防治、医美等。对于我国来说,应通过制定政策激励企业将新技术应用到老年产品和服务生产过程中,加强老年产品和服务的科技研发。同时,应理顺和完善匹配供需双方的产业链条和市场机制,促进产品和服务市场转化,形成良性循环的产业体系。鼓励涉老企业捕捉老年消费者真正的需求,以积极、新颖的理念来探索老年人与时俱进的需求,运用前沿科技开发兼具人文关怀和实用性的产品。重点强化老年智慧健康、康复辅助和老年游戏等领域的技术研发与应用,依托科技创新培育新的产业增长点,充分利用技术红利打造高效优质的"智慧养老"服务体系,为老年人提供实时便利、互联化、智能化且低成本的养老服务,推动老年消费市场提质扩容。

(五)加强银发经济标准体系建设

发达经济体推动银发经济发展标准化、规范化,制定出台了一系列相关行业产品标准,以高标准促进老年产品质量提升。老年人对品牌忠诚度高,消费习惯不容易改变。例如,日本为了降低老年人购买老年产品的风险,首先建立老龄商业规范,从道德上引导行业和企业在提供产品和服务时保质保量。其次是建立银色标志制度,组建银色标志认证委员会,成员主要由消费者和生产者代表以及相关学者组成。银色标志认证委员会对符合条件的养老产品生产厂商进行认证,并将结果向社会公布,这不仅保障了老年产品和服务的质量,而且简化了老年人购买决策过程。对于我国来说,应该建立银发经济行业准入制度和老年产品和服务监管体系,严格按照相关法律法规和市场准则执法,规范市场运作,实行严格的质量监管工作机制,为老年人创造良好的消费环境。

报告二
湖北省银发经济发展存在的问题及对策

石智雷　彭锐城

国务院办公厅印发《关于发展银发经济增进老年人福祉的意见》,首次以专门文件的形式支持银发经济发展。推动银发经济高质量发展不仅是对湖北省民生建设工作的新挑战,也是湖北省未来经济发展的重大机遇。本报告总结了湖北省发展银发经济存在的问题及对策。在问题方面,存在对银发经济意义认识单一、缺乏"适老化"就业环境、缺乏整体经济布局、养老金融体系不健全等问题;在对策方面,湖北省应积极打造地区特色经济增长点、统筹全省资源配置建设县域养老共同体、提升银发产业研发能力等。

随着我国进入人口负增长和快速老龄化时代,"银发族"规模持续扩大,银发经济势必成为未来的主流产业领域。第七次全国人口普查数据显示,湖北省2020年60岁及以上人口占常住人口的20.42%,65岁及以上人口占常住人口14.59%,老龄化程度高、增速快是湖北省人口老龄化的发展特点。预计到2030年,湖北全省60岁及以上人口占常住人口的比重将达30.96%。这不仅是对湖北省民生建设工作的新挑战,也是湖北省未来经济发展的重大机遇。但是,社会各界对当前湖北省开发银发经济具备哪些基础,怎样依托已有业态把握发展脉络,如何制定切实措施等问题的认识尚不清晰。基于此,现就湖北省银发经济发展面临的问题及对策作如下分析。

一、湖北省银发经济发展现状与问题

(一)发展银发经济认识不足,发展方向缺乏规划

一是对银发经济的概念认识片面。银发经济在广义上泛指与老年人相关的一切经济活动,主要包括老龄产业和老龄事业两大部分,其中前者的责任主体是市场,后者的责任主体是政府。从中央重要会议精神和相关政策文件来看①,银发经济应涵盖产业经济属性,核心内容还涉及"适老化"产品和服务,以及老年人力资源的开发。但在现实中,社会各界包括地方政府很多时候侧重于强调老龄事业和养老保障服务,导致政府在推动银发经济发展过程中,对老龄产业重视不足。二是对银发经济的基础研究薄弱。当前我国银发经济发展尚处于起步阶段,在体系架构建设、产业扶持政策、资料数据统计等方面均存在明显不足,这导致学界、业界均缺乏对我国银发经济的供需特征、市场发展状况的深入研究,更加无法明确湖北省在银发经济发展中的优势与不足。三是省级层面缺乏明确发展规划。老龄产业是银发经济的核心。科学、合理的产业发展规划是明确各地区比较优势、激发市场主体活力、推动老龄产业高质量发展的前提。然而,湖北省目前尚未制定省级层面的老龄产业发展规划,明显滞后于上海、四川等省市。

(二)"适老化"就业环境欠缺,老年就业潜力难以释放

一是对老年人力资源存在认知局限。开发老龄人力资源是推动银发经济发展的关键环节。第七次全国人口普查数据显示,湖北省50岁及以上人口占全省人口

---

① 如十九届五中全会提出"积极开发老龄人力资源,发展银发经济",《中华人民共和国国民经济和社会发展第十四个五年规划纲要》指出"发展银发经济,开发适老化技术和产品,培育智慧养老等新业态"。

的38.17%,老年劳动力开发前景可观。随着"60后婴儿潮"群体①逐步进入老年阶段,湖北省将迎来"千万级"老龄潮,而湖北省并未做好面对各行各业中坚力量退出劳动力市场的准备。从即将步入老龄阶段的群体来看,50~59岁这一批即将退休的人口占全省人口的17.74%,其中有74.60%的人有初中及以上程度的学历。由此可见,未来劳动力市场中将流失相当一部分受过教育的优质劳动力。二是缺乏老年人再就业支持政策。忽视老年人力资源价值导致湖北省在政策目标层面受到限制。现有的老年政策多将老年人视为"依赖者",政策多为社会保障、养老服务和健康支持等促进实现"老有所养"目标的"给予型"内容,并未重视通过老年人再就业实现"老有所为"和更高质量的经济参与。从我国近七成退休老年人再就业意愿强烈的情况来看,当前湖北省养老服务体系建设规划中,缺失了满足大量老年人就业参与需求的政策支持。三是老年人就业权益缺乏保障。湖北省关于老龄人力资源开发的法律体系尚处于探索阶段。受到多地出台的"清退令"影响,老年人再就业过程中面临严重的年龄歧视问题,也处于不平等的劳资关系当中。就业主体的地位劣势进一步导致老年人无法与用人单位建立正式劳动关系,老年人无法获取基本的劳动保障。

(三)银发经济市场混乱,产业结构缺乏整体布局

养老产品和服务供给难以满足实际需求,市场环境缺乏有效监督,以及适老化基础经济建设薄弱等问题仍然存在。其一,银发经济市场有效供给不足。当前银发产业对老年群体需求的关注,仍集中在基本生活、康养和医疗领域,针对特殊群体和弱势老年人的帮扶仍是政府关注的重点。满足老年人在文娱、社交和精神等方面需求的产业仍在起步阶段,更高质量、更个性化的银发市场尚未形成供需平衡的局面。其二,市场欺诈破坏良性运营环境。我国约45%的中老年人经历过网络诈骗,其中6.63%的中老年人蒙受经济损失。就湖北而言,移动网络诈骗已成为电信诈骗的主渠道,超六成诈骗通过网站、APP进行。至2021年,受骗群体中60岁及以上老年人达到7.67%。老年人手中掌握大量养老金,但很难辨别产品真

---

① 1963年开始的十年婴儿潮是我国历史上出生人口最多的生育高峰时期,全国累计生育近2.6亿人,湖北省累计生育超1000万。

伪,平时也缺乏与子女的有效沟通。保健品、养老机构和投资理财等均是老年欺诈的重灾区。其三,"适老化"基础设施建设迟缓。银发经济涉及产业链遍布国民经济各个行业,而湖北省适老化改造的硬件建设还在起步阶段,且仅在特殊困难老年人群体中展开,尚未面向社会普及。在公共环境无障碍改造和网络基础设施方面,广大老年群体仍面临着移动智能设备使用障碍、人工客服沟通障碍以及公共服务场所过度电子化等问题。

(四)金融供给水平不高,养老金融体系有待建立

养老金融是运用好市场机制,充分发挥各类经营主体和社会组织作用,更好满足老年人多层次多样化需求,共同促进银发经济发展壮大的"五篇大文章"之一。湖北省在养老保险体系三大支柱的发展过程中,需要重点关注基本养老保险和个人养老金制度的建设问题。第一,长期护理保险试点经验未在全省推广。第七次全国人口普查数据显示,湖北省有162.77万不健康或不能自理的老年人,占全省老年人的13.8%。患慢性疾病、失能以及失智老年人数量增加对医疗护理服务提出了更加专业的要求。然而,湖北省仅有荆门市成为长期护理保险试点城市,宜昌市仅部分城区职工医疗保险参与试点。全省仍有相当规模失能老年人无法得到专业医护服务。第二,个人养老金制度仍在探索阶段。湖北省有关个人养老金制度和市场化个人商业养老金融业务的工作成果偏少,仅有武汉市在2022年成为个人养老金制度的试点城市。相比之下,上海开展的"金融助力养老行动计划"、北京提供的"一站式"数字化养老金融服务等项目能够更直接地推进个人养老金制度的建设。

(五)银发市场需求有待激活,兜底保障不牢靠

激活银发需求是发展银发经济的重要举措,让数量庞大的老年群体想消费、敢消费成为当下工作的突破口。一方面,家庭互动减少让老年人不愿消费。在我国传统的居家养老模式下,家庭规模缩小导致老年人很难获得家庭成员的直接帮助。"数字鸿沟"成为老年群体接触社会、满足自身需要的巨大障碍。在湖北,超过八成的老年人表示不使用网络手段进行社交,95.4%的老年人从不在网上购物。其中,独居老年人受到的影响更大,他们几乎从未有过网络购物的经历。另一方面,社

保障不足让老年人不敢消费。社会养老保障体系缺失,养老保障能力有限导致老年群体更倾向延迟消费,消费态度偏保守。大量可用资金被存留下来当作"养老钱",许多老年人在消费时仍有后顾之忧。据统计,湖北省老年人人均养老保险种类不到一种,特别是独居老年人,享受养老保险的数量在全国仅排第13位。

二、推动银发经济发展的对策

(一)发挥湖北优势,打造地区特色经济增长点

一是围绕宜居先行城市,打造宜荆荆都市养老圈。宜昌市是全国首批养老改革试点城市,在养老产业适老化改造方面已形成"宜昌范式",以"宜居"环境让老年人更"乐居"。与宜昌地域、环境相近的荆州、荆门和恩施3地,应加快推进养老服务体系制度建设、标准研制、资源共享、人才培养等方面的区域合作,着力打造养老公共服务共建共享的示范区。二是推动地区特色养老品牌发展。充分发挥湖北省自然资源优势,合理开采利用地热资源,以咸宁市"中国温泉之乡"为核心品牌,营造地区独有温泉文化。带动周边黄冈、孝感、荆州等温泉城市协同开发精品旅游产业,助推湖北养老休闲模式更新。

(二)统筹全省资源配置,建设县域养老共同体

一是引导优质资源回流县城,培育县城居家养老环境。加快全省公共服务的均等化配置,通过政策倾斜吸引医疗、教育和就业等社会资源从一、二线大城市,向县级等三、四线小城市合理转移。满足三代家庭在县城的基本生活条件,稳固当前家庭结构,向老年人提供必要的居家养老保障。二是整合闲置资源重新投入养老服务。例如山东泰安腾退辖区内配套公共用房、办公用房以及闲置的厂房、学校、医院、宾馆等资源,改造为"幸福食堂",以设置奖补、运营补助等方式保障长效运营。为低保、特殊困难等经济困难老年人以及高龄、失能、孤寡、失独等老年人解决了就餐问题,提升了居家养老服务水平。

(三)重视人才战略,提升银发产业研发能力

一是集中人才优势,发挥中心城市辐射功能。武汉市作为湖北中心城市,拥有百万规模大学生,科技和管理人才丰富。以此为基础,放眼全省银发市场,充分利用延迟退休和弹性退休释放银发人才,向周边县(市、区)输出银发人才,可实现异地养老与银发产业的协同发展。二是用好"市场的手",引导实体经济投入老年产业。依托光电子信息产业基础,发挥长飞光纤、烽火科技和光迅科技等光通信生产龙头企业带头作用,带动有能力、有意愿的企业投入到老年人产品的研发生产中。推进养老产业供给侧结构性改革,在满足老年人需要的同时,培育催生一批新的经济增长点。重点投入健康管理类可穿戴设备、便携式健康监测设备、自助式健康检测设备、智能养老监护设备、家庭服务机器人等智能产品,提升湖北智能养老产业研发与供给能力。

(四)抢抓机遇,打造"数字化"经济增长点

一是以数字技术赋能民生改善事业。引导大数据技术背景下外卖平台、物流企业等经营主体进入老年助餐服务,鼓励社会各组织拓展居家助老项目,以互联网信息技术解决老年人急难愁盼的民生问题。将数字技术贯彻到积极应对人口老龄化战略当中,形成以人为本的数字包容型社会格局。二是拓宽老年人消费渠道,挖掘网络消费潜能。加快互联网网站、移动设备电商平台适老化改造。鼓励企业推广应用"长辈模式",优化界面交互体验,提供包括内容朗读、操作提示、语音辅助等功能,简化使用流程和手续。以淘宝、京东等 APP 为例,在 APP 内推出长辈版、大字版和极简化模式,增加引导操作,提供一键代付服务,由子女支付订单。减少广告推送,保障老年人上网安全。三是加快智慧养老建设,完善数据要素支撑体系。依靠大数据技术开展老年人健康养老信息数据收集,建立全省老年人基本养老服务信息和医疗健康数据云平台。依法规范以"互联网+"、物联网以及云计算等信息化手段收集和使用个人信息,保证信息统计真正"为老所用"。

(五)拓宽养老投资渠道,提高养老金融参与度

一是扩大长期护理保险制度覆盖范围。发挥商业性长期护理保险在分担公共长期护理保险压力的优势,增加优惠政策支持力度。向长期护理保险经营机构提供税收缴纳、偿付能力核算等优惠,引导商业保险公司进入长期护理保险市场,同时研究以长期护理保险费用给予个人所得税税前扣除,扩大居民的商业性长期护理保险需要。二是补齐个人养老金制度短板,创新金融产品供给。利用个人养老金参与方式灵活的特点,鼓励养老金融业务商业化发展。例如北京向居民提供个人养老金投资公募基金的投资渠道,即保证短期内享受税收优惠,长期看增加养老保障途径。通过养老理财、养老基金、养老保险、养老储蓄存款等差异化金融产品供给,满足不同投资者的风险偏好和养老规划,并进一步探索在不同年龄阶段调整投资配置比例的新方式。

报告三
湖北省农村养老服务人才队伍建设研究

刘二鹏　梁航　张亦驰

切实提升农村养老服务供给质量和水平的关键在于打造一支数量充沛、结构合理、素质优良的农村养老服务人才队伍。本报告总结了农村养老服务人才队伍建设存在的问题及应对策略。在问题挑战上，养老服务人才供需严重失衡、专业技能不足、福利待遇较差，主要原因在于政府对农村养老服务的引导和支持力度不足、农村养老服务人才培训机制不完善、人才评价激励机制不健全。在对策建议上，要夯实政府组织引导责任，完善激励评价机制；加强农村养老服务人员培训，提高其专业化水平；充分发挥留守妇女和低龄老年人作用，构建互助式养老服务网络。

习近平总书记在党的二十大报告中明确提出："实施积极应对人口老龄化国家战略，发展养老事业和养老产业，优化孤寡老年人服务，推动实现全体老年人享有基本养老服务。"党中央这一重大部署为湖北省养老服务发展明确了方向，提供了根本遵循。必须意识到"十四五"时期是湖北省农村人口老龄化速度日趋快于城镇、家庭结构小型化和空巢化、区域间老龄化差异加大、养老保障机制有待健全、养老服务体系亟须完善的新阶段。切实提升农村养老服务供给质量和水平，努力缓解农村老年人存在的"无人照护""养老难""服务难"的焦虑和担忧，关键任务就在于打造一支数量充沛、结构合理、素质优良的农村养老服务人才队伍。

一、农村养老服务人才队伍建设现状与问题

党的十八大以来,以习近平同志为核心的党中央高度重视保障和改善民生,湖北省委省政府积极践行以人民为中心的发展思想、贯彻落实党中央决策部署,在农村养老服务领域取得了显著成就:聚焦农村老年人急难愁盼问题,加大政策创制力度,增强基本养老服务供给能力,初步建立了功能完善、布局合理、规模适度、覆盖城乡的以居家为基础、社区为依托、机构为支撑的社会化养老服务体系。

在养老服务人才建设方面,湖北省出台了一系列养老护理人才优惠政策,实施积极有力的激励举措,养老服务人才队伍规模不断壮大、素质不断提升。但与日趋严峻的人口老龄化形势、快速增长的养老服务需求相比,湖北省养老服务发展特别是农村养老服务人才建设还面临总量短缺和结构不合理的挑战,现有从业人员的规模、素养、结构尚不足以满足农村人口老龄化带来的巨大养老服务需求,主要存在以下3个方面的问题。

(一)供需严重失衡

随着人口老龄化程度的不断加深,湖北省农村养老服务需求呈现出总量大、多元化、多层次等特征,但是养老服务人员供给却严重不足。其一,农村老年人占比高,养老服务需求大。第七次全国人口普查数据显示,湖北省农村60岁及以上老年人口占比高达26%,高出城镇3.37%,高出城市3.82%。此外,还有24万农村特殊困难老年人,占城乡特殊困难老年人总数的96%,这部分老年人的养老服务需求更大。其二,农村失能老年人照料问题突出,护理人员需求紧迫。第七次全国人口普查数据显示,湖北省农村老年人不健康的比重为17.32%,是城市的1.8倍。据预测,湖北省失能老年人将由2020年的81.72万人增至2035年的156.37万人。由于劳动人口外流、家庭规模小型化、居住离散化等趋势,全省农村空巢老年人占比接近20%,农村失能老年人更加缺乏照护。其三,农村养老服务人员流失率高。农村养老机构服务人员往往难招难留。通过对武汉、黄冈等地的调研发现,投身养老服务的大中专毕业生第一年流失率超过30%,第二年超过60%,第三年超过80%。

(二)专业技能不足

农村养老服务人才队伍建设尚处于起步阶段,存在着养老服务人员整体素质不高、服务水平低、服务范围窄、年龄结构失衡等现象。其一,文化程度普遍不高。通过对黄冈等地的调研发现,50岁左右的留守妇女是农村养老服务主要的从业者,但其文化水平有限,多靠日积月累的经验提供养老服务;养老服务素养较低,有些从业者都无法正确使用吸氧机,不懂得速效救心丸、灭火器等的使用方法。其二,职业技能整体偏低。参照《老年人社会福利机构基本规范》有关规定,养老机构中专业技术人员应持有相应的职业资格证书,一般护理服务人员需要参加必要的岗前培训才可上岗。但是超过70%的农村养老机构工作人员没有专业证书,接受的培训是基本生活起居照料,服务范围极其有限。其三,专业人才覆盖率低。农村地区多数机构都没有实现专业护理、心理咨询、法律援助等专业服务人员的覆盖。按照1名护理人员照顾3名失能老年人的标准,湖北省需要养老护理人员超过30万名,但目前仅有2.1万名,持证上岗率不足四成,农村地区占比则更低。

(三)福利待遇较差

农村养老服务人员福利待遇普遍较差,从业人员积极性不强、流失率高。其一,工资薪酬较低。一方面,农村养老服务工作十分艰辛,往往是"五加二""白加黑""雨加晴"式的全天候工作,但是工资待遇较低,全省农村养老服务人员工资普遍在2000~3000元,部分地区仅按照全省最低工资标准支付。另一方面,农村养老服务机构收费低导致机构收益低,继而造成养老服务人员收入低,影响其服务意识和服务质量,形成恶性循环。其二,合法权益保障难。农村养老服务人员学历低、文化水平不高、法律意识不强,不懂如何通过正规途径和法律手段保护自身合法权益。部分侵权行为较为隐蔽,难以被劳动监察部门发现。即使在发生劳务纠纷时,大多数养老服务人员遇到事情往往选择"息事宁人",很少采用正规途径和法律手段。其三,社会地位不高。受传统观念和不正确价值观影响,部分人群将养老服务从业人员看作是"出苦力""下等人",对其呼来唤去,对服务质量吹毛求疵,给养老服务从业人员带来较大的心理压力和落差,这一现象在熟人半熟人社会的农村尤为明显。

二、农村养老服务人才队伍建设问题成因

(一)政府对农村养老的引导和支持力度不足

受制于城镇化的宏观背景、城市优先的政策惯性思维等,政府未能合理引导城乡养老服务同步建设、融合发展。一是对农村养老服务队伍建设的紧迫性缺乏重视。通过调研黄冈、江夏等地发现,部分县区尚未将农村养老服务工作成效纳入本地经济社会发展综合考核之列,基层部门在工作压力大、人员紧张的前提下,对养老事业发展精力投入不足,更难以将人力、物力、财力向农村养老服务队伍建设倾斜。二是尚未出台农村养老服务人员就业保障政策。我国已实施医疗卫生津贴、城市社会福利工作人员岗位津贴、护士护龄津贴等补贴政策,但并未明确规定农村养老服务人员可以享受上述政策优惠,导致农村养老服务人员的薪资福利待遇和社会保障没有全面提高,使该职业不具有外部公平性。三是对农村养老服务宣传力度不足。有关部门缺乏对生活照料、养老护理型专职人员特别是农村养老护理人员的宣传,缺少在行业内评树典型的活动,导致公众对农村养老服务事业和人员的社会认可度低。

(二)农村养老服务人才培训机制不完善

农村社区和养老机构尚未建立完善的养老服务人才培训机制,主要表现在以下3个方面:一是老年服务与管理专业学生培养不到位。尽管湖北省开设老年服务与管理的职业院校较多,但是师资力量薄弱,多由医药、护理等专业老师代授课程,课程设置与社会需求脱节。老年服务与管理专业毕业生职业认可度低、工作满意度低、毕业后人才流失率高,这进一步降低了高校养老服务人才培养的积极性。二是农村专职养老服务人才培训不足。受财政经费限制,农村地区未能有计划、有安排、有序地组织养老服务人员定期学习、培训和进修。社会力量组织的培训限制条件较多,对象主要是下岗人员、再就业人员、特殊困难群体等,农村专职养老服务

人员经常被排除在培训名单之外。三是农村兼职养老服务人员培训不到位。农村养老服务底子薄、欠账多,养老服务人员培训还处于发展阶段,针对专职养老服务人才的培训尚且难以达到全覆盖,对兼职养老服务人员培训的投入更是屈指可数,大部分农村中年妇女往往简单地学习两天就开始护理工作。

(三)农村养老服务人才评价激励机制不健全

与城市大型养老机构相比,农村养老机构普遍面临"招人难、留人更难"的问题,其人才评价激励机制尚存在三大不足:一是评估机制有待完善。受专业水平的限制,农村养老服务管理人员往往难以为不同类型的养老工作设置评价标准,单纯依据出勤天数、工作时长、服务对象数量等指标进行简单评价,无法通过合理运用评价结果提升服务水平、调整服务方向、调动服务人员积极性。二是晋升渠道不通畅。农村社区养老工作知晓率低、参与程度不高,难以与其他社区工作媲美,同时岗位之间调动困难,基层晋升难度大。农村养老服务机构管理者经验缺乏,"任人唯亲"等晋升提拔不公现象依旧存在,容易挫伤管理和服务人员的积极性。三是激励机制不健全。农村地区普遍缺乏提升养老服务质效、增加养老服务机构效益的目标激励,尚未实施基于工作质效的奖优罚劣,未能采取引导养老服务人员主动规范服务行为、积极参与培训、考取职业资格证书等方面的激励措施。

三、充实壮大农村养老服务队伍的对策建议

充实壮大农村养老服务人才队伍,不仅要"激活存量",还要"用好增量";不但要加强专业培训,完善激励评价机制,提高农村养老服务人员的福利待遇,而且要开发利用农村老年人力资源,构建互助式养老服务网络,具体应做到以下3个方面。

(一)夯实政府组织引导责任,完善激励评价机制

农村养老服务队伍的发展壮大离不开政府部门的合理引导与大力支持。一是

为农村养老服务人才的培养搭建支持平台。有关部门应和学校积极联合起来,鼓励产教结合,将学校教学、人才培养、社会服务机构有机结合起来。二是加大对农村养老服务人才建设的财政支持。对开设老年健康、养老护理等相关专业的院校给予一定的财政补助,将基层实习率、基层就业率等指标纳入考核体系,并依据评价结果给予对应的财政补贴。对于选择从事到农村工作的养老服务专业人才应制定相应的奖励措施。三是完善农村养老服务人才评价激励机制。通过优化养老服务人员职业规划通道设计,加大养老服务人员的培训力度,完善该行业的薪酬设计等途径,不断提升养老服务行业的吸引力。积极举办农村养老服务人员职业技能大赛,引领养老护理员"学技术、练本领、比技能"热潮,并根据专业技能等级、工作年限、职业道德水平给予养老护理员相应的奖励和表彰,以提高养老服务行业的社会认同感。例如,咸宁市于2021年建立大中专生入职补贴制度,对在本市非营利性养老机构、社区养老服务中心从业两年以上的毕业生给予补助,其中本科及以上每人不少于10 000元、专科每人不少于6000元、中专每人不少于3000元的一次性补贴,连续补助3年。

(二)加强农村养老服务人员培训,不断提高其专业化水平

提高养老服务人才就业竞争力,其核心在于提升专业技能。一是优化人才培养模式,培养"一专多能"养老服务人才。在"1+X"人才培养制度的指导下,高校要以社会需求为导向,结合老年照护等级证书职业标准和学生现实需求,深化复合型技能人才培养模式,培养既精通养老服务核心专业技术,又掌握相近领域技能的综合养老服务人才。二是加强校企合作,构建养老服务岗位实训基地。鼓励开设养老服务专业的职业院校与各类机构和社区开展多层次、多形式的合作,支持条件较好的养老机构挂牌成立高等院校和职业学校的实习实训基地,确保专业实训与顶岗实习有效对接,形成校企合作、协同育人、共同发展的长效机制。三是强化农村养老服务人员的定期培训。建立农村养老服务人员培训常态化机制,定期选派专业人士到农村社区进行讲解指导,加强护理知识、实操技能、职业道德、岗位规范等业务培训。例如,宜昌市福利院充分发挥示范、引领、辐射、带动作用,定期为湖北省100多家民办机构和农村福利机构、4000多位养老服务人员提供跟班培训、送技上门服务,多次到农村社区进行志愿服务和护理知识现场讲解。

(三)充分发挥留守妇女和低龄老年人作用,构建互助式养老服务网络

农村互助型社会养老是对传统家庭养老的重要补充,是充分挖掘农村人力资源的一种准社会化养老模式,也是未来一段时间农村低成本应对人口老龄化的现实选择。一是开发利用以农村健康低龄老年人为主的老年人力资源,尤其是留守妇女和身体健康的中老年人。湖北省农村地区健康和基本健康的60岁及以上老年人占比分别为44.25%和38.43%,开展面向农村老年人的护理知识培训活动,鼓励他们积极参与社会养老服务,这既能让农村留守妇女、低龄老年人提升自我价值感,又能让他们获得收入,从而有效缓解养老服务人才不足问题。二是加强互助文化、互助理念的传播,提升村民互助积极性和参与感。村集体要发挥引导优势,利用村庄公共资源,如农村板报、公共宣传栏、村广播站等媒介宣传互帮互助、共同参与的积极老龄化理念,进一步提升农民的互助意识。三是开发公益岗位,加强对农村老年人的探访关爱。广泛吸纳新乡贤、当地企业、社会组织等社会力量的参与,积极培育志愿服务队伍,有助于缓解老年人的孤独感和落差感,更有利于防止冲击道德底线事件的突发。例如,十堰市竹溪县通过建立日间生活照料互助中心、开发公益性岗位等措施对失能失智老年人进行助餐助洁、洗衣送药等生活照料服务,引导志愿者与农村老年人结对帮扶,开展留守老年人关爱和定期巡访。

报告四
湖北省农村老年助餐服务研究

刘二鹏　梁航　张亦驰

  2023年10月,民政部等十一部门联合出台《积极发展老年助餐服务行动方案》,将发展老年助餐服务作为支持居家社区养老、增进老年人福祉的重要举措。本报告重点分析了农村老年助餐服务中存在的问题及对策。在问题挑战上,存在运营管理机制不规范、服务轻重缓急分类不足、建设和运营成本较大、政府补贴和社会扶持不足等;在应对策略上,湖北省应加强农村老年助餐服务管理监督、坚持农村老年助餐服务公益导向、增强农村老年助餐服务可持续性、促进农村老年助餐服务数智化发展。

  老年助餐服务是关系老年人切身利益的民生大事,是基本养老服务体系建设的重要内容。湖北省认真贯彻落实国务院《关于印发"十四五"国家老龄事业发展和养老服务体系规划的通知》和《湖北省养老服务体系建设"十四五"规划》文件精神,结合省委开展的党员干部"下基层、察民情、解民忧、暖民心"实践活动,围绕老年人"吃饭难"这一现实问题,积极探索建设"幸福食堂",让老年人吃得舒心暖心。2023年7月,湖北省民政厅联合省商务厅、省市场监管局印发《关于加强老年人助餐服务的指导意见》,提出新建和改建社区老年食堂、全面开放养老机构助餐服务、多途径设置老年人助餐点等七项任务,进一步推动老年助餐服务提质增效。课题组在调研走访大冶、阳新、嘉鱼、公安、石首、京山、黄梅、谷城、竹山、英山十县市的过程中,总结农村地区在"办好小食堂,服务大民生"过程中的助餐模式特点,分析存在的问题和短板,提出相关的对策建议,为农村老年助餐服务长效化、可持续运行提供参考借鉴。

一、湖北省农村老年助餐服务的现状

近年来,全省已逐步构建起布局均衡、方便可及的城乡老年助餐服务体系,进一步解决高龄、孤寡、独居、空巢、失能等特殊困难老年人"吃饭难"问题,让老年人在家门口享受"舌尖幸福"。截至 2023 年 10 月底,全省已建成 1380 个"幸福食堂",惠及近 300 万人次。课题组发现农村"幸福食堂"发展呈现以下三大特征。

(一)建设方案"一村一策"

在实际建设中,农村"幸福食堂"的布局选址主要有以下 4 种:一是改造村内闲置建筑。一些村居在老村委、旧学校、闲置多年的餐馆基础上进行内部翻新装修和适老化改造。由于需要"动土"部分并不多,此类情况建设速度快、花钱成本少。二是改造闲置民宅。一般有村民自愿让渡或村集体租赁两种形式,将"幸福食堂"依托于"幸福小院"一同建设,对闲置民宅进行适度装修,具有成本费用低、建设周期短的特点。三是在村内新建"幸福食堂"。这完全是一个"从无到有"的过程,费用高、投入多、周期长。四是在村委会用地上改扩建。在考虑前 3 种建设方案都不理想的情况下,部分村庄将村委会办公场所扩建一个"幸福食堂",虽然这种办法比新建成本更低,但给村委会工作人员日常工作带来诸多不便。当前改造村内闲置建筑来建造"幸福食堂"的方式最受欢迎,也最为普遍。

(二)运营模式灵活多样

农村地区结合本地实际,因地制宜运营"幸福食堂",主要有以下 3 种模式。

一是公办公营模式。由村集体负责建设并管理运营,该模式自主性、灵活性更强,村集体可操作的空间更大。这种模式在全省农村地区占比最大,选择此模式的村庄主要基于以下两点考虑:其一,相较于第三方机构实行"每 3 个老年人 1 颗鸡蛋"的成本控制方法,公办公营将"为老年人服务""让老年人满意"放在首位;其二,对于老年人提出的问题与建议,村集体能及时反馈与改进,公办公营能做到有温度、有情感地为老年人服务。

二是公办民营模式。村集体建设完成后,将"幸福食堂"日常管理运营工作委托给专业组织负责。公办民营主要有以下3点优势:其一,服务更加专业,工作人员经过培训后持证上岗,老年人膳食搭配更加健康营养;其二,基层工作繁忙,村干部分身乏术,无法再承担"幸福食堂"的运营管理;其三,低成本无负担,对于集体经济薄弱的村庄,选择自己运营需承担运营成本,只能降低老年人用餐标准来保本运营,这种模式避免了此种情况的产生。

三是集中配餐模式。本村不建设"幸福食堂",只建设提供就餐场所的老年助餐服务点,实际运营中依托养老机构、专业组织、中心村"幸福食堂"等集体用餐单位为其配餐至助餐点。该模式具有建设成本低、调整灵活、以点带面、辐射周边的优势,但前期需要相关部门审批协调、村庄之间沟通配合,当前在全省推广的范围并不大。

(三)社会力量共同参与

全省坚持广泛动员,鼓励引导社会力量参与农村"幸福食堂"的建设和运营。一是政府加大财政投入。在统筹省级养老服务体系转移支付资金和地方各级福利彩票公益金的基础上,相关部门对农村"幸福食堂"进行一次性建设补贴和运营补贴,并实行相关税费减免政策。二是发挥公益引领作用。鼓励各县市利用省慈善总会"幸福家园"村社互助平台筹措助餐服务资金,支持通过建立慈善组织冠名资金、定向捐赠等方式,为农村老年助餐服务提供慈善资金支持。三是引入社会餐饮企业积极参与。部分县市通过政府购买服务、合作共建等方式,利用具有集体用餐配送资质的社会餐饮单位加工能力和网点为老年人提供助餐服务,鼓励社会连锁餐饮企业运营老年食堂。

二、湖北省农村老年助餐服务存在的问题

虽然湖北省一再强调农村老年助餐服务要"成熟一批,发展一批""不搞一刀切",但各地在以"幸福食堂"为主要方式开展老年助餐服务的过程中,仍然存在成

本高、效率低、覆盖面窄、持续运营难的问题,主要表现在以下4个方面。

(一)运营管理机制不规范,存在食品消防安全隐患

一是建设规划缺乏系统性和专业性。"幸福食堂"的开办涉及食品卫生、应急安全、消防排查、适老改造等行业领域,但部分农村"幸福食堂"建设缺乏系统谋划和科学布局,甚至"一阵风"推进,存在火灾防范、食品安全、跌倒摔伤等风险隐患。二是日常管理缺乏规范标准。大部分农村"幸福食堂"并未制定规范的食材采购、制作、分餐、留样等制度。部分涉及慈善和乡贤捐赠的助餐点未建立资金使用、收支科目公示制度,也未建立老年人用餐信息反馈制度。三是部门监管未形成常态化和公开化。部分地区尚未围绕农村"幸福食堂"是否按照标准运营、补助资金使用是否规范、是否存在通过食堂进行公务接待等关键环节开展常态化监督,对于检查结果未向群众及时公开。

(二)服务轻重缓急分类不足,未优先特殊困难老年人

一是服务群体未聚焦特殊困难老年人。老年助餐的当务之急是帮助"做不了饭"而非"吃不起饭"的老年人,但实践中"幸福食堂"就餐者大多为低龄和能自理老年人。因不具备完善的配送餐能力,高龄、失能、留守、独居等"刚需群体"却未能享受助餐服务。二是部分"幸福食堂"存在"福利泛化"现象。面对"既实惠又安全"的一餐热饭,不少农村懒汉等图方便省事借助亲友的老年卡来"沾光占便宜",进一步加大了食堂长效运营压力。三是经营品类未优先于老年人需求。出于盈利性考虑,部分"幸福食堂"运营主体盲目扩大目标群体,提供的菜品种类、口味、价格等以吸引社会群体为主,脱离了老年人的核心需求。"幸福食堂"的"公益性""保障性"被"盈利性"取代,老年群体的需求满足被置于次要位置。

(三)建设和运营成本较大,市场主体经营意愿不强

一是建设和运营投入较大。调研发现,一个容纳60~100人就餐的"幸福食堂"场地租赁改造、设备置办等前期成本为8万~12万元,1~2名厨师和2~4名

服务人员的成本每年在 12 万～18 万元,政府补贴仅占建设运营投入的 20%～30%,建设和运营成本高构成"幸福食堂"的沉重负担。二是市场主体经营意愿不强。由于农村老年人购买能力有限、运营成本较高、县乡财政补贴不足等原因,规模化餐饮企业并不看好农村老年助餐市场,不少运营商与当地政府经过多轮谈判或试运行一段时间后还是放弃经营"幸福食堂"项目。谷城、公安等地的"幸福食堂"运营商均指出,农村"幸福食堂"用餐平均规模为 50～100 人,根据规模经济原理,用餐人数越少,运营成本越高,企业盈利空间小。

(四)政府补贴和社会扶持不足,长期经营面临困境

一是县级财政补贴不稳定导致运营困难。调研的 10 个县市普遍面临财政困难,"三保"压力较大,县级财政补贴经常拖欠,严重影响"幸福食堂"运营方的效率和信心。二是村集体经济薄弱难以提供资金支持。调研的 20 个村居中 14 个村居集体经济收入在 15 万元以下,对"幸福食堂"的支持多为场地租赁协调、协助采购食材、间歇性的人员帮扶,仅有 6 个村居承诺每年给予 0.5 万～1.5 万的运营补贴。在上级强势推动和运营补贴承诺下,"幸福食堂"运营举步维艰,面临"开门容易关门难"的尴尬境地。三是社会化力量有效参与不足。农村"幸福食堂"很大部分依赖于乡贤、企业老板的捐赠,但是这部分社会力量主要是在政府部门和村委会的有意引导和动员下参与的,积极主动作为的在少数,捐赠数额也不稳定。

三、优化农村老年助餐服务的对策建议

激活农村助餐服务的"一池春水",推动"幸福食堂"长效化运营,不但要优化工作机制,坚持公益宗旨,而且要促进多元参与,善用信息技术,具体在以下 4 个方面进行改进。

(一)完善工作机制,加强农村老年助餐服务管理监督

一是构建县、乡、村三级联动机制,全面统筹推进。各层级、各部门应各司其

职、协同联动、层层传递；县级主抓体系设计，明确服务内容、价格区间、质量控制、安全监管等要求；乡镇负责布局选址、规划实施，定期反馈"幸福食堂"运营情况；村级推行项目落地，进行场地装修、人员统计、助餐模式选定等。二是优化政策扶持机制，推动老年助餐长效运营。将农村"幸福食堂"建设纳入社会福利场所管理，水、电、暖、燃气执行居民价格。在建设补贴的基础上优化运营长效补助机制，可采取"以奖代补"措施对服务满意度高、便利性好、可持续性强的配餐机构进行奖励。三是完善多部门的综合监管机制，加强标准化管理。民政、卫健、市场监管等部门加强综合监管，统一制定食堂选址和建设标准、食品原料标准、经营主体标准、服务保障标准等，确保高效、优质运营。如英山县严格执行老年助餐机构"六公示"制度，将食品经营许可证、健康证、收费价格以及对老年人的优惠、食品安全管理制度、食品安全承诺书、服务（投诉）电话等全部上墙公示，接受群众监督。

(二)明确目标定位，坚持农村老年助餐服务公益导向

一是聚焦老年助餐服务重点对象。农村高龄、失能、留守、独居等特殊困难老年人面临的"吃饭难"问题最为紧迫，应该重点关注、靶向发力，不能在统筹兼顾的过程中"福利泛化"，更要严防套取老年助餐补贴的行为。二是兼顾餐食价格的公益性和盈利性。农村老年助餐的公益属性和市场前景注定了运营方不能赚大钱、更不能赚快钱，需要以老年人的可接受度为"锚"来完善定价机制。如谷城规定农村老年"幸福食堂"价格不应超过 4 元，并且根据老年人的年龄段和身体健康状况制定了"幸福价""高龄价"和"关爱价"3 种不同价位，确保老年人能够吃得好并负担得起。三是合理确定老年助餐补助标准。农村老年助餐的关键在"助"，而不是大包大揽，应坚持实事求是原则，破除"人人免费"的迷思。坚持分类施策，根据失能等级、经济困难程度等情况给予老年群体差异化补贴。

(三)促进多元参与，增强农村老年助餐服务可持续性

一方面，激活政府、市场、慈善、家庭四方力量。农村老年助餐服务仅靠政府补贴难以实现长久持续，探索建立"政府补一点，村里出一点，个人缴一点，社会捐一点，自产助一点"的分担机制。如阳新县在组织爱心企业、慈善组织、公益平台进行

捐款捐物的基础上,建立乡贤回流机制,号召乡贤回到村湾为农村老年助餐服务献计献策、发光发热;黄梅县鼓励村庄大力发展集体经济,实施"幸福小菜园"工程,"自己动手,丰衣足食",组织有劳动能力的老年人种植瓜果蔬菜,实现蔬菜基本自给自足;竹山县通过开发"互助养老"公益性岗位,解决"幸福食堂"服务人员工资支出难题。另一方面,充实壮大老年送餐志愿服务队伍。部分农村老年人居住偏僻、年迈体弱,无法到配餐点取餐、用餐。可发动网格员、留守妇女、低龄老年人、亲属邻里等群体,采用爱心结对、"时间银行"等方式建立一支稳定的"点对点"送餐队伍,打通老年助餐服务"最后一公里"。

(四)借助信息技术,促进农村老年助餐服务数智化

让信息数据"多跑路",让老年人用餐少操心。一是通过数据比对,精准摸排农村老年人助餐需求。发挥部门间"大数据比对"和基层工作人员"铁脚板摸排"作用,进村入户摸排,线上线下结合,及时主动发现老年人用餐需要。二是通过数据反馈,及时调整老年配餐食谱。老年助餐口感很重要,要做到荤素、粗细和干稀搭配。对老年人的咀嚼、吞咽和消化能力进行评估,根据用餐反馈对老年餐食进行优化分级,比如普通膳食、软食和流食等。三是构建数字结算与统计制度。通过数据汇集,统计用餐人次生成统计报表,实现老年人就餐补助减免与就餐数据共享,确保精准补助,推动老年助餐服务监管"线上"与"线下"相结合。如竹山依托智慧养老服务平台实现老年助餐服务的精细化动态管理,为全县"幸福食堂"、助餐点配备智能终端,完成老年人基础信息收集录入,实现扫脸识别、刷卡支付等功能,精准统计就餐人数及类型。

主要参考文献

曹信邦,陈强,2014.中国长期护理保险需求影响因素分析[J].中国人口科学(4):102-109+128.

程广帅,张赛,2021.城市集聚经济类型与人口流动[J].开发研究(1):122-129.

戴卫东,2012.改革开放以来老年福利制度建设的经验与教训[J].武汉科技大学学报(社会科学版),14(4):363-367.

戴卫东,余洋,2021.中国长期护理保险试点政策"碎片化"与整合路径[J].江西财经大学学报(2):55-65.

邓颖,吴先萍,李宁秀,等,2004.不同养老模式的养老成本及成本—效用分析[J].预防医学情报杂志(4):373-376.

顾大男,柳玉芝,章颖新,等,2007.我国老年人临终前需要完全照料的时间分析[J].人口与经济(6):51-58.

顾大男,曾毅,2006.1992—2002年中国老年人生活自理能力变化研究[J].人口与经济(4):9-13.

黄枫,吴纯杰,2012.基于转移概率模型的老年人长期护理需求预测分析[J].经济研究,47(S2):119-130.

黄匡时,2014.中国高龄老年人日常生活照料需求满足状况及其影响因素研究[J].中国人口·资源与环境,24(S3):331-334.

贾清显,2010.长期护理保险制度构建研究:基于老龄化背景下护理风险深度分析[J].市场论坛(12):12-13.

贾清显,2011.中国长期护理保险制度构建研究[D].天津:南开大学.

贾欣,2009.我国长期护理保险研究[D].天津:天津财经大学.

蒋承,赵晓军,2009.中国老年照料的机会成本研究[J].管理世界(10):80-87.

荆涛,2010.建立适合中国国情的长期护理保险制度模式[J].保险研究(4):77-82.

荆涛,阎波,万里虹,2005.长期护理保险的概念界定[J].保险研究(11):43-45+51.

景跃军,李元,2014.中国失能老年人构成及长期护理需求分析[J].人口学刊,36(2):55-63.

李跃跃,2002.105例老年患者临终关怀的调查及护理对策[J].老年医学与保健(1):52.

李运华,姜腊,2020.日本长期护理保险制度改革及启示[J].经济体制改革(3):167-172.

刘昌平,毛婷,2016.长期护理保险制度模式比较研究[J].西北大学学报(哲学社会科学版),46(6):112-119.

刘二鹏,韩天阔,乐章,2022.县域统筹视角下农村多层次养老服务体系建设研究[J].农业经济问题(7):133-142.

刘二鹏,张奇林,冯艳,2020.慢性病的老年贫困风险:理论机制与实证检验[J].保险研究(11):63-78.

吕国营,韩丽,2014.中国长期护理保险的制度选择[J].财政研究(8):69-71.

马朵朵,封铁英,2023.不患寡而患不均:社区居家养老服务公平性解构与提升[J].经济社会体制比较(1):67-78.

马瑞丽,朱明宝,刘二鹏,2022.生育行为对中国农村老年健康的影响效应:基于健康生产与生命历程理论[J].西北人口,43(3):69-81.

马玥,2022.推进数字经济与银发经济融合发展[J].宏观经济管理,(3):56-62.

彭希哲,陈倩,2022.中国银发经济刍议[J].社会保障评论,6(4):49-66.

石智雷,2015.多子未必多福:生育决策、家庭养老与农村老年人生活质量[J].社会学研究,30(5):189-215+246.

石智雷,吴志明,2018.早年不幸对健康不平等的长远影响:生命历程与双重累积劣势[J].社会学研究,33(3):166-192+245-246.

石智雷,杨雨萱,2019.生命历程视角下早年受虐经历对中老年人心理健康的影响[J].人口与发展,25(3):94-105.

石智雷,杨雨萱,蔡毅,2016.大健康视角下我国医养结合发展历程及未来选择[J].人口与计划生育(12):30-32.

苏素琼,2011.我国老年护理保险需求与供给研究[D].福州:福建师范大学.

陶开宇,2005.提高养老服务机构收入的主要思路[J].商场现代化(11):145-146.

田勇,2020.中国长期护理保险财政负担能力研究——兼论依托医保的长期护理保险制度的合理性[J].社会保障研究(1):33-47.

田勇,殷俊,2019."依托医保"长期护理保险模式可持续性研究:基于城乡居民与城镇职工的比较[J].贵州财经大学学报(2):91-101.

王琼,2016.城市社区居家养老服务需求及其影响因素:基于全国性的城市老年人口调查数据[J].人口研究,40(1):98-112.

王新军,郑超,2014.老年人健康与长期护理的实证分析[J].山东大学学报(哲学社会科学版)(3):30-41.

王新军,郑超,2014.医疗保险对老年人医疗支出与健康的影响[J].财经研究,40(12):65-75.

王振振,何邦倩,雍岚,2020.我国居家养老社区服务均等化分析框架与实证探索:基于北京、南京、咸阳三市的调查[J].科学决策(7):49-69.

魏华林,何玉东,2012.中国长期护理保险市场潜力研究[J].保险研究(7):7-15.

夏传玲,2007.老年人日常照料的角色介入模型[J].社会(3):114-141+208.

谢冰清,2019.论中国长期护理保险制度中国家责任之定位[J].云南社会科学(3):118-126.

徐水源,程广帅,2020.习近平大健康战略思想研究[J].人口与社会,36(4):17-28.

徐水源,程广帅,2022.习近平总书记关于应对人口老龄化重要论述的核心要义与时代价值[J].人口与社会,38(1):1-8.

徐莺,刘含笑,2023.中国"银发经济"的现状、问题与前景[J].北京航空航天大学学报(社会科学版),36(1):140-147.

于潇,2001.公共机构养老发展分析[J].人口学刊(6):28-31.

曾起艳,何志鹏,曾寅初,2022.老年人居家养老服务需求意愿与行为悖离的原因分析[J].人口与经济(2):87-103.

曾毅,2010.老年人口家庭,健康与照料需求成本研究[M].北京:科学出版社.

战捷,2004.高龄老年人临终前完全需要他人照料状况研究[J].中国人口科学(S1):123-125+178.

张斌,2008.我国长期护理保险发展研究[D].苏州:苏州大学.

张奇林,韩瑞峰,2016.长期医疗护理保险居民参保意愿研究:来自青岛市的调查[J].社会保障研究(2):45-53.

张晓峰,2007.我国商业性长期护理保险产品开发研究[D].湖南:湖南大学.

张新辉,李建新,2019.社区老年服务供需动态变化与平衡性研究:基于CLHLS 2005—2014 的数据[J].社会保障评论,3(2):122-136.

赵曼,韩丽,2015.长期护理保险制度的选择:一个研究综述[J].中国人口科学(1):97-105+128.

郑秉文,2019.从"长期照护服务体系"视角分析长期护理保险试点三周年成效[J].中国人力资源和社会保障(9):38-41.

朱铭来,贾清显,2009.我国老年长期护理需求测算及保障模式选择[J].中国卫生政策研究,2(7):32-38.

ANTONUCCI T,AKIYAMA H,TAKAHASHI K,2004. Attachment and close relationships across the life span[J]. Attachment & Human Development,6(4):353-370.

BROWN J R,FINKELSTEIN A,2007. Why is the market for long-term care insurance so small? [J]. Journal of Public Economics,91(10):1967-1991.

BROWN R J,FINKELSTEIN A,2008. The interaction of public and private insurance:Medicaid and the long-term care insurance market[J]. American Economic Review,98(3):1083-1102.

BROWN R J,FINKELSTEIN A,2009. The private market for long-term care insurance in the United States:A review of the evidence[J]. The Journal of Risk and Insurance,76(1):5-29.

COSTA-FONT J,2010. Does devolution lead to regional inequalities in welfare activity? [J]. Environment and Planning c:Government and Policy,28(3):

435-449.

FINKELSTEIN A,KATHLEEN M,2006. Multiple dimensions of private information:Evidence from the long-term care insurance market[J]. American Economic Review,96 (4):938-958.

FINKELSTEIN A,LUTTMER E F P,NOTOWIDIGDO M J,2009. Approaches to estimating the health state dependence of the utility function[J]. American Economic Review,99(2):116-121.

HOLLANDER M,CHAPPELL N,2007. A comparative analysis of costs to government for home care and long-term residential care services,standardized for client care needs[J]. Canadian Journal on Aging,26(S1):149-161.

JENSEN P H,LOLLE H,2013. The fragmented welfare State:Explaining local variations in services for older people[J]. Journal of Social Policy,42(2):349-370.

JIN X,IWAGAMI M,SAKATA N,et al.,2022. Regional variation in long-term care spending in Japan[J]. Bmc Public Health,22(1):1810.

LAKDAWALLA D,PHILLIPSON T,2002. The rise in old-age longevity and the market for long-term care[J]. American Economic Review,92(1):295-306.

MITCHEL R E J,JACKSON J S,McCANN R A,et al.,1999. The adaptive response modifies latency for radiation-induced myeloid leukemia in CBA/H mice[J]. Radiation Research,152(3):273-279.

NEWHOUSE J,2002. The threats America faces[J]. World Policy Journal,19(2):21-37.

ROSTAD H M, SKINNER M S, HELLESØ R,et al., 2020. Towards specialised and differentiated long-term care services:A cross-sectional study[J]. BMC Health Services Research, 20(1):1-9.

ROSTGAARD T, JACOBSEN F, KRÖGER T,et al., 2022. Revisiting the nordic long-term care model for older people-still equal? [J]. European Journal of Ageing, 19(2):201-210.

VAN HOUTVEN C H,NORTON E C,2004. Informal care and health care use of older adults[J]. Journal of Health Economics,23(6):1159-1180.